KB146478

너의 언어 나의 언어

박성현

서울대학교 문학박사(언어학 전공)
광운대학교 인제니움학부대학 교수

저서
『외국어 습득론과 한국어 교수』
『한국어 대화 화제와 말차례 체계』

너의 언어 나의 언어

초판 1쇄 발행 2017년 9월 28일

지 은 이 박성현
펴 낸 이 이대현
펴 낸 곳 도서출판 역락

책임편집 이태곤
편   집 권분옥 홍혜정 박윤정 문선희
디 자 인 안혜진 최기윤 홍성권
마 케 팅 박태훈 안현진 이승혜

주   소 서울시 서초구 동광로 46길 6-6(반포4동 577-25) 문창빌딩 2층(06589)
전   화 02-3409-2058
팩   스 02-3409-2059
전자메일 youkrack@hanmail.net
블 로 그 http://blog.naver.com/youkrack3888
등록번호 1999년 4월 19일 제303-2002-000014호

정가는 책 뒤표지에 있습니다.
ISBN 979-11-5686-237-6 93710

＊서면 동의 없는 무단 전재 및 무단 복제를 금합니다.
＊잘못된 책은 바꿔 드립니다.

＊이 도서의 국립중앙도서관 출판예정도서목록(CIP)은 서지정보유통지원시스템 홈페이지(http://seoji.nl.go.kr)와
국가자료공동목록시스템(http://www.nl.go.kr/kolisnet)에서 이용하실 수 있습니다.(CIP제어번호: CIP2017024566)

＊이 책은 광운대학교 2015년 교내학술연구비 지원으로 집필되었습니다.

너의 언어
나의 언어

∙
∙
∙
∙

박성현

역락

머리말

    이 책은 광운대학교의 교양 강좌 '사회 속의 언어생활'의 교재로 기획되었습니다. 저는 이 강의를 처음 개설하면서 학생들이 언어가 우리 삶속에서 어떤 역할을 하고 있는지 확인하고 자신의 언어 사용을 되돌아볼 수 있는 기회를 가지기를 바랐습니다. 그리고 이 바람을 이루기에 맞춤한 교재를 찾기 위한 여정이 시작되었습니다. 사회언어학 개론서부터 사회언어학적인 연구논문을 모은 책까지 매학기 새로운 교재로 수업을 진행했고, 여섯 번째 학기에 접어들었을 때 교재를 만들어야겠다는 결심을 했습니다.

    교재에는 우리가 매일 사용하고 있는 언어는 어떤 체계를 가지고 있고, 그 체계를 상황에 따라 적절하게 사용할 수 있는 능력은 어디에서 오며, 그 언어체계와 언어능력은 생활 속에서 어떤 모습으로 나타나는지에 대한 내용을 담아야겠다고 생각했습니다. 수많은 책과 논문, 각종 자료들을 모아 읽고 분류하여 전체 틀을 잡는 데에 꼬박 2년이 흘렀고, 그동안 강의에는 파워포인트 형식으로 만들어진 교재와 다듬어지지 않은 내용의 초고가 사용되었습니다. 초고가 완성된 후 다시 다듬고 고치는 데 두 학기를 보냈고 마침내 책으로 출판하게 되었습니다.

  꽤 오랜 시간을 고민하고 다듬었지만 여전히 부족함으로 가득합니다. 하지만 이대로 더 시간을 보내다가는 이 책이 세상에 나오기 어렵겠다는 생각이 들어 일단 출판하기로 마음먹었습니다. 앞으로 더 보태고 깎을 기회를 가질 수 있을 것이라 생각합니다.

  긴 시간 동안 원고를 기다려 주신 박태훈 이사님과 편집을 이끌어 주신 이태곤 이사님, 제 까다로운 요구를 잘 챙겨 예쁜 책으로 만들어주신 안혜진 팀장님, 그리고 제 책이 나올 수 있게 애써주신 역락 가족 여러분 모두에게 감사드립니다. 무엇보다 등 돌리고 앉아 집필에만 집중하는 엄마를 응원해 주고, 유학을 떠나는 비행기에서까지 책에 실을 그림을 그려준 딸 수민에게 감사의 말을 전합니다.

2017년 9월 한울관에서

차례

너의 언어
나의 언어

0장

인간이 인간답게 하는 존재, 언어

언어는 인간만 습득하고 사용할 수 있는 것인가? 수잔 새비지 럼보(Susan Savage-Rumbough)는 그림문자(lexigram)와 키보드를 이용한 교육을 통해 보노보[01]의 인지 능력과 언어 능력을 발달시킬 수 있는지 연구했다. 그녀의 연구에 따르면 보노보가 인간처럼 직립보행을 하며, 도구를 사용할 줄 알 뿐만 아니라 석기를 만드는 등 원시인류의 모습을 보여주었고, 인간의 말을 알아듣고 언어기호를 습득할 수도 있었다.[02]

보노보 이전에도 침팬지를 대상으로 한 실험을 통해 언어가 인간의 전유물이 아님을 보이려는 연구가 있었는데 바로 님 프로젝트(Project Nim)였다. 이 프로젝트에는 콜롬비아 대학의 테라스(Herbert S. Terrace)가 이끄는 일군의 연구자들이 참여했는데, 침팬지를 인간 가정에서 키우면서 그가 어떤 지적·언어적 발달을 보여주는지 지켜보았다. 언어학자 촘스키(Noam Chomsky)가 언어는 인간만이 가진 것이라고 주장한 것에 대한 일종의 조롱으로 아기 침팬지에게 님 침스키(Neam(Nim) Chimpsky)라는 이름이 붙여졌다. 님에게는 인간의 수화와 유사한 사인 언어(American Sign Language)를 이용한 교육이 이루어졌고 상당한 수준의 의사소통이

가능했다. 그러나 님은 문법을 습득하지는 못했고 침팬지 본연의 야생성이 드러나 연구자들에게 상처를 입히기 일쑤였다.

침팬지나 보노보, 고릴라 등 유인원들은 그들 종 내에서의 의사소통 수단을 가진다. 그러나 침팬지와 보노보 간, 혹은 고릴라와 오랑우탄 간과 같이 종의 경계를 넘어선 의사소통은 이루어질 수 없다. 그리고 유인원은 한 마리가 발견하거나 깨달은 것을 다른 유인원에게 전달할 수 없고, 나아가 한 세대의 발견이나 깨달음을 다음 세대에 전달하지 못한다. 반면 인간은 시간이 걸리기는 하지만 모국어가 아닌 다른 언어를 배워그 언어 화자와 의사소통을 할 수 있다. 그리고 자신들이 깨닫고 발견한것을 언어를 이용해 다음 세대, 그 다음 세대로 전한다. 결국 언어는 다른 동물들의 의사소통 수단과 확연히 다른 것이며, 인간의 전유물임에 이의를 제기할 수 없다.

이 외에도 인간의 언어는 다른 동물의 의사소통 수단과 구별되는 몇가지 특성을 더 가지고 있다. 하나씩 살펴보자.

1. 자의성(Arbitrariness)

현재 각 언어에서 사용되는 단어들의 소리와 의미는 서로 분리할 수없는 관계를 가지지만, 처음 그 둘이 결합될 때는 그렇게 되어야만 하는어떤 이유도 존재하지 않았다. 이 면에서 언어는 자의성을 가진다고 한다. 이 자의성 때문에 동일한 대상이나 사건, 행위를 가리키는 단어들이각 언어마다 다른 것이다. 우리말에서 '의자'라고 부르는 것은 영어로'chair', 일본어로 '椅子', 프랑스어로 'chaise', 스페인어로 'silla'이다. 우리가 앉는 데 사용하는 물건에 대해 '의자'라는 이름을 붙인 것은 우리말에서 그런 것일 뿐이다. 처음에 어떤 의미에 그 의미를 나타내는 소리를 결합시킬 때는 자의적이었지만 일단 그 둘의 결합이 사회에 받아들여지고 나면 그 둘의 관계는 불가분의 관계가 된다.

이러한 자의성은 오늘날 새롭게 세상에 나오는 많은 제품들과 프로그램들에 이름이 붙여지고 그것이 사용되는 것을 보면 금방 이해될 것이다. 2016년 3월 인간 이세돌과 바둑을 겨뤄 4승 1패를 한 인공지능 프로그램의 이름 '알파고(AlphaGo)'는 그리스 문자의 가장 첫 번째 글자로 최고를 의미하는 'alpha(α)'와 바둑을 의미하는 '碁'의 일본어 발음 'go'를 결합하여 만들어진 것이다. 동양의 게임인 '바둑'과 해당 분야에서 최고임을 연상시킬 수 있는 이름을 고민하여 붙인 것이기는 하지만 그 외의 다른 이름을 붙였어도 아무 문제가 없었다. 그러나 세계 최고 실력의 바둑 기사와 겨뤄 승리를 거두는 모습과 함께 전 세계 언론에 소개되고, 인공지능의 최첨단으로서 인정받은 알파고는 이제 그 프로그램과 분리될 수 없다.

2. 사회성

어떤 의미를 어떤 말로 나타낼지 처음 정할 때는 자의적인 과정을 거치지만 그 말이 일단 그 사회에 받아들여져 쓰이게 되면 그것은 약속이 되어 누군가 마음대로 고치거나 없앨 수 없는데, 이것을 언어의 사회성이라고 한다. 한 사회에서 한 언어를 함께 사용하고 있는 사람들을 언중 (言衆)이라고 하며 이 언중이 곧 언어에 사회성을 부여하고 그것을 지켜낸다.

어떤 말이 그 사회에 수용되는 데에 언중이 어떤 영향을 미치는지 단적으로 보여주는 예가 있다. 우리 국민이 사랑해 마지않는 '짜장면'은 현재 '자장면'과 함께 복수 표준어로 인정받아 쓰이고 있지만 사실 오랫동안 외래어 표기법에도 맞지 않는 비표준어였다. 1986년 국어 맞춤법이 개정되면서 외래어는 원어 발음에 충실하게 적는다는 원칙에 따라 중국어 'Zhajiangmian[炸醬麵]'의 원어 발음에 충실하게 적은 '자장면'만 옳은 표기로 인정받았다. 그리고 '짜장면'을 없애고 '자장면'으로 통일하기 위한 노력이 꽤 길게 이어졌다. 그러나 사람들은 짜장면을 없애기 위한 노력에 아랑곳하지 않고 '짜장면'만을 줄기차게 사용했고, 결국 '짜장면'이 표준어로 인정받기에 이르렀다.

3. 분절성

인간의 언어는 일정한 단위로 분절된다. '하늘에 새가 날아간다.'는 문장은 먼저 '하늘에', '새가', '날아간다'로 분절되고, '하늘에'는 '하늘'과 '에'로, '새가'는 '새'와 '가'로, '날아간다'는 '날아가'와 'ㄴ', '다'로 나뉜다. '하늘'은 다시 '하'와 '늘'로, '하'는 다시 'ㅎ'와 'ㅏ'로 분절된다. 이렇게 분절됨으로써 유한한 수의 음소, 형태소가 존재하게 되고, 이들 유한한 음소와 형태소들은 같은 기능과 특성을 가진 것들끼리 부류(category)를 이룬다. 그리고 각 부류에 속한 음소와 형태소들을 결합하는 규칙을 적용하여 새로운 단어를 만들어내고 무한한 문장을 만들어낼 수 있다.[03] 예를 들어 '하늘' 대신 '연못'을, '새' 대신 '개구리'를, '날아가다' 대신 '헤엄치다'를 넣는다면 '연못에서 개구리가 헤엄친다.'라는 새로운 문장을 만들어낼 수 있고, '날아간다'의 '-ㄴ-' 대신 '-었/았-'를 넣으면 '하늘에 새가 날아갔다'가 되어 과거의 사태에 대해 말하는 문장이 된다.

4. 규칙성

말소리는 결합되어 형태소를 이루고, 형태소가 연결되어 문장을 이루는데, 이때 아무렇게나 연결되는 것이 아니라 일정한 규칙에 따라 연결이 이루어진다. 우리는 거의 무의식적으로 각종 규칙을 적용해 발화를 생산해 내는데, 분절된 음소와 형태소를 규칙에 따라 결합함으로써 무한한 언어를 만들어내고, 규칙에 어긋나는 표현이나 문장을 접하면 잘못된 것임을 곧 알아낼 수 있다.

예를 들어 '아이가 사과를 먹었다'와 같은 문장을 만들려면 적어도 다섯 개의 규칙이 필요하다.

① 주어(S=Subject) 다음에 목적어(O=Obeject)가 오고 그 다음에 동사가 따라오는 SOV 어순을 가진다.

② 주어에는 주격조사 '이'나 '가'가 결합되는데, '이'는 앞에 오는 명사가 자음으로 끝날 때 결합되고, '가'는 앞선 명사가 모음으로 끝날 때 결합된다.

③ 목적어에는 목적격조사 '을'이나 '를'이 결합되는데, 명사가 자음으로 끝날 때는 조사 '을'이 결합되고 모음으로 끝날 때는 조사 '를'이 결합된다.

④ 동사에는 적절한 시제를 표시하는 형태소가 결합되어야 한다.

⑤ 문맥에 맞는 종결어미도 결합되어야 한다.

5. 창조성

우리는 매순간 이전에 한 번도 듣거나 말해보지 않았던 새로운 말을 만들어낸다. 그리고 다른 사람이 그렇게 생산해 낸 새로운 말을 이해한다. 이것은 우리가 분절되는 음소와 형태소는 물론 그들을 결합하는 규칙인 문법을 습득하여 알고 있고, 같은 언어를 사용하는 사람들 간에 그들이 공유되고 있음을 전제로 하는 것이다. 보노보와 님의 언어 습득과 생산은 유아적 수준에서 멈추고 말았는데 문법을 습득하지 못했기 때문에 그럴 수밖에 없었다.

창조성은 종종 문법에 어긋나지 않는 수준에서 문장을 한없이 확장하는 무한성과 연결된다. 다음은 강범모(2010)에 실린 실제 예인데, 문장이 끝나지 않고 '-고'를 이용한 접속이 끝없이 이어지고 있다. 하나의 문장이 총 457개의 어절로 이루어져 있다고 한다.

> "목은 쉬고, 허리는 아프고, 다른 무엇보다 원더우먼의 팬티처럼 소매에 별이 잔뜩 박힌 삼미 슈퍼스타즈의 촌스런 잠바를 우리는 입고 있었고, 도무지 이 잠바를 입고서는 어떤 싸움을 해도 질 것 같고, 그런 생각도 들었고, 또 어딘가 모르게 서울 팀들의 유니폼은 한층 세련돼 보이기도 했고, 뭐, 쟤들은 야구를 잘하니까, 라는 생각도 들고, 돈도 우리보다 많은 것 같고, 부러웠고, 아니 부끄러웠고, 아니 부러움과 부끄러움은 다정한 오누이와 같다는 생각도 들고, 뭐 그렇다고 오빠가 반드시 있어야 누이가 존재할 수 있다는 말은 아니고, 아무튼 부끄러웠고, 머리도 아프고, 누군가 자꾸 쳐다보는 거 같고, 그런저런 생각하며 … (이하 생략)04

6. 역사성

인간이 태어나서 성장하고, 늙고, 죽듯이 언어 역시 새로 나타나 쓰이고, 변화하며, 때로는 사라지기도 한다. 멀리서 예를 찾을 것 없이 우리 말의 'ㆍ(아래 아)'를 비롯한 'ㅸ', 'ㅿ'은 한글이 창제되던 당시에는 널리 쓰이던 소리였지만 지금은 사라졌다. 그리고 '뿔'의 'ㅴ'이나 '뻬'의 'ㅵ'와 같은 겹자음 역시 중세국어에서는 쓰였지만 현대로 내려오는 동안 '쌀', '때'와 같은 말로 변하거나 사라져버렸다. 사라진 'ㅴ'의 흔적이 현대어에 남아 있는데 '찹쌀', '멥쌀'이 바로 그것이다. '찹쌀'은 '차+쌀'로 '찹'의 받침 'ㅂ'이 어디에서 왔는지 설명하려면 과거에 '차+뿔'[05]이었던 것이 'ㅴ'의 'ㅂ'이 앞으로 가 '차'의 받침이 되었다고 보는 것이 좋다.

인간의 언어는 이 외에도 다양한 특징을 가지고 있다. 어떤 사실을 부정한다거나 과거에 일어났거나 앞으로 일어날 일에 대해 말한다거나 하는 것은 지금 현재의 상태나 사건에 대해 말하는 것보다 훨씬 추상적이다. 동물들이 의사소통을 위해 사용하는 수단들은 이러한 추상적인 것들을 표현할 수 없다.

인간만이 언어를 가진다고 하는 것은 동물들보다 인간이 우월함을 증명하기 위한 것은 아니다. 인간의 언어도 의사소통 수단의 하나이다. 동물들은 그들의 삶에 필요한 만큼 의사소통 수단을 발달시키고 공유하며 인간 역시 필요한 만큼 언어를 만들고 변화시키고 또 유지하고 있는 것이다.

1장

언어의 이해 1 - 음성과 음운

1. 말소리는 어디에서 어떻게 만들어지는가?

지금부터 크게 숨을 들이쉬었다가 내쉬어 보자. 그리고 공기의 흐름을 느껴 보자. 다음, 입을 2cm쯤 벌리고 숨을 들이쉬었다가 내쉬면서 공기의 흐름을 느껴 보자. 숨을 들이쉴 때 입안에서 시원함이 느껴지는가? 다음으로는 입을 벌린 채 숨을 들이쉬고 내쉬면서 '아' 소리를 내보자. 어떤 소리가 나는가? 숨을 내쉴 때는 힘차게 '아' 소리가 나지만 숨을 들이쉬면서 '아' 소리를 제대로 내기는 쉽지 않을 것이다. 한 번 더 동일하게 '아' 소리를 내면서 손을 목의 약간 튀어나온 부분에 대어 보면 가녀린 진동이 느껴질 것이다. 우리는 말소리를 만들어낼 때 반드시 숨을 쉬어야 하고, 소리가 더 크게 멀리 들리게 하기 위해서 목 안의 성대를 울려야 한다.

우리는 말을 하는 동안 의식하지 못하는 사이 계속 숨을 들이쉬고 숨을 조금씩 내보내면서 말을 한다. 말하자면 날숨으로 말소리를 만들어내는 것인데 극소수의 언어를 제외하고 대부분의 언어는 날숨을 이용해 말소리를 만들어낸다. 들숨으로 말소리를 내는 언어는 한 코믹 영화에서 확인할 수 있다. 영화 '부시맨(원제목: The God must be crazy)'에는 아프리카 칼라하리 사막에 사는 코이산족이 나오는데, 그들이 말하는 것을 들으면 '똑‥ 똑‥' 분명한 들숨소리가 난다. 우리의 말소리에는 들숨소리가 없어 어떻게 그런 소리를 내는지 신기하기 그지없지만, 어떻게 하면 들숨소리를 만들 수 있을까 우리도 느껴볼 수 있는 방법이 있다. 안타까운 소식을 듣거나 불쌍한 사람을 봤을 때 '쯧쯧쯧' 혀를 차는 소리나 아기를 어를 때 혀끝을 입천장에 붙였다가 떼면서 내는 '똑똑' 소리 등이 들숨으로 나는 것이다.

1) 자음

그러면 우리는 내쉬는 숨을 가지고 어떻게 말소리를 만들어내는 것일까? 〈그림 1.1〉에는 앞에서 우리가 공기의 흐름을 느끼고 진동을 느끼기 위해 움직였던 신체기관이 모두 그려져 있다.[01] 코와 입, 기관(氣管), 폐는 생명유지를 위한 호흡의 길이면서 말소리가 만들어지는 통로이기도 하다. 하나의 길이 여러 기능을 할 수 있도록 하는 것이 후두개인데, 음식이나 물을 삼킬 때는 후(두)강을 덮어 음식이 식도로만 넘어가게 하고, 숨을 쉴 때는 열려 공기가 기관을 지나 폐로 들어가고 나오게 해준다.[02]

후두개 바로 아래에는 두 개의 얇은 근육막이 마주하고 있는데 이들이 성대이다. 숨을 쉴 때는 완전히 열려 자유롭게 길을 터주고, 말을 할 때는 열리고 닫히면서 말소리마다의 특성을 결정해 준다. 두 개의 근육막이 마주 닿아 있는 사이를 공기가 통과하게 되면 두 개의 막이 진동을 일으켜 울리는 소리가 나고, 근육막이 열려 있으면 진동이 없어 소리가 울리지 않는다. 연주회가 한창인 극장 안에서 옆 사람에게 속삭일 때 우리는 성대를 열어 울리지 않게 하고, 연주회가 끝난 후 연주에 대한 감동을 표현하기 위해 '브라보' 환호성을 지를 때는 성대를 마구 울려준다. 그리고 성대는 우리가 만들어내는 말소리 하나하나에도 자신의 존재를 드러낸다. '아', '이', '우' 등의 모음 소리를 낼 때는 예외 없이 성대가 울려야 하지만, 자음 소리에는 'ㅁ', 'ㄴ'처럼 성대가 울리는 것도 있고, 'ㅂ', 'ㄷ'처럼 성대가 울리지 않는 것도 있다.[03]

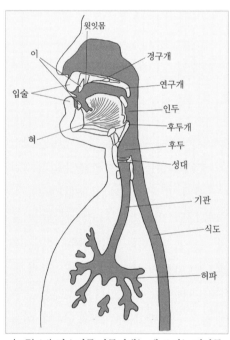

윗잇몸
이
경구개
입술
연구개
인두
혀
후두개
후두
성대
기관
식도
허파

〈그림 1.1〉 말소리를 만들어내는 데 쓰이는 기관들

폐에서 나와 후두를 지난 공기는 코와 입을 통해 우리 몸 밖으로 나가는데 이때 다시 한 번 말소리의 특성을 결정짓는 역할을 하는 것이 연구개이다. 연구개가 올라가 인(두)강을 막으면 입으로만 공기가 나가 'ㅂ', 'ㄷ', 'ㄱ'과 같은 소리가 만들어지고, 연구개가 내려와 공기가 코로도 지나가게 되면 'ㅁ', 'ㄴ', 'ㅇ(받침)'과 같이 콧속이 울리는 '비음'이 만들어진다. 코를 막고 '바'와 '마'를 번갈아 발음해 보면 콧속(비강)이 울리는 것을 느낄 수 있다. 그리고 코를 막고 '마'를 발음해 보고 코를 막지 않은 상태에서 '마'를 발음해 보라. 둘 사이의 차이가 느껴지는가? '바'는 같은 방법으로 비교해 보아도 아무런 차이를 느낄 수 없는데 'ㅂ'을 발음할 때는 코로 나가는 공기가 없기 때문이다.

우리말의 말소리 'ㅂ'과 'ㅁ' 사이에 존재하는 차이는 '코'로 공기를 내보내느냐, 그렇지 않느냐의 여부에 따라 만들어지는 것을 알았다. 그렇다면 'ㅂ'와 'ㄷ'의 차이는 어떻게 만들어지는 것일까? '바'와 '다'를 번갈아 발음하면서 생각해 보자. '바'는 윗입술과 아랫입술이 맞닿았다가 터지면서 소리가 나고, '다'는 혀끝이 안쪽 윗잇몸(치경)에 올라 닿았다 터지면서 나는 소리이다. 'ㄷ'를 발음하는 자리에서 혀를 완전히 붙이지 않고 거의 붙을 만큼 대고 소리를 내보자. 혀와 윗잇몸 사이로 공기가 빠져나가면서 강한 마찰이 생겨나는데, 이 소리가 'ㅅ'이다. 그리고 거기에서 혀를 입안으로 조금 더 당겨 입천장을 향해 올리면 혀의 앞부분이 경구개의 앞부분에 닿게 되는데, 닿았다 떨어지는 순간 좁은 사이로 공기를 마찰시키면서 밀어내면 'ㅈ'가 된다. 'ㄱ'는 어떤가? 먼저 혀끝을 윗니 뒤에서부터 윗잇몸을 지나 입 안쪽으로 옮겨가며 입안 구조를 느껴 보자. 윗잇몸을 지나면 바로 도톰하게 튀어나온 부분 뒤로 마치 벽처럼 딱딱하고 평평한 부분이 이어지는데, 이 넓은 부분을 '경구개(센입천장)'라고 한다. 그리고 곧 더 이상 혀끝으로 느낄 수 없는 한계에 다다르게 되는데, 그보다 안쪽을 검지나 중지를 이용해 만져 보면 말랑말랑하게 느껴지는 부분이 있다. 이 부분이 '연구개(여린입천장)'인데, 바로 여기에 혀의 뒷부분이 올라가 붙었다가 떨어지면서 나는 소리가 'ㄱ'이다. '가'를 발음하면서 느껴보자.

그러면 같은 위치에서 두 입술을 닫았다가 터뜨려 내는 'ㅂ'와 'ㅍ', 'ㅃ'의 차이는 어떻게 만들어지는 것일까? 세 소리 모두 성대의 진동이 없는 '무성음'이지만 여기에 다시 성대가 있는 후두의 역할이 등장한다. 후두와 입속으로 공기가 빠져나갈 때 마찰이 강하게 발생하면 'ㅍ' 소리가 되고, 후두를 포함하여 소리를 만드는 기관 전체가 긴장하면 'ㅃ' 소리가 난다. '바', '파', '빠'를 천천히 하나씩 발음하면서 느껴보자. '바'와 '파'를 발음할 때 화장지 한 겹을 입술 앞에 들고 보면 '파'를 발음할 때 입안의 공기가 '바'에 비해 훨씬 더 세게 터져 나오는지 느낄 수 있다. 다음, 입 앞에 거울을 들고 '바'와 '빠', '파'와 '빠'를 번갈아 발음하면서 입술 모양이 어떻게 되는지 보고, 거울을 내려놓고 다시 반복하면서 입술과 입안의 긴장을 느껴 보라. 윗입술과 아랫입술이 다물어지는 것은 마찬가지지만 '빠'를 발음할 때면 유독 두 입술이 야무지게 다물어지는 것을 느낄 수 있을 것이다.

이상 우리가 말소리를 만들 때 어떤 기관을 어떻게 움직여서 소리를 내는지 자음을 중심으로 살펴보았다. 가장 먼저 소리를 낼 수 있는 공기를 내보내 주는 기관인 폐와 기관을 '발동기관'이라 부르고 성대를 울려 소리에 공명을 더해 주는 곳을 '발성기관'이라 부른다. 마지막으로 입술과, 혀, 구개 등 구강의 각 기관과 비강은 통과하는 공기에 구체적 특징을 부여하는 곳으로 '조음기관'이라 부른다. 입술과 혀는 능동적으로 움직일 수 있기 때문에 이 둘이 입 안의 일정한 위치에서 공기의 흐름을 막는데, 그 위치에 따라 소리의 특성이 결정되며 이를 '조음위치'라고 한다. 그리고 각 위치에서 마주하는 두 조음기관을 완전히 폐쇄하거나, 아주 근접시켜 그 사이를 통과하는 공기에 마찰을 일으키는 것과 같이 공기에 방해를 주어 말소리 특성 결정에 영향을 미치는 것을 '조음방법'이라고 한다.

2) 모음

모음은 성대의 울림을 가진다. 그리고 자음처럼 입 안에서 어딘가를 막거나 마찰을 만들지 않는다. 자음을 만들 때 눈부신 활약을 보인 혀가 모음 발음에서도 중요한 역할을 하는데, 혀의 어느 부분이 얼마나 높은지에 따라 모음의 특성이 결정된다. 모음을 발음할 때 혀의 모양이 어떤지 느끼기는 쉽지 않다. 먼저 '이' 발음을 한 후 '아' 발음을 해 보자. 가장 정확히 느껴지는 것은 '아'를 발음할 때가 '이'를 발음할 때보다 턱이 아래로 내려가면서 입이 벌어지는 것이고, 그와 더불어 혀도 내려가는 것이 느껴질 것이다. 다음에는 '우' 발음을 한 후 '이' 발음을 해 보자. 둥글게 모아졌던 입술이 평평하게 펴짐과 동시에 아래로 꺼져 있던 혀의 앞부분이 올라가는 느낌이 들 것이다.

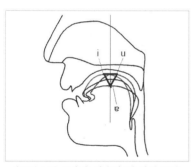

〈그림 1.2〉 모음을 발음할 때 혀의 모양

〈그림 1.2〉는 혀의 위치를 비교해 볼 수 있도록 형상화한 것인데 위에서 아래로 그은 점선이 혀의 중간부분이다. '이'는 중간보다 약간 앞부분이 가장 높고 '우'는 중간에서 약간 뒤로 간 부분이 높다. '아'는 혀가 전체적으로 편안하게 펴져 있는 모습이다. 이들 '이', '우', '아'를 발음할 때 혀의 가장 높은 위치를 표시해 이어 보면 뒤집어 놓은 삼각형이 된다. '이'와 '아' 사이에 'ㅔ', 'ㅐ'가 있고, '이'와 '우' 사이에 'ㅡ'가, '우'와 '아' 사이에 'ㅗ'와 'ㅓ'가 있다. 이들 'ㅣ', 'ㅔ', 'ㅐ', 'ㅏ', 'ㅡ', 'ㅜ', 'ㅗ', 'ㅓ'를 발음할 때 혀가 가장 높아지는 부분의 위치와 높이를 표시한 그림이 〈그림 1.3〉의 모음삼각도이다. 거울을 보면서

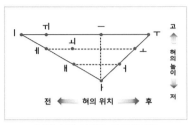

〈그림 1.3〉 우리말 모음삼각도

'이', '에', '애', '아'를 발음해 보면 조금씩 입이 벌어지면서 혀도 조금씩 낮아지고 약간씩 뒤로 가는 것을 느낄 수 있는데, 이를 극대화시켜 도표로 만들어 놓은 것이다.

각 모음 간에는 아주 미세한 높이와 위치 차이만이 있을 뿐인데 우리는 어떻게 이 모음들을 구별해서 알아들을 수 있는 걸까? 그 미세한 차이가 물리적으로, 말하자면 음향적으로 우리의 귀가 구별할 수 있을 만큼 어떤 특성을 만들어내기 때문이다. 말소리를 녹음해서 음향분석 프로그램[04]으로 분석을 하면 그 소리의 스펙트로그램[05]을 얻을 수 있는데, 모음의 경우에는 포만트[06]로 그 특성을 알아볼 수 있다. 〈그림 1.4〉는 신지영(2011; 2014 개정판)이 보여 준 우리말 표준어 모음의 포만트 차트이다. 그는 표준어를 사용하는 남녀 각 10명씩을 대상으로 우리말 표준어 모음의 포만트를 분석해 차트를 만들었는데, 모음삼각도와 유사한 모양으로 나타난 것을 알 수 있다. 그리고 차트 상 나타난 모음들의 위치에 남자와 여자의 차이가 나타남을 알 수 있다. '이'의 위치가 포만트 차

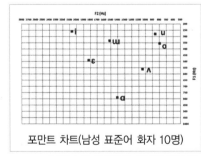
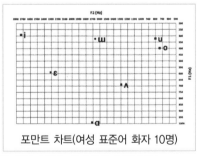

포만트 차트(남성 표준어 화자 10명)   포만트 차트(여성 표준어 화자 10명)

〈그림 1.4〉 우리말의 포만트 차트(신지영 2011; 165 〈그림 6.6〉과 〈그림 6.7〉)

트 위 어떤 점에 위치하든 우리는 일정한 범위 안에 있는 것을 모두 '이'로 듣는다. 그리고 지금 말한 '이'와 조금 전에 말한 '이'의 포만트를 비교해 보면 완전히 같지 않다. 말하자면 물리적으로 본다면 이 세상에 같은 말소리는 단 하나도 존재하지 않는 다는 것이다.

2. 말소리에는 어떤 소리들이 있을까?

말소리는 폐에서 나오는 공기가 어디에서 어떤 방법으로 장애물을 만나느냐에 따라 다른 특성을 가진다. 인간의 말소리가 가지는 특성을 연구하는 학문인 음성학(Phonetics)이 가장 먼저 주목한 것은 인간이 말소리를 만드는 조음위치와 조음방법을 정리하고 각각에 해당하는 말소리를 통일된 기호로 표기하는 것이었다. 그래서 다음 〈표 1.1〉과 같은 문자 표를 만들어 해당 기호로 표기하면 그 조음위치와 조음방법을 가리키는 것으로 알 수 있도록 했다.

〈표 1.1〉 국제음성문자(International Phonetic Alphabet) 자음표

자음(날숨소리)

	양순	순치	치	치경	후치경	권설	경구개	연구개	목젖	인두	성문
파열	P b			t d		ʈ ɖ	c ɟ	k g	q G		ʔ
비	m	ɱ		n		ɳ	ɲ	ŋ	N		
전동	ʙ			r					R		
탄설		ⱱ		ɾ		ɽ					
마찰	ɸ β	f v	θ ð	s z	ʃ ʒ	ʂ ʐ	ç ʝ	x ɣ	χ ʁ	ħ ʕ	h ɦ
설측마찰				ɬ ɮ							
근접		ʋ		ɹ		ɻ	j	ɰ			
설측근접				l		ɭ	ʎ	ʟ			

〈표 1.1〉의 가로축은 조음 위치이고 세로축은 조음 방법인데 두 축에 있는 명칭을 사용해 하나의 소리를 가리킬 수 있다. 예를 들어 영어의 [f]를 발음할 때 우리가 조음기관을 어떻게 움직이는지 직접 해보자. 아랫입술을 윗니 안으로 살짝 넣되 완전히 닫지 않고 살짝 연 상태에서 공기가 빠져 나가게 하여 발음하므로 '순치음'이면서 '마찰음'이고 성대의 울림이 없으므로 '무성음'이다. 같은 칸에 있는 [v]는 성대 울림이 있는 '유성음인데, 같은 조음 위치와 조음 방법으로 소리 나면서 성대 울림에서만 차이가 있으면 무성음을 앞에, 유성음을 뒤에 놓는다. 각각의 말소리에 '성대의 울림 유무+조음위치+조음방법'의 순서로 명칭을 붙일 수 있는데, '무성순치마찰음'이라고 하면 [f]를 가리키는 것이다. 〈표 1.1〉을 바탕으로 '유성양순파열음'이라고 하면 [b], '무성양순파열음'이라고 하면 [p] 등과 같이 명칭에 따라 해당 말소리를 찾을 수 있다. '양순비음' [m], '치경비음' [n] 등은 성대의 울림이 언제나 수반되는 소리이므로 따로 유무성을 앞에 붙이지 않는다.

〈표 1.1〉에는 우리말에서 쓰이지 않는 소리들이 많다. '목젖전동음' [R]은 프랑스어의 'rose'나 'Paris' 등의 'r'발음으로 우리가 쉽게 따라 할 수 없는 소리이다. YouTube에 올라 있는 'Learn French with Pascal'[07]이 재미있는 설명을 하고 있는데, 그에 따르면 강아지가 누군가를 위협할 때 '그르르르' 소리를 내는 것처럼 하면 된다. '성문파열음' [ʔ]은 영어 화자들이 'button', 'curtain' 등의 단어를 빠르게 발음하면서 [t]가 들리지 않게 되는 경우에 나타나는 발음이다. '무성양순마찰음'인 [ɸ]는 일본어 'ふじ[富士][fuji]'의 'ふ'의 발음인데 보통 [fu]로 표기되지만 영어의 [f]와는 전혀 다른 소리이다. 필자의 느낌으로는 카메라 렌즈에 붙은 먼지를 조심스럽게 불어 떨어뜨릴 때의 입모양과 소

리에 가깝다. 〈표 1.1〉에 있는 각 기호들의 실제 발음은 국제음성문자 (International Phonetic Alphabet)[08]사이트에 가면 확인할 수 있는데 〈표 1.1〉에 제시되지 않은 다양한 소리 기호와 그 발음도 함께 경험할 수 있다.[09]

우리말에 있지만 〈표 1.1〉에 정리되지 않은 소리가 있는데, 조음기관을 닫았다 터뜨리는 순간 마찰을 주는 파찰음이다. 'ㅈ', 'ㅉ', 'ㅊ'가 그들인데 'ㅈ'는 IPA가 '무성치경–구개파찰음'으로 분류한 IPA 기호 'ʨ'로 표기할 수 있다. 그렇다면 'ㅉ'와 'ㅊ'는 어떻게 표기하면 좋을까? 'ㅊ'는 '기식이 있음(aspirated)'을 표시하는 'ʰ'를 추가해 [ʨʰ]로 표기할 수 있는데 비해 'ㅉ'는 IPA 기호로 표기하기가 어렵다. 이는 우리말의 된소리(경음)가 다른 언어에서는 찾아보기 어렵기 때문이다. 신지영(2011; 2014 개정판)은 'ㅉ'를 '[ʨ*]'로 표기하고 있고, 'ʼ'를 이용해 '[ʨʼ]'로 표기하기도 한다.

국제음성문자 사이트에서 각 자음 소리의 실제 소리를 들어보기 위해 해당 기호를 클릭하면 각 자음을 모음 [a]사이에 넣어 [apa], [aba] 등과 같이 발음한 것을 들을 수 있다. 이는 우리가 사용하는 말소리는 자음만으로 발음하기 어렵고 반드시 모음과 함께 발음해야 하기 때문이다. IPA에는 모음을 위한 기호들도 포함되어 있는데, 〈그림 1.5〉와 같이 모음 사각도에 표시했다. 하나의 위치에 두 개의 기호가 표시되어 있는 경우, 뒤의 것은 입술을 둥글게 해서 발음하는 것이고 앞의 것은 입술을 펴서 발음하는 것이다. 이 모음들의 발음 역시 국제음성문자사이트에 가면 확인할 수 있다.

[i]는 미소를 짓는 듯한 입모양에서 입술을 최대한 펴고 위아래 이가 거의 닿을 듯한 상태에서 내는 극단적인 '이'소리이다. 이 상태에서 입

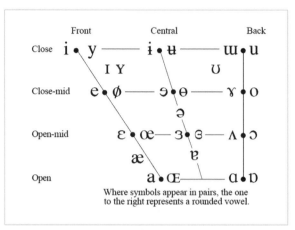

〈그림 1.5〉 국제음성문자 모음표

술을 둥글게 하면 [y] 소리가 되는데, 프랑스어의 'tu'의 발음이 [ty]로 [y]발음을 가지고 있다. [i]를 발음한 상태에서 턱을 살짝 내리면서 입을 조금 벌리면 [e] 발음이 되는데, 이 상태에서 입술을 둥글게 오므리면 [ø]가 된다. 독일어의 'schön'의 모음이 이 발음이다. 그리고 극단적인 '우' 발음인 [u]를 발음한 상태에서 입술을 펴면 약간 어금니를 문 듯한 상태에서 '으'를 발음하는 것 같은 소리가 나는데 그것이 [ɯ]이다. [i]를 발음한 상태에서 입술의 긴장을 늦추면 [ɨ]가 되고 여기에 입술 둥글음을 더하면 [ʉ]가 된다. 우리말의 '으'는 [ɨ]와 [ɯ] 사이에 있다고 볼 수 있는데 신지영(2011; 2014개정판)은 우리말의 '으'를 [ɯ]로 표기하고 있다. 우리가 영어를 배울 때 어려움을 선사하는 [I]와 [ʊ]는 사실 [i]와 [u]에 비해 음길이만 짧아지는 것이 아니고 혀의 높이와 위치에도 차이가 있음을 〈그림 1.6〉에서 알 수 있다.

신지영(2011; 2014개정판)은 영어 RP(Royal Pronunciation, 영국의 상류층 귀족 영어의 발음)의 모음 포만트 차트와 우리말의 모음 포만트 차트를

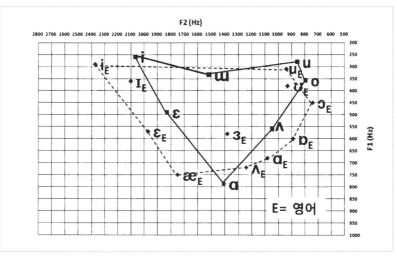

〈그림 1.6〉 한국어와 영어 단모음의 포만트 차트 비교(신지영 2011; 2014 개정판 166 〈그림6.8〉)

〈그림 1.6〉 과 같이 비교해 보여 주었다. 〈그림 1.6〉에서 보면 우리말 '이[i]'와 영어 [i] 사이의 거리나 우리말 '에[ɛ]'와 영어 [ɛ] 사이의 거리가 꽤 큼을 알 수 있다. 그리고 우리말 '어'와 영어 'cut'의 'u'를 모두 [ʌ]로 표기하고 있는데 이들 사이의 거리도 꽤 크다. 앞서 보았듯이 우리말 모음은 삼각형으로 나타나지만 영어의 모음은 IPA의 모음 사각도에 가깝게 나타난다.[10]

　세계 각 지역 언어의 소리를 기록할 때 유사한 소리는 공통된 기호를 사용하여 표기하고 그 기호의 음가를 정해 놓는다면, 그 언어를 모르는 사람이라도 그 기호를 보고 그 말소리의 발음을 알아낼 수 있을 것이다. 이것이 IPA 제정의 목적이다. 그런데 이렇게 다양한 기호로도 세계의 언어를 다 표시할 수 없어 국제음성문자에는 위에 소개된 두 개의 표 외에 수많은 기호들이 마련되어 있다. 지구상에는 우리로서는 상상할 수 없는 다양한 말소리가 존재하는 것이다.

3. 말소리에도 자격이 있다?

1) 의미를 구별하는 최소의 단위 '음소(phoneme)'

세계에는 2017년 8월 현재 7,099개의 언어가 존재한다.[11] 이들 언어들은 저마다 다른 말소리를 가지고 있다. 말하자면 각 언어마다 그 언어의 말소리로 인정받는 소리들이 다르다는 것이다.

우리말의 'ㅂ'은 무성양순파열음으로 단어의 끝에 오면 입술을 닫은 상태로 파열되지 않는다. 그래서 '밥'을 IPA로 표기하면 폐쇄만 있고 파열은 되지 않는 내파음을 표시하는 "˺"을 이용하여 [pap̚]와 같이 표기할 수 있다. 그런데 이 마지막 'ㅂ'를 내파음이 아닌 파열음으로 낸다면 우리는 그것을 '밥'이 아닌 다른 단어로 듣게 될까? 아니면 혹 어두에 오는 'ㅂ'를 유성음인 [b]로 하여 [bap̚]으로 발음하면 우리는 그것을 '밥'이 아닌 다른 단어로 들을까? 그렇지 않을 것이다. [pap̚]이든 [pap]이든 우리는 '밥'으로 들을 것이다. 심지어 [bap]조차도 우리는 '밥'으로 생각할 것이다. 다만 우리는 '밥'의 첫소리를 유성음으로 발음하거나, 끝소리를 파열음으로 발음한 그 사람의 발음이 조금 이상하고 어쩌면 그가 외국인일지도 모른다고 생각할 것이다. 그러면 우리말의 'ㅂ'은 절대로 [b]로 나는 경우가 없는 것일까? '아버지'에서 모음 'ㅏ'와 'ㅓ' 사이에 오는 'ㅂ'은 유성음으로 소리 난다. 하지만 우리의 귀는 그것을 [p]와 같은 것으로 듣는다.

이렇게 우리는 [p], [b], [p̚]를 'ㅂ'이라는 하나의 소리 범주 안에 넣어 받아들인다. 물리적으로는 모두 다른 소리이지만 심리적으로는 하나의 소리로 인식되는 것인데, 이 하나의 소리를 '음소'라고 한다. 그리고 이 하나의 음소에 속하면서 앞 뒤 환경에 따라 다르게 소리 나는 말소리들을 '변이음'이라고 한다. [p], [b], [p̚]는 음소 'ㅂ'의 변이음들이며, 음소를 변이음들과 구별하여 /ㅂ/ 혹은 /p/와 같이 표기한다. 우리말 음소 /p/의 변이음에는 [m]도 있는데 '갑니다' 처럼 뒤에 비음이 따라올 때 나타난다. 음소 /p/와 변이음을 정리하면 〈표 1.2〉와 같다. 이들 변이음은 자신이 나타날 수 있는 환경에 나타나야 하고, 만약 그렇지 않으면 다른 음소로 인식되거나 잘못된 발음을 하고 있는 것으로 받아들여진다. '밥'을 [map]으로 발음하면 '맙'이 되어 '밥'의 뜻을 가질 수 없는 다른 말이 되며 [bap]으로 발음한다면 외국인이라는 오해를 받게 될 것이다.

〈표 1.2〉 음소 /ㅂ/과 변이음

음소	변이음	환경
/p/	[p]	어두
	[b]	모음 사이
	[p̚]	어말
	[m]	비음 앞

　[p]와 [b]는 우리말에서는 하나의 음소 /p/의 변이음으로 취급되지만 영어에서는 '음소'의 지위를 가진다. 영어의 'pan[pæn]'과 'ban[bæn]'은 전혀 다른 의미를 가지는 별개의 단어로, 영어의 [p]와 [b]는 '-[æn]'이라는 환경에서 같은 위치에 교체되어 들어갈 수 있는 말소리이다. 음소는 이렇게 한 언어에서 같은 말소리 환경에 나타날 수 있으면서 그 교체에 따라 의미의 차이를 가져올 수 있는 최소의 단위이다. 사람들은 자신의 모국어에서 음소로 쓰이는 말소리와 그 변이음에 대해 인식하고 있으며, 의미 차이에 관여하지 않는 말소리의 특성은 무시한다. 한국어 모어 화자인 우리에게는 [bap̚]과 [pap̚]이 별개의 단어로 들리지 않지만 영어 모국어 화자에게는 별개의 단어로 들린다. 누군가 '아버지'를 [abʌʥi]로 발음하지 않고 [apʌʥi]로 발음한다면 우리는 조금 특이하

다고 느낄 뿐 별개의 단어라고 생각하지 않지만, 영어 모국어 화자는 다른 뜻을 가진 단어로 인식하게 되는 것이다. 말하자면 우리말에서는 [b]에 음소로서의 자격을 인정하지 않지만 영어에서 [b]는 당당하게 음소의 자격을 가져 /b/와 같이 표기될 수 있는 것이다.

〈표 1.3〉은 IPA 자음표를 바탕으로 우리말과 영어의 자음 음소 체계를 비교한 것으로 각 조음 방법의 위 칸은 영어의 음소이고 아래 칸은 우리말 자음 음소이다. 조음 위치와 조음 방법이 같은 음소들이 하나의 칸에 모여 있는데, 영어는 조음 위치와 조음 방법이 같은 자음이 두 계열로 나뉘어 있는 반면 우리말은 세 개의 계열로 나뉘어 있다.

〈표 1.3〉 우리말과 영어의 자음 음소

자음(날숨소리)

	양순	순치	치	치경	후치경	경구개	연구개	성문
파열	P b PP* Pʰ			t d t t* tʰ			k g k k* kʰ	
파찰				ʧ ʤ tɕ tɕ* tɕʰ				
비	m m			n n			ŋ ŋ	
탄설				ɾ				
마찰		f v	θ ð	s z s s*	ʃ ʒ			h h
근접	W				ɹ	j		
설측마찰				l				

비음은 영어와 우리말이 같지만 영어는 우리말에는 없는 근접음과 설측(근접)음을 가지고 있다.[12] 우리말의 'ㄹ'는 혀끝을 윗잇몸을 향해 튀기듯 살짝 대었다 떼는 방법으로 내는 '탄설음'인 반면 영어의 /r/과 /l/은 근접음으로 분류된다. 우리말은 'ㅅ[s]'와 'ㅆ[s*]' 두 개의 마찰음만을 가지는 반면 영어는 4개의 조음 위치에서 각각 두 개씩 모두 8개의 마찰음을 가진다.

2) 음소를 구별하는 최소 단위 '변별자질(distinctive feature)'

그런데 같은 조음 위치와 조음 방법에 속하는 음들은 서로 어떻게 구별되는 것일까? 영어의 양순파열음 /p/와 /b/를 구별하는 데에는 성대의 울림이 있는지(유성성)가 중요한 기준이 되고, 한국어의 양순파열음 /p(ㅂ)/, /p*(ㅃ)/, /pʰ(ㅍ)/ 세 음을 구별하는 데에는 공기의 마찰이 얼마나 있는지(기식성)와 후두의 긴장이 있는지(긴장성)가 중요한 기준이 된다. 말하자면 우리가 /ㅂ/와 /ㅍ/를 들어 구분할 때 각각의 소리 덩어리를 구분한다기보다는 각 말소리가 가지는 특정한 특성에 귀를 기울여 구분한다고 보아야 한다. 이렇게 두 개의 말소리, 즉 음소를 구별하는 데 기준이 되어주는 특성들을 '변별자질(distinctive features)'이라고 부른다.

앞서 설명한 조음위치와 조음방법은 모두 변별자질의 역할을 하는데 일정한 자질을 가진 경우 [+ 자질], 해당 자질을 가지지 못했을 경우 [- 자질]로 표시한다. 예를 들어 공기가 어디에서도 막힘없이 조음기관을 빠져나가는 소리는 자질 '지속성(continuant)'를 가졌다 하여 [+지속성(continuant)]으로 표시하고 어디서든 막힘이 있는 소리는 [-지속성]으로 표시한다. 우리말 자음 /ㄷ/와 /ㅂ/, /ㄱ/는 모두 다 파열음으로 공기의 흐름이 계속되지 못하게 막았다 터뜨려서 내는 소리로 모두 [−지속성]으로 표시할 수 있다. /ㄷ/는 혀의 끝부분을 올려서 내는 소리로 [+설정성]으로 표시할 수 있고 /ㅂ/와 /ㄱ/는 그렇지 않아 [−설정성]으로 표시할 수 있다. /ㅂ/와 /ㄷ/는 입의 앞쪽에서, 정확히는 치경과 경구개 앞쪽에서 나는 소리로 [+전방성(anterior)]을 가지고, /ㄱ/는 치경과 경구개 뒤쪽에서 나는 소리로 [−전방성]을 가진다. 이들 자질을 이용해서 세 음의 차이를 표시해 보면 〈표 1.4〉와 같다.

〈표 1.4〉 우리말 자음의 변별자질

	지속성	설정성	전방성	긴장성	기식성
/ㅂ/	−	−	+	−	−
/ㄷ/	−	+	+	−	−
/ㄱ/	−	−	−	−	−
/ㅃ/	−	−	+	+	−
/ㅍ/	−	−	+	−	+
/ㅅ/	+	+	+	−	+

/ㅃ/는 [−지속성], [−설정성], [+전방성] 자질을 /ㅂ/와 함께 공통적으로 가지지만 후두의 긴장을 가지기 때문에 [+긴장성(tense)]으로 /ㅂ/와 구분된다. /ㅍ/는 성문을 좁혀 기식을 일으키는 [기식성(strident)] 자질을 가지고 있어 [+기식성]으로 [−기식성]인 /ㅂ/, /ㅃ/와 구분된다. 그런데 여기에서 짚고 넘어가야 할 것이 있다. 물리적으로 보면 /ㅂ/와 /ㅍ/는 기식성의 유무가 아니라 기식의 정도에서 차이를 가진다.

〈그림 1.7〉은 신지영(2011; 2014개정판)에 실려 있는 /다/, /따/, /타/의 물리적 특성을 보여주는 스펙트로그램과 파형이다. 화살표로 표시된 부

분이 치경에 대었던 혀를 열어 공기를 터뜨리는 순간으로, 터뜨리기 전에는 공기에 아무런 영향이 없기 때문에 스펙트로그램과 파형에 아무 것도 나타나지 않는다. 윗부분에 세로줄이 무늬를 이루며 그어져 있는 스펙트로그램은 말소리의 기식과 포만트를 보여주는데, 세로줄 중 두껍게 띠를 이룬 듯 보이는 것이 포만트이고, 띠가 선명하게 보이기 전 위에서 아래로 붓질을 해놓은 듯 보이는 부분이 기식을 보여주는 것이다. 파형은 소리의 진동을 보여주는 것으로 위아래로 대칭인 모양을 보여주는 부분부터가 모음이고 그 이전에 일그러진 파형을 보여주는 부분이 자음이다. '따/t*a/'는 붓질을 해놓은 듯 보이는 부분이 거의 보이지 않고 아래 파형에도 일그러진 듯한 부분이 없다. 반면 '다/ta/'와 '타/tʰa/'는 모두 기식이 있는 부분을 가지고 있고 다만 그 길이에 있어 차이가 있을 뿐이다.

막았던 공깃길을 터뜨리는 시점부터부터 성대가 울리기 시작하는 시점까지의 사이를 성대 진동시작 시간(VOT=voice onset time)이라고 하는

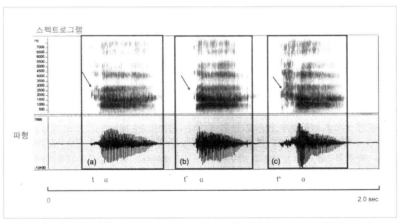

〈그림 1.7〉 '다', '따', '타' 의 스펙트로그램과 파형(신지영 2011; 2014개정판 104쪽 〈그림 5.1〉)

데, 〈그림 1.7〉의 스펙트로그램에서 무언가 그려지기 시작한 부분부터 띠가 보이기 시작하는 부분까지이다. 그림에서도 볼 수 있듯이 /ㄷ/, /ㄸ/, /ㅌ/ 간에는 VOT 차이가 나는데, 그림에서 볼 수 있는 /ㄸ/는 13ms(millisecond)로 가장 짧고 /ㅂ/는 47ms, /ㅍ/는 76ms라고 한다(신지영 2011; 2014개정판 105쪽).[13] 우리가 '달'과 '딸', '탈'을 듣고 이들이 다른 의미를 가진 단어라는 것을 알 수 있는 것은 음절의 첫소리인 /ㄷ/와 /ㄸ/, /ㅌ/의 이러한 차이를 알아들을 수 있기 때문인데, 47ms과 76ms의 차이를 우리의 귀가 구별한다는 것이 그저 놀라울 뿐이다.

그렇다면 /ㄷ/가 기식을 가지고 있음에도 불구하고 〈표 1.4〉에 [−기식성]의 자질을 가지는 것으로 표시한 이유는 무엇일까? 평음 /ㄷ/는 모음 사이에 올 경우 기식성이 없고 성대가 울리는 '유성 무기음'으로 실현되고 어말에 올 때는 폐쇄 이후에 파열이 없는 '무성 불파음'으로 실현된다. 하지만 격음화, 7종성 법칙 등 몇 가지 음운규칙의 적용을 근거로 /ㄱ/, /ㄷ/, /ㅂ/를 '무성 무기 연음(voiceless unaspirated lenis)'으로 보아야 하며, 이는 한국인의 인식에도 일치하는 것이다(신지영 2011; 2014개정판). 이는 변별자질이 음소를 구별하는 데 결정적인 역할을 할 뿐만 아니라 각 음소와 관련된 음운 현상 또한 변별자질 결정에 결정적인 단서가 됨을 보여주는 것이라 하겠다.

마지막으로 /ㅅ/는 공기가 막힘없이 발음기관을 지나가면서 소리가 나므로 [+지속성]의 자질을 가지며 이 자질로 다른 자음 /ㅂ/, /ㄷ/, /ㄱ/, /ㅃ/, /ㅍ/와 구별된다. 〈표 1.4〉에는 올리지 않았지만 /ㅈ/는 공기를 막았다가 열 때 확 열지 않고 공기에 마찰을 일으키는 파찰음으로 [+지연개방성(delayed release)] 자질을 가져 다른 자음들과 구별되며, /ㄹ/은 혀의 옆면을 열어 공기가 빠져 나가게 하는 [+설측성(lateral] 자질을 가져 다른 자음과 구별된다.

이상 우리말 자음과 관련된 변별자질을 살펴 보았는데 [지속성], [지연 개방성], [설측성]은 조음방법과 관련된 자질이고, [설정성], [전방성]은 조음위치와 관련된 자질이다. 그리고 [긴장성]과 [기식성]은 성대가 있는 발성기관의 상태와 관련된 자질이다. 말하자면 앞서 말소리를 만드는 데 관여하는 발동기관, 발성기관, 조음기관의 각 부위들에 대한 정보가 결국 변별자질의 역할을 하는 것이다.

음소처럼 변별자질 역시 언어마다 다르다. 영어의 /p/와 /b/는 양순파 열음으로 성대의 울림이 있는지 여부에 따라 구별이 된다. /p/는 [−유성성], /b/는 [+유성성]으로 표시할 수 있다. /p/와 /b/외에도 /t/와 /d/, /k/와 /g/, /f/와 /v/, /s/와 /z/ 등 대부분의 자음이 유성성 자질의 유무를 바탕으로 대립하고 있다. 우리말에서는 음소를 구분하는 데 아무런 역할을 하지 못하는 [유성성] 자질이 영어에서는 중요한 변별자질이 되는 것이다. 영어와 우리말의 음소가 다르듯 변별자질에도 차이가 나는 것은 우리가 영어를 배우거나 영어 모국어 화자가 우리말을 배우는 데에 장애물로 작용한다.

우리가 영어의 'boy'를 발음할 때 우리는 유성음 [b]를 제대로 발음하고 있을까? 사실 어두의 /b/를 발음할 때는 [b]가 아닌 우리말 /ㅂ/, 말하자면 무성무기음을 발음하고 'bag'의 /g/는 /ㄱ/의 내파음으로 발음하는 경우가 많다. 그리고 그 발음을 들을 때도 [b]나 [g]의 유성성에 주의를 기울이지 않는다. 이것은 우리말에서 [유성성]이 음소를 구별하는 데에 아무런 역할을 하지 않기 때문이다. 물리적으로 다양한 변별자질을 가진 소리를 들어도 이렇게 어떤 한 언어, 대개는 모국어에서 유효한 변별자질에만 주의를 기울이는 것을 선택적 주의(selective attention)라고 한다.

3) 발음의 최소 단위, 음절

우리는 '달'을 발음할 때 'ㄷ-ㅏ-ㄹ'처럼 각각의 음소를 따로 발음하지 않고 거의 동시에 발음한다.[14] '달밤'을 발음할 때는 '달'과 '밤'을 각각 한 단위로 발음하고, '보름달'을 발음할 때도 '보', '름', '달' 각각을 한 단위로 발음한다. 우리는 이렇게 발음할 때 하나의 단위가 되는 것을 '음절(syllable)'이라고 부른다.

우리 표준국어대사전에서는 음절을 '하나의 종합된 음의 느낌을 주는 말소리의 단위. 몇 개의 음소로 이루어지며, 모음은 단독으로 한 음절이 되기도 한다.'와 같이 정의해 두고 있다. Oxford Learner's Dictionary에는 '단어를 구성하는 단위로 하나의 모음과 하나 이상의 자음으로 구성된다(any of the units into which a word is divided, containing a vowel sound and usually one or more consonants)'고 기술하고 있다. 말하자면 '음절'은 적어도 하나의 모음에 자음은 없거나 하나, 혹은 그 이상이 결합되어 만들어지는 것으로, 우리가 하나의 덩어리 소리로 인식하는 것이라고 볼 수 있다.

음절의 구조를 말할 때 보통 영어의 Consonant(자음)를 의미하는 C와 Vowel(모음)을 의미하는 V를 이용해서 표시하는데, 우리말의 음절 구조는 (C)V(C)이다. '오', '오이'처럼 음절이 모음으로만 이루어지거나, '다(CV)', '옷[옫](VC)'처럼 모음 하나에 자음 하나로 이루어진 것, '꽃[꼳](CVC)', '곰[곰](CVC)'처럼 '자음+모음+자음'의 구조를 가진 것이 있다. '닭[닥]'은 철자로 보면 CVCC의 구조를 가진 것처럼 보이지만 발음이 [닥]으로 남으로써 CVC구조를 지킨다. '닭발'의 경우 표기상으로는 'ㄷ+ㅏ+ㄹ+ㄱ+ㅂ+ㅏ+ㄹ'이지만 발음으로는 [닥빨]로 'CVC+CVC'의 구조를 가진다. '닭이'의 발음은 [달기]가 되는데 '이'의 'ㅇ'가 소리가 없

는 자리이므로 '리'의 자음 'ㄱ'이 다음 음절로 옮겨서 발음이 된다.[15]

음절 구조 역시 언어마다 다르다. 대표적인 예가 바로 커다란 노란색 M자를 보면 누구나 떠올릴 'McDonald's'의 발음이다. 'McDonald's'의 영어 발음은 [mək-dɑ́-nəldz]로 3개의 음절로 이루어져 있다. 우리나라에서는 '맥도날드'로 영어의 's'가 없이 'Mcdonald'만 읽은 발음으로 표기하는데 4개의 음절이다. 일본에서는 'マクドナルド[ma-ku-do-na-ru-do]'와 같이 6개의 음절로, 중국에서는 '麥當勞[Mài-dāng-lào]'와 같이 3개의 음절로 받아들여 사용한다. 중국어의 [Mài-dāng-lào]는 음절수에서는 영어에 제일 가깝지만 의미를 고려한 표기인 탓에 원음에서는 상당히 멀어져 있다. 우리말의 '맥도날드'는 영어의 마지막 음절 [nəld]를 두 개의 음절로 나누어 '날드'로 표기하고 있고, 일본어의 [ma-ku-do-na-ru-do]는 [mək]를 두 개의 음절로 [nəld]를 세 개의 음절로 표기하고 있다. 어느 언어의 화자가 듣든지 [mək-dɑ́-nəldz]는 물리적으로 세 개의 음절이지만, 받아들이는 언어에 따라 네 개 혹은 여섯 개의 음절로 표기되는 것은 음절 역시 언어마다 차이가 있음을 보여주는 것이다.

영어의 음절 구조는 어두나 어말에 세 개까지 자음이 겹쳐 올 수 있어 '(C)(C)(C)V(C)(C)(C)'와 같다. 예를 들어 야구 용어인 영어 'strike'의 발음은 [straɪk]으로 1음절이다. 그런데 우리말로 표기하면 '스트라이크'이다. 우리말은 어두 혹은 어말에 자음 하나만 올 수 있으므로 무려 세 개의 자음이 연이어 오는 영어의 'str'을 그대로 발음하고 표기할 수 없다. 따라서 각 자음 뒤에 모음 'ㅡ'를 끼워 넣어 '스트'로 함으로써 우리말의 음절구조를 지키고 '라이크'는 외래어 표기 원칙[16]에 따라 표기된 것이다. 결국 영어에서는 1음절인 단어가 우리말에서는 5음절의 단어가 되었고, 이러한 현상을 접한 영어 화자들은 상당히 혼란스러울 수밖에 없을 것이다. 온라인상에 떠도는 한 예가 그것을 단적으로 보여주는데, James라는 이름을 가진 한 외국인 선생님이 자신이 아파서 휴강을 한다는 알림 글을 쓰면서 'James으가 아프다'와 같은 표기를 한 것이다. 그는 자신의 이름이 '제임스'로 불리는 것을 수도 없이 들었을 것이고 'James[ʤeimz]'만으로는 불충분하다고 생각했을 것이다.

일본어의 음절구조는 기본적으로 '(C)V'이다. 뒤에 오는 자음에 따라 발음이 [n], [m], [ŋ]으로 실현되는 'ん' 외에는 받침이 없고 어두에 오는 자음도 하나만 허용한다. 그리고 문자 역시 음절 단위를 표기하도록 되어 있으므로 우리말의 '서울'을 'ソウル'로 표기하고 '소우루[so-u-ru]'로 발음하게 되는 것이다. 따라서 어두에 세 개의 자음이 연이어 오는 음절은 일본어에서도 허락되지 않는다. 영어의 'strike'는 일본어에서 'ストライク[su-to-ra-i-ku]'로 표기되며 다섯 개의 음절로 발음된다. 'マクドナルド[ma-ku-do-na-ru-do]' 역시 그러한 이유로 일본어에서는 피할 수 없는 것이며, 결국 줄임말 'マク'만으로 맥도날드를 부르게 된 것이다.

4) 진정한 결합의 결과, 음운규칙

'닭'은 홀로 있을 때나 '닭죽', '닭발'처럼 뒤에 비음이 아닌 자음으로 시작되는 음절이 이어오면 [닥]으로 발음되고, '닭 모이'처럼 비음으로 시작되는 음절이 이어오면 [당모이]로 발음되며, '닭이'처럼 뒤에 모음으로 시작되는 음절이 이어오면 [달기]로 받침의 두 자음이 모두 발음된다. 이렇게 말소리는 그것의 앞이나 뒤에 오는 다른 소리에 따라 본래대로 소리 나기도 하고 다른 소리로 바뀌기도 하는데, 우리는 이것을 '음운 규칙이 적용되어서'라고 해석한다. 우리말에는 'ㄹㄱ' 외에도 'ㄱㅅ, ㄴㅈ, ㄴㅎ, ㄹㄱ, ㄹㅂ, ㄹㅅ, ㄹㅌ, ㄹㅍ, ㅂㅅ' 등 다양한 겹자음이 있는데 실제 발음될 때는 뒤에 오는 말소리가 모음이 아닌 경우 모두 둘 중의 어느 하나로만 실현된다. 이러한 현상을 '자음군 단순화'라는 규칙으로 설명한다.

'높다'는 [놉따]로 발음되는데 이 발음은 두 개의 음운규칙의 적용을 받는 것이다. 먼저 음절의 끝소리로는 /ㅂ, ㄷ, ㄱ, ㅁ, ㄴ, ㅇ, ㄹ/만 올 수 있다는 소위 '7종성 법칙'이 적용되는데, '높'이라는 음절의 마지막 소리 곧 종성인 'ㅍ'는 종성으로 올 수 없고 [ㅂ]로만 실현될 수 있다. 그리고 앞소리가 /ㅂ, ㄷ, ㄱ/일 경우 뒤따르는 /ㄱ, ㄷ, ㅂ, ㅅ, ㅈ/는 모두 경음 /ㄲ, ㄸ, ㅃ, ㅆ, ㅉ/로 변하는 '경음화'가 일어나는 것이다. '높습니다'는 [놉씀니다]로 발음되는데 하나의 음운규칙이 더 적용된다. 뒤따르는 비음 /ㄴ/의 영향으로 '씁'의 /ㅂ/이 /ㅁ/로 변하는 '비음화'가 일어나는 것이다. '비음화'는 앞이나 뒤에 오는 자음의 변별자질을 닮아가는 이른바 '자음동화'의 일종인데, '신라[실라]', '달나라[달라라]'처럼 /ㄴ/가 앞이나 뒤에 오는 /ㄹ/에 이끌려 /ㄹ/로 변하는 '유음화'도 자음동화의 일종이다. '유음화'는 변별자질을 닮는 것에서 더 나아가 아예 소리 자체를 닮아 버리는 음운 현상이다.

이러한 우리말의 음운규칙들은 우리말을 배우는 외국인에게 또 하나의 큰 과제가 된다. 음운규칙 역시 언어마다 다르기 때문이다. 우리말 '갑니다'는 앞서 언급한 비음화가 적용되어 [감니다]로 발음된다. 하지만 영어권 화자를 비롯해 많은 외국인들은 한국어 학습 초기에 [갑니다]로 발음하는 경우가 많다. 영어를 비롯해 많은 언어들에 그러한 음운규칙이 없기 때문이다. 역으로 모국어의 음운규칙을 외국어 발음에 적용하는 경우도 있는데, 우리가 영어 'only'를 발음할 때 그렇다. 'only'의 발음은 [oʊnli]로 [n]과 [l]의 발음이 분명하다. 하지만 한국사람들은 종종 [oʊlli]로 발음하거나 [oʊnni]로 발음한다. '유음화' 규칙 적용이 지나쳐서 그 규칙을 적용할 수 없는 음운 환경의 표기에까지 적용되는 경우가 있는데 '아울렛'이 그것이다. 영어의 'outlet'의 발음은 [aʊtlet]으로 [t] 발음이 분명하며 외래어표기법에 따르면 '아웃렛'으로 표기해야 한다. 그러나 '아울렛'은 모 점포의 공식적인 상호로 굳어져 있고 여전히 여러 곳에서 사용되고 있다.

5) 음소 위에 얹힌 소리, 운율

예전 우스갯소리에 건망증이 심한 사람이 손에 곰방대를 들고 팔을 앞뒤로 저으며 걷고 있는데 팔이 뒤로 가면 곰방대가 없어졌다 생각해 '어?'하고 팔이 앞으로 오면 여기 있구나 싶어 '어어' 하면서 걸었다는 이야기가 있다. 이 이야기를 읽으며 여러분은 앞의 '어?'와 뒤의 '어어'를 상상했을 것이다. 둘 사이에는 어떤 차이가 있는가? 앞의 '어?'는 높고 짧은 소리였을 것이고 뒤의 '어어'는 낮고 긴 소리였을 것이다. 사실 필자가 가장 좋아하는 예는 우리 삶 속에 있다. 어머니가 아들의 간식을 챙겨 아들 방에 들어갔더니 내일모레가 시험인데 아들이 컴퓨터 게임을 하고 있었다. 어머니가 "자알 한다."하고 말했다. 새내기들과 노래방에 갔는데 그들 중 한 명이 노래를 아주 잘했다. 여러분이 "와! 잘한다!"하고 말했다. 둘 모두 '잘한다'이지만 전자의 '자알한다'와 후자의 '잘한다!' 간의 차이를 상상해 볼 수 있을 것이다.

다른 사람이 말하는 것에 가만 귀를 기울여 보자. 각 음절의 길이와 높이가 똑같지 않을 것이다. 특히 경상도말이나 영어, 중국어를 들을 때면 어떤가? 말소리가 높았다가 낮았다가 높낮이의 차이가 있고, 길었다

가 짧았다가 길이의 차이가 있다. 흔히 우리가 강세(stress), 억양
(intonation), 성조(tone) 등으로 부르는 것들은 그 자체가 음소는 아니지
만 음소로 이루어진 음절 혹은 단어, 문장 등에 얹혀서 의미차이를 가져
오는데 이들을 '운소(prosodeme)'라고 한다. 강세는 어휘의 일정 음절을
다른 음절보다 세고 높게 발음하여 어휘의 의미를 구분하는 역할을 하
고, 억양은 주로 문장의 주요부분이나 끝부분을 올리거나 내려 문장의
의미를 구분한다. 성조는 똑같은 음소연쇄로 이루어진 어휘들의 의미를
음의 높낮이 차이를 두어 구분하는 것이다. 이들 강세, 억양, 성조 등을
한 데 모아 운율(prosody)이라고 부른다.

중국어는 성조가 어휘의 의미를 구분하는 데에 중요한 역할을 하는 성
조언어인데 다음 그림에서처럼 /ma/라는 음소연쇄는 같지만 거기에 결
합되는 성조가 무엇이냐에 따라 각기 다른 의미를 가진다.

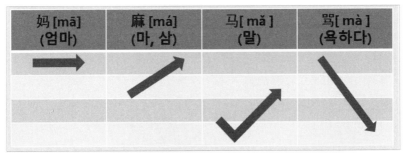

〈그림 1.8〉 중국어의 성조

우리나라의 지역어인 경상도말도 대표적인 성조언어인데 '가가 (가)가
가'에 성조 차이만을 두어 '그 아이가 그 아이인가?', '그 아이가 가 씨
성을 가진 아이인가?', '(거기에)가서 가져 가' 등 다양한 의미를 나타낼 수

있다. 오늘날 젊은이들 사이에서는 그 구별이 사라져 가고 있지만 우리 말은 '밤(夜)'과 '밤:(栗)', '눈(目)'과 '눈:(雪)', '굴(窟)'과 같이 음장(length)으로도 어휘 의미를 구분한다

2장

언어의 이해 2 - 형태와 통사

1. 스스로 의미를 가지는 최소 단위, 형태소

1) 우리가 의식하는 언어 단위, 형태소

앞 장에서 우리는 각 음소들을 음절로 모아 발음한다는 것을 알았다. 다음 각 음소들을 음절로 모아 발음해 보자. 어떤 말이 되는가?

ㅏ ㅂ ㅓ ㅈ ㅣ ㄱ ㅏ ㅂ ㅏ ㅇ ㅔ ㄷ ㅡ ㄹ ㅓ ㄱ ㅏ ㅅ ㅣ ㄴ ㄷ ㅏ

여러분은 지체 없이 이 음소의 연쇄가 '아버지가 방에 들어가신다'라는 것을 알 수 있었을 것이다. 혹 끊어 읽기를 잘못해서 '아버지 가방에 들어가신다'로 읽게 되면, 이 문장이 정상적인 상황에서는 일어날 수 없는 일이며, 제대로 된 문장이 아님도 곧 알아차린다. 이것은 우리가 위 문장을 다음과 같이 처리할 수 있는 능력을 가지고 있기 때문이다.

우리는 우리말에서 '아버'나 '버지'라는 단어가 없다는 것을 알고 있어 'ㅏ ㅂ ㅓ ㅈ ㅣ ㄱ ㅏ ㅂ ㅏ ㅇ ㅔ'와 같은 말소리 연쇄를 듣게 되면 의미를 가진 첫 번째 요소는 '아버지'인 것으로 처리한다. 그리고 뒤이어 오는 문장의 처음에 오는 것은 '주어'이므로 'ㄱㅏㅂㅏㅇㅔ'의 '가'가 주어를 표시하는 조사인 것으로 처리한다. 그리고 다음으로 'ㅂㅏㅇㅔㄷ_ㄹㅓㄱㅏㅅㅣㄴㄷㅏ'에서는 먼저 '방'을 듣고 그 다음에 뒤따르는 'ㅔ'를 이른바 '처소격'을 나타내는 조사로 처리해 '방에'를 묶고 'ㄷ_ㄹㅓㄱㅏㅅㅣㄴㄷㅏ'를 하나의 술어로 처리한다. 'ㄷ_ㄹㅓㄱㅏㅅㅣㄴㄷㅏ'의 경우 동사 '들어가-'에 '시'와 'ㄴ', '다'가 결합된 것으로 처리함으로써 이 문장이 현재에 일어나는 일에 대해 말하고 있으며, 주어로 온 '아버지'에 대해 올바른 대우법을 사용했음을 확인한다.

　우리가 위와 같은 처리를 해낼 수 있는 것은 우리에게 문장을 구성하는 기본 단위인 '아버지', '가', '방', '에', '들어가', '시', 'ㄴ', '다'가 어떤 의미를 가지고 문장 내에서 어떻게 행동하는지에 대한 지식이 존재하기 때문이다. 아울러 '아버지'가 오는 자리에 '어머니'나 '선생님'도 올 수 있으며 '선생님'이 올 경우 '가' 대신 '이'가 결합되어야 함도 알고 있다. 만약 '아버지' 대신 '동생'이 온다면 '들어가' 뒤에 '시'가 더 이상 필요 없게 됨도 안다. '아버지'와 '방', '들어가-'는 그것이 가리키는 대상이나 상태, 사건 등을 의미로 가지고 있고, '-가', '에', '-시-', '-ㄴ-', '다'는 문법적인 기능을 표시한다. 이들을 '아'와 '버지'나 'ㄱ'과 'ㅏ'처럼 더 작게 나누면 더 이상 의미를 가질 수 없게 된다. 이렇게 더 작게 나누면 의미를 잃게 되고 그 자체가 의미를 가진 최소의 단위를 **'형태소(morpheme)'**라고 한다.[01] 이들 각 형태소들은 문장 내에서 올 수 있는 자리, 곧 앞뒤에 그것과 결합될 수 있는 다른 형태소에 대한 정보도 함께 가지고 있으며, 같은 자리에 올 수 있는 형태소들은 같은 범주에 속한다.

그리고 마치 '불'의 음소 하나 'ㅂ'을 'ㅍ'으로 교체하면 '풀'이 되어 그 단어의 의미가 달라지는 것처럼, 형태소 하나의 교체로 문장의 의미가 바뀐다. 다음 예 (1)의 예문들은 '아버지가 방에 들어가신다.'에서 형태소 하나씩을 다른 것으로 교체한 것이다.

(1) ㄱ. 아버지가 방에 들어가신다.
　　ㄴ. 어머니가 방에 들어가신다.
　　ㄷ. 아버지가 화장실에 들어가신다.
　　ㄹ. 아버지가 방에 들어가셨다.
　　ㅁ. 아버지도 방에 들어가신다.

(1ㄴ)은 동사 '들어가다'의 행위 주체가 '아버지'에서 '어머니'로 바뀌고, (1ㄷ)은 행위가 일어나는 장소가 '방'에서 '화장실'로 바뀌었다. (1ㄹ)은 행위가 현재가 아닌 과거에 일어난 것이 되었고, (1ㅁ)은 아버지가 아닌 다른 사람이 먼저 방에 들어갔음을 의미한다. 우리는 우리가 생각하는 바를 제대로 전달하기 위해 매순간 형태소 하나하나를 선택하고 있는 것이다.

2) 형태소의 범주

다음은 '아버지가 방에 들어가신다.'에 들어 있는 각 형태소에 대해 『국립국어원 표준국어대사전』이 싣고 있는 정보들이다.[02] 사전은 해당 형태소가 속한 범주를 [ ] 안에 넣어 제시하고, 뜻풀이와 예문을 통해서 각 형태소들이 어떤 문맥에 들어갈 수 있으며, 각 문맥에서 어떤 의미를 갖는지 보여 준다. 먼저 '아버지'를 보면 '명사' 범주에 속하며, ①부터 ⑧까지의 의미 중 '① 자기를 낳아 준 남자를 이르거나 부르는 말'의 의미를 가진다.

아버지 [명사] **① 자기를 낳아 준 남자를 이르거나 부르는 말.**

¶ 　　　　아버지가 되다

② 자녀를 둔 남자를 자식에 대한 관계로 이르거나 부르는 말.

성균이 아버지, 웬일이세요? ≪한수산, 유민≫

③ 자녀의 이름 뒤에 붙여, 자기 남편을 이르거나 부르는 말.

죄인은 나지 우리 형님은 아무 죄 없으니, 여보 치려 거든 나를 쳐요. 네, 수남 아버지.≪박완서, 도시의 흉년≫

④ 자기를 낳아 준 남자처럼 삼은 이를 이르거나 부르는 말.

⑤ 자기의 아버지와 나이가 비슷한 남자를 친근하게 이르거나 부르는 말.

안녕하세요, 아버지 저 철수 친구 영호입니다.

⑥ 시조부모 앞에서 시아버지를 이르거나 부르는 말.

⑦ 어떤 일을 처음 이루거나 완성한 사람을 비유적으로 이르는 말.

음악의 아버지/갈릴레이는 자연 과학의 아버지라

고 일컬어진다.

⑧ 『기독교』 기독교에서, '하나님'을 친근하게 이르거나
부르는 말.

㉫ 어머니　㉪ 아버님　㉰ 아비

「참고어휘」 가부(家父), 가친(家親), 선대인(先大人), 선친
(先親), 아빠, 춘부장(椿府丈).

그리고 이 의미의 '아버지'는 주어의 자리에 오며, 그 경우 '격 조사'
범주에 소속된 '-가'와 결합한다.[03] '-가'는 ①과 같은 문법적 기능을
의미로 가진 형태소로서 '((받침 없는 체언 뒤에 붙어))'로 기술되어 있는
바와 같이 그것이 결합되는 체언의 음운 환경의 지배를 받는다.

가[11] [조사] [1] ((받침 없는 체언 뒤에 붙어))

① **어떤 상태나 상황에 놓인 대상, 또는 상태나 상황을**
겪거나 일정한 동작을 하는 주체를 나타내는 격 조
사. 문법적으로는 앞말이 서술어와 호응하는 주어임
을 나타낸다.
"누가 이 시를 썼느냐?"
"언니가 썼습니다."/오늘은 날씨가 덥다.

② (('되다', '아니다' 앞에 쓰여)) 바뀌게 되는 대상이나
부정(否定)하는 대상임을 나타내는 격 조사. 문법적
으로는 앞말이 보어임을 나타낸다. 바뀌게 되는 대

상을 나타낼 때는 대체로 조사 '로'로 바뀔 수 있다.

올챙이가 개구리가 되었다./고래는 물고기가 아니
다.

[2] ((받침 없는 체언이나 부사어 뒤, 또는 연결 어미
'-지'나 '-고 싶다' 구성에서 본동사의 목적어나 받침
없는 부사어 뒤에 붙어)) 앞말을 지정하여 강조하는
뜻을 나타내는 보조사. 연결 어미 '-지' 뒤에 오는
'가'는 '를'이나 'ㄹ'로 바뀔 수 있으며, 흔히 뒤에는
부정적인 표현이 온다.

방이 깨끗하지가 않다./동네에 남은 사람은 거의가
노인이다.

① 「참고 어휘」 께서; 이27

'들어가신다'는 동사 '들어가다'에 어미 '-시-'와 '-ㄴ-', '-다'가 결
합된 것인데 이들 각각에 대한 사전의 기술은 아래와 같다. '들어가-'는
'동사' 범주에 속하는 형태소로 '밖에서 안으로 향하여 가다'의 의미를
가질 경우 조사 '-에'나 '-으로'를 함께 써야 함이 기술되어 있다.

들어가다⁰¹[동사]

[1]【…에】【…으로】

① 밖에서 안으로 향하여 가다.

교실에 들어가다 ‖ 추우니 어서 안으로 들어가세요.

② 전기나 수도 따위의 시설이 설치되다.

이 마을에 수도가 들어갈 계획이다./ 아직도 전화가 들어가지 않은 마을이 있다.

③ 새로운 상태나 시기가 시작되다.

동면기에 들어가다 ‖ 이번 주부터 본격적인 선거전으로 들어간다.

④ 어떤 일에 돈, 노력, 물자 따위가 쓰이다.

결혼식에는 돈이 적잖이 들어간다. ‖ 이달에 교육비로 들어간 돈이 십만 원이 넘는다.

⑤ 안에 삽입되다.

그림이 많이 들어간 책

[2]【…에】

①【…을】어떤 단체의 구성원이 되다.

회사에 들어가다 ‖ 아이가 학교를 들어가면서부터 의젓해졌어요.

② 일정한 범위나 기준 안에 속하거나 포함되다.

고래는 포유류에 들어간다.

③ 말이나 글의 내용이 이해되어 머릿속에 남다.

이 선생님은 머리에 쏙쏙 들어가게 공부를 가르친다.

[3]

① 물체의 표면이 우묵하게 되다.

움푹 들어간 볼/고생을 많이 했는지 눈이 쑥 들어갔다.

② 어떤 현상이 뚜렷이 드러났다가 사라지다.

요즘은 행정 수도 이전 논의가 들어가 버렸다.

③ 지식이나 학문 따위 등을 깊이 인식해 가다.

이 분야는 깊이 들어가면 들어갈수록 점점 더 어려워
진다.

④ 옷이나 신 따위의 치수가 몸에 맞다.

살이 쪄서 바지가 안 들어간다./오래된 신발이 안 들
어간다.

-시-²³ [어미] (('이다'의 어간이나 받침 없는 용언의 어간, 'ㄹ' 받침인
용언의 어간 뒤에 붙어))((다른 어미 앞에 붙어)) **어떤 동작이나
상태의 주체가 화자에게 사회적인 상위자로 인식될 때 그와 관
련된 동작이나 상태 기술에 결합하여 그것이 상위자와 관련됨
을 나타내는 어미.**

선생님은 키가 크시다./충무공은 훌륭한 장군이셨다.

-ㄴ-⁰³ [어미] ((받침 없는 동사 어간, 'ㄹ' 받침인 동사 어간 또는 어미
'-으시-' 뒤에 붙어))((다른 어미 앞에 붙어)) **이야기하는 시점에
서 볼 때 사건이나 행위가 현재 일어남을 나타내는 어미.** 주로
종결 어미 '-ㄴ다', '-ㄴ다고', '-ㄴ다나' 따위를 만들기도 한다.

돈은 내가 낸다./공부만 잘한다고 좋은 게 아니다.

-다[07] [어미]

① (('이다'의 어간, 형용사 어간 또는 어미 '-으시-', '-었-', '-겠-' 뒤에 붙어)) **해라할 자리에 쓰여, 어떤 사건이나 사실, 상태를 서술하는 뜻을 나타내는 종결 어미.**

물이 맑다/사람은 생각하는 동물이다./동생이 일 등을 했다.

② ((주로 동사 어간이나 어미 '-으시-' 뒤에 붙어))간접적으로 청자나 독자를 상정한 상황인 일기문이나 신문 기사의 제목 따위에서 과거의 동작을 간략하게 진술하는 데 쓰는 종결 어미.

동생과 함께 올해 처음으로 관악산에 오르다/한국 축구, 세계를 제패하다.

③ ((어간 또는 어미 '-으시-' 뒤에 붙어)) '이다'나 용언의 활용형 중에서 기본형을 나타내는 종결 어미.

잡다/오다/작다/푸르다/계시다/이다/잡으시다/오시다/작으시다.

이와 같이 사전은 각 형태소들이 속한 범주(categories)를 각괄호 [ ]에 넣어 밝히고, 해당 의미로 쓰일 경우 반드시 결합해 사용해야 하는 형태소를 '【…에】'와 같이 제시한 후, 의미와 활용 예문을 함께 보이고 있다. '아버지'와 '방'은 [명사] 범주에 속하고, '들어가다'는 [동사], '–가'와 '–에'는 [조사], '–시–', '–ㄴ–', '–다'는 [어미] 범주에 속한다. '명사'는 문장의 주어나 목적어가 될 수 있으며 앞에는 사물의 성질이나 상태를 나타내는 '형용사'가 결합될 수 있고, 뒤에는 '조사'가 올 수 있다. '조사'는 명사에 결합되어 뒤따르는 명사나 형용사, 동사와의 관계를 밝혀 주며 '동사'는 주어로 오는 사물의 동작이나 작용을 나타내는 말이다. 결국 한 문장에 쓰이는 형태소들은 주어와 술어(동사 혹은 형용사)로 오는 범주와 둘의 관계를 밝혀주는 다른 범주에 속해 있는 것으로 볼 수 있다.

각 범주에는 다음 〈그림 2.1〉과 같이 수많은 형태소들이 소속되어 있고, 우리는 발화 상황에 따라 각 범주에서 필요한 형태소들을 선택해 적절하게 결합하고 배열하여 사용한다. 이때 형태소들을 어떻게 결합시킬 것인지는 각 범주별로, 혹은 각 형태소별로 정해져 있다.

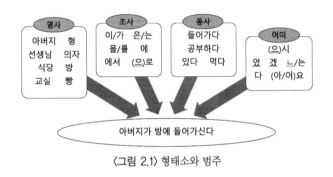

〈그림 2.1〉 형태소와 범주

예를 들어 주어 자리에 오는 명사에는 조사 '이/가' 혹은 '은/는'이 결합되는데 '이/가'를 쓸지 '은/는'을 쓸지는 단순하게 주어의 행위를 기술하는 데 그칠지, 아니면 이면에 숨은 뜻을 전달할지에 따라 다르다. 예 (2ㄱ)은 '누가 방에 들어가세요?'에 대한 답이고 (2ㄴ)은 '아버지는 뭐하세요?(혹은 어디에 계세요?)'에 대한 답이다. (2ㄱ)은 아버지에 초점이 있고 (2ㄴ)은 '방에 들어가세요'에 초점이 있는 것인데, (2ㄴ)의 경우 '다른 사람은 방에 들어가지 않지만 아버지는 방에 들어가세요'라는 대조의 의미를 담은 것으로 해석되기도 한다.[04] 그리고 '이'를 쓸지 '가'를 쓸지, '은'을 쓸지 '는'을 쓸지는 그것이 결합되는 명사가 '아버지'처럼 받침이 없으면 '가', '는'으로, '선생님'처럼 받침이 있으면 '이', '은'으로 결정된다.

(2) ㄱ. 아버지가 방에 들어가세요.
ㄴ. 아버지는 방에 들어가세요.

그리고 아버지가 어떤 행위를 하고 계신지를 표현하는 '동사'를 선택하면 그 앞에 올 명사와 조사가 그에 따라 결정된다. '들어가다'를 선택했다면 위의 예문 (2)에서와 같이 '방'이 동사 '들어가다' 앞에 오는 형태소로 선택되거나 '식당' 혹은 '교실'이 선택되어야 한다. 위 사전의 정의에 따라 '밖에서 안으로 향하여 가다'의 대상이 될 수 있는 것은 그들뿐이기 때문이다. '형'이나 '의자', '빵'은 선택될 수 없다.[05] 그리고 '방'에는 '진행 방향' 곧 '향하여 가는 곳'을 나타내는 조사 '에'가 결합되어야 한다. 명사 '형'과 동사 '먹다'가 선택되면 다음과 같은 문장들이 만들어질 수 있다.

(3) ㄱ. 형이 빵을 먹는다.
ㄴ. 형은 빵을 먹는다.
ㄷ. 형이 식당에서 빵을 먹어요.
ㄹ. 형은 교실에서 빵을 먹었어요.

'먹다'는 목적어를 가져야 하는 동사이므로 '빵'이 선택되고 목적격조사인 '을/를' 중에 받침이 있는 명사에 결합되는 '을'이 선택된다. 그리고 빵을 먹는 행위가 이루어지는 장소가 될 수 있는 '방', '식당', '교실'이 선택되고, '행동이 이루어지고 있는 곳'을 나타내는 '에서'가 선택된다. 만약 '에'가 선택되어 '식당에 빵을 먹었어요'가 된다면 이 문장은 문법적으로 틀려서 쓸 수 없는 문장이 된다. 만약 '아버지'와 '먹다'가 선택된다면 '아버지가 빵을 먹어요'는 대우법 상 부적절한 문장이 되므로, 우리는 '먹다' 대신 '드시다'를 찾아야 한다. 이렇게 형태소들은 각자 자신의 역할과 의미를 가지면서 자신과 결합할 수 있는 다른 형태소에 대한 조건과 제약도 함께 가지고 있다.

중등교육 이상을 받고 성인이 된 한국인이라면 이들 의미와 쓰임새를 알고 있으며 말을 하거나 글을 쓸 때 문맥에 맞는 형태소들을 선택해 사용할 줄 안다. 사전의 기술은 이러한 우리의 언어지식을 전문적인 용어로 옮긴 것일 뿐이다.

3) 무한 생성 능력의 원천, 형태소

형태소의 역할은 여럿이 모여 문장을 만들어내는 데에서 그치지 않는다. 사실 형태소의 역할에서 가장 빛나는 것은 다른 형태소와 결합하여 새로운 단어를 만들어내는 것인데, 한 형태소를 공유하는 단어들은 그 형태소와 관련된 의미를 공유한다. 예를 들어 '풋고추', '풋사과', '풋콩' 등은 모두 '처음 나온, 덜 익은'이라는 의미를 공유하며, '풋사랑', '풋잠' 등은 '미숙한, 깊지 않은'이라는 의미를 공유한다. 이러한 '풋–'의 의미를 아는 우리는 '풋내기'의 정확한 뜻을 알지 못하더라도 이 단어가 '어느 분야에 있어 새로 들어간 사람'을 의미할 것임을 미루어 짐작한다. 사람들은 이 '풋내기'를 '풋'과 '내기'의 결합으로 해석하는데, '신출내기, 여간내기'와 같이 그것과 결합되는 말의 특성을 지닌 사람을 뜻하는 접사 '내기'가 이미 쓰이고 있기 때문이다. 그리고 사람들은 이 '내기'에 '새'를 결합하여 보통 대학에서 신입생을 뜻하는 '새내기'를 만들어냈다. 표준국어대사전은 새내기가 '신입생' 또는 '신출내기'의 뜻을 가지며 새로 만들어 쓰는 말이라고 적고 있다. 우리는 이미 알고 있는 형태소를 이용해 새로운 단어를 만들어내고, 새로운 단어의 뜻을 유추해낸다.

2003년 대한민국에서는 '검사스럽다'는 단어가 크게 유행했는데, 당시 대통령과의 간담회에서 일부 검사들이 보여준 실망스러운 모습에 대한 비판적인 시각에서 만들어진 단어였다. 상당 기간 없어지지 않고 사용됨으로써 국립국어원 신어사전에 '행동이나 성격이 바람직하지 못하거나 논리 없이 자기주장만 되풀이하는 데가 있다'는 의미로 오르기도 했다. 이후 인물의 이름 뒤에 '-스럽다'를 붙여 그 사람과 유사한 행동을 하는 사람을 묘사할 때 사용하는 등 '-스럽다'가 새롭게 활발한 생산성을 가진 형태소로 활용되었었다. '-스럽다'는 '걱정스럽다'나 '신비스럽다', '여성스럽다'처럼 일부 명사에 붙어 '그러한 성질이 있음'을 뜻하는 형용사를 만들어내는 '접사'로, 그것을 결합해 새로운 어휘를 만들어내는 것이 자유로운 편이었다. 그러나 직업명이나 인명 뒤에 결합되어 쓰이는 예는 2003년 이전에는 없었고, 이후에는 심심찮게 온라인상에 등장해 환영을 받고 있다.

'-스럽다'와 유사한 쓰임을 가진 접사로 '-롭다'가 있다. '자유롭다, 한가롭다, 여유롭다' 등과 같이 '-롭다'는 앞에 오는 '자유, 한가, 여유'의 분위기를 가진 상태를 가리키는 형용사를 만들어낸다. 이 '-롭다'를 이용한 새로운 예를 2016년 대학생 '새내기'들의 글쓰기 수업을 진행하는 가운데 학생들의 글에서 발견했다. 대학입학 전에 아무 일 없이 뒹굴며 지낸 시기의 자신에 대해 묘사하는 단어 '잉여롭다'가 그것이다.[06] 이미 '-롭다'가 결합된 단어들에 유추해 만들어진 것이 분명한데 그 어휘를 사용한 두 학생 외의 다른 학생들도 그 어휘를 자연스럽게 받아들였다. '-롭다'는 '-스럽다'에 비해 생산성이 떨어지는 형태소이지만[07] 여전히 언중들은 그것을 이용해 새로운 말을 만들어 내는 데 충분한 것으로 생각하고 있는 것이다.

이렇게 기존의 형태소 결합을 바탕으로 새로운 단어를 만들어내고, 그렇게 만들어진 새 단어의 뜻을 사람들이 별 어려움 없이 유추해낼 수 있는 것은 파생과 합성이라는 형태소 결합 방식이 있기 때문이다. '파생'은 앞서 예로 든 '풋', '내기', '-스럽다', '-롭다'처럼 홀로 설 수 없는 '접사'를 '고추', '사과', '걱정', '신비', '여유' 등과 같은 어근이나 다른 접사에 결합하여 새로운 어휘를 만들어내는 것이다. '합성'은 '방문', '휴대전화', '올라가다', '오가다'처럼 홀로 설 수 있는 어근을 둘 이상 결합하여 새로운 어휘를 만들어내는 것이다.

'파생'의 대표적 쓰임은 '먹다(능동)' – '먹이다(사동)' – '먹히다(피동)'에서 볼 수 있다. 하나의 동사 어근에 사동접사 '-이-'나 피동접사 '-히-'를 결합시켜 사용하는 것인데 '입다-입히다(사동)', '자다-재우다(사동)', '죽다-죽이다(사동)'나 '열다-열리다(피동)', '닫다-닫히다(피동)' 등과 같이 상당히 많은 동사가 이 방법에 의해 만들어져 있다. 명사 '낚시꾼, 장사꾼, 노름꾼' 등은 각각 어근 '낚시', '장사', '노름'에 '어떤 일을 전문적으로 잘하는 사람' 혹은 '어떤 일을 습관적으로 하거나 즐겨하는 사람'이라는 뜻을 가진 접사 '꾼'을 결합시킨 것이다. 최근 외래어 순화 운동의 일환으로 '네티즌(Netizen)'을 우리말로 바꾼 '누리꾼'역시 '세상'의 옛말인 '누리'에 '꾼'을 결합시킨 것이다. 최근 들어 기계를 잘 다루지 못하는 사람을 '기계치'라고 하는데, 이는 '길에 대한 감각이나 지각이 매우 무디어 길을 바르게 인식하거나 찾지 못하는 사람'을 의미하는 '길치(길癡), 음치(音癡)'의 '치'에 생산성을 부여해서 '기계'에 결합한 것으로 볼 수 있다.

'합성' 역시 새로운 단어를 만들어내는 중요한 수단이 된다. '불고기', '물고기', '책장' 등은 아주 오래전에 만들어진 합성어로, 지금의 우리는 이들을 합성으로 만들어진 단어라는 의식조차 없이 사용하고 있다. 파생과 마찬가지로 합성도 외래어를 대체할 수 있는 우리말 만들기에 많이 사용되는데, 고속도로에 진입하거나 고속도로에서 빠져나갈 수 있도록 하는 '인터체인지'를 우리말로 고쳐 부르는 말 '나들목'이 그 한 예이다. 이 말은 '나다(안이나 속에서 밖으로 향해 가거나 오거나 하다)'와 '들다(밖에서 속이나 안으로 향해 가거나 오거나 하다)'가 결합된 합성어 '나들다'에 다시 '목(통로 가운데 다른 곳으로는 빠져나갈 수 없는 중요하고 좁은 곳)'을 결합해 만들어진 것이다.[08] 비록 잘못된 쓰임으로 사용을 자제해야 하는 것이지만 '휴대폰'과 같은 합성어도 있다. 이 말은 우리말의 '휴대'와 영어의 '폰(phone)'이 결합된 것으로 영어의 'mobile phone'과 그에 대응되는 '휴대전화'의 중간치라 볼 수 있다.[09]

2. 형태소 결합의 완성, 통사

1) 어순

우리는 명사, 동사, 형용사, 조사, 어미 등 각 범주에서 형태소들을 골라 순서에 맞게 배열해서 문장을 만들어 낸다. 이 배열순서에 관여하는 것이 통사규칙이다. 문장을 이루는 기본 성분인 주어와 술어는 대개 주어-술어의 순서를 가지며, 술어의 동사가 목적어를 가지는 경우 '목적어-동사'의 순서를 가지거나 '동사-목적어'의 순서를 가진다.

(4) ㄱ. [철수는_주] [학생이다_술]

　　ㄴ. [꽃이_주] [예쁘다_술]

　　ㄷ. [영희가_주] [[밥을_목] [먹는다_동]_술]

　　ㄹ. [영훈이가_주] [[학교에_부] [갔다_동]_술]

　　ㅁ. [[예쁜_관] [꽃이]_주] [피었다_술]

(4ㄱ)은 서술격 조사 '~이다'가 명사에 결합된 술어가 주어 뒤에 따라온 것이고, (4ㄴ)은 형용사가 술어로 온 것이다. (4ㄷ)은 '먹다'가 목적어를 가져야 하는 타동사로 앞에 '밥'을 목적어로 가져 주어 '영희가'의 술어로 왔다. 그리고 (4ㄹ)은 '학교에'가 자동사 '가다'를 꾸미는 부사어로 왔고 함께 '영훈이가'의 술어로 왔다. (4ㅁ)은 형용사 '예쁘다'에 관형형 어미 '-ㄴ'이 결합되어 명사 '꽃'을 꾸며 주면서 함께 주어를 만들었다. 각 문장들을 구성하는 주어와 목적어, 동사와 형용사, 관형어와 부사어는 예 (4)에서와 같은 순서로 이어지는 것이 가장 자연스럽다. '학생이다 철수는', '예쁘다 꽃이', '밥을 먹는다 영희가'와 같이 주어와 술어의 순서가 바뀌거나 '영훈이가 간다 학교에'와 같이 부사어가 그것이 꾸며주는 동사나 명사 뒤에 오면 어색하다.[10] 우리말의 기본 어순은 'SOV(Subject-Verb-Object(주어-목적어-동사))'이고 주어와 목적어는 관형어가 그 앞에 와서 꾸며주고 동사는 부사어가 그 앞에 와서 꾸며주어야 하는 어순을 가지기 때문이다.

여기서 다른 언어의 어순은 어떤지 잠깐 살펴보고 지나가자. (6ㄴ)은 (6ㄱ)을 일본어로 옮긴 것인데 주어 '私' 다음에 목적어인 '朝ご飯'가 오고 동사 '食'가 와서 우리말과 같이 'SOV'의 어순을 보여준다. (6ㄷ)의 영어는 'SVO'의 어순을 보여주며, (6ㄹ)은 프랑스어로 주어 'je', 동사 'prendre(pris는 과거형)', 목적어 'petit déjeuner'가 차례로 와서 'SVO' 어순이다. 중국어도 주어 '我', 동사 '吃', 목적어 '早餐' 순서로 'SVO' 의 어순을 보여준다.

(5) ㄱ. 나는 아침을 먹었다.
　　ㄴ. 私は朝ご飯を食たべた。(일본어)
　　ㄷ. I ate breakfast. (영어)
　　ㄹ. J'ai pris le petit déjeuner. (프랑스어)
　　ㅁ. 我吃早餐了。(중국어)

이론상으로 여섯 가지의 어순 SOV, SVO, OSV, OVS, VSO, VOS가 가능하지만, 학자들의 연구에 따르면 세계 언어의 75% 이상이 주어가 문장의 제일 처음에 오는 SOV와 SVO 어순을 가지며 OSV어순을 가진 언어는 아직 발견되지 않았다고 한다.

2) 문장구조

예 (6)는 관형어나 관형절이 명사 앞에 결합되어 명사를 꾸며주는 예이다. (6ㄱ)을 '꽃이 예쁜 피었다'와 같이 관형어 '예쁜'을 명사 뒤로 보내면 비문법적인 문장이 되며, 만약 '꽃-예쁘다-피다'의 순서로 어휘를 배열하기를 고집하려면 '예쁜'이 아니라 '예쁘게'가 돼서 '꽃이 예쁘게 피었다'로 말해야 한다. 이는 우리말의 어순에서 부사어와 관형어는 그것이 꾸며주는 동사 혹은 명사 앞에 위치해야 함을 의미한다. (6ㄴ)은 관형절 '학교에 간'이 '영훈이'를 꾸며주고 있다. '학교에 간'을 '영훈이' 뒤로 옮기면 '영훈이는 학교에 간 철수를 만났다'가 되는데, 이렇게 되면 학교에 간 사람은 영훈이가 아니라 '철수'라야 한다.

(6) ㄱ. [[예쁜관] [꽃이]주] [피었다술]

　　ㄴ. [[[학교에부] [간동]] [영훈이는]주] [[철수를부] [만났다동]술]

　　말하자면 '학교에 간'의 위치에 따라 '학교에 가다'의 행위 주체가 다르다는 것이다. '학교에 간'이 '영훈이' 앞에 있으면 '영훈이가 학교에 갔다'는 이야기이고 '철수' 앞에 있으면 '철수가 학교에 갔다'는 이야기인 것이다. 여기에서 우리는 '학교에 간 영훈이'와 '영훈이가 학교에 갔다' 사이에 다음과 같은 연관성이 존재함을 생각해볼 수 있다. '학교에 간 영훈이'의 기저에는 '영훈이가 학교에 갔다'가 존재하고 일정한 규칙이 적용되어, 우리가 접하는 표면의 '학교에 간 영훈이'가 되었다고 볼 수 있는 것이다.

　　[[영훈이가] [[학교에] [갔다]]] ⇒ [[[학교에부] [간동]] [영훈이는]주]

　　그렇다면 '학교에 간 영훈이와 철수를 만났다'에서 학교에 간 사람은 누구일까? 다음 두 가지 다른 구조를 생각해 볼 수 있다. ㉠의 구조에서 학교에 간 사람은 '영훈이'뿐이지만 ㉡의 구조에서는 '영훈이와 철수'가 모두 학교에 간 사람이다.

ⓐ   [[[[학교에] [간]] 영훈이와] [[철수를] [만났다]]]

ⓑ   [[[[학교에] [간]] [영훈이와 철수를]] [만났다]]

좀 더 복잡한 문장을 보자. 다음 예 (7)은 한 학생의 작문에서 가져 온 문장인데 설명을 하기 전에 어느 것이 어느 것을 꾸며주는 말인지 밑줄을 그어 연결해 보자.

(7) 이 세상에 결코 의미 없는 경험은 없다는 걸 알려준 소중한 다시 돌아오지 않을 19살이라는 시간

예 (7)의 구조를 설명하기 위해 아래와 같이 표시해 보았다. '① 의미 없는'은 '경험'을, '② 이 세상에 의미 없는 경험은 없다는'은 '걸'을, '③ 이 세상에 결코 의미 없는 경험은 없다는 걸 알려준', '④ 소중한', '⑤ 다시 돌아오지 않을', '⑥ 19살이라는'은 모두 '시간'을 꾸미고 있다.

[[이 세상에 결코 [[[의미 없는①] 경험은] 없다는②] 걸 알려준③] [소중한④] [다시 돌아오지 않을⑤] [19살이라는⑥] 시간…

①은 그 기저에 '경험이 의미 없다'를 가지고, ③은 '(그) 시간이 이 세상에 결코 의미 없는 경험은 없다는 걸 알려주었다'를 기저에 가지며, ⑤는 '(그) 시간이 다시 돌아오지 않을 것이다'를 기저에 가지고 있다고 볼 수 있다.

3) 생성과 변형

이렇게 한 문장이 기저와 표면을 가지며, 우리가 대하는 표면의 문장이 기저의 다른 문장에서 변형을 통해 만들어진다고 보고 그러한 과정이 어떻게 이루어지는지 기술하는 것이 '변형생성문법(Generative Grammar)'이다. 예를 들어 문장 'Jane is loved by John'은 'John loves Jane'이라는 문장이 기저에 있고, 그 문장에 〈그림 2.2〉와 같이 일정한 규칙이 적용되어 만들어진 것으로 보는 것이다. 이러한 변형생성문법의 입장을 따라 보면 'Jane is loved by John'과 'John loves Jane'이 관련이 있다고 느끼는 영어 모국어 화자의 직관을 설명할 수 있다. 〈그림 2.2〉는 이 변형생성의 과정을 간략하게 보여주는 것이다.

표면	Jane is loved by John	규칙
		← John은 동사의 행위주체를 표시하는 by와 결합하여 동사 뒤로 옮긴다.
		← 동사 'love'를 'be동사+과거분사'로 바꾼다.
기저	John loves Jane. love (John, Jane)	← 'Jane'을 주어 자리로 옮긴다.

〈그림 2.2〉 문장의 생성과 변형

먼저 'John loves Jane'은 어순과 관련된 규칙과 각 형태소가 가지는 정보에 따라 생성되는데, 'love'는 행위 주체와 행위 대상을 가져야 하는 동사로 주어와 목적어를 가져야 한다. 행위의 주체는 'John'으로 주어 자리에 오고 사랑을 받는 대상인 'Jane'은 목적어의 자리에 와서 'John loves Jane'이라는 문장이 생성된다. 그리고 같은 의미를 가지지만 사랑하는 주체로서의 'John'보다는 'Jane'을 주어로 하여 그녀가 사랑을 받고 있다는 것을 표현하고 싶은 화자는, 그 생성된 문장에 〈그림 2.2〉에 있는 일련의 규칙을 적용하여 변형된 표면의 'Jane is loved by John'을 발화한다.

하나의 문장에 규칙을 적용해서 다른 문장을 꾸미도록 할 수 있는 것도 변형생성의 관점으로 설명할 수 있다. 예 (7)은 '아버지가 방에 들어가신다'에서 '아버지'를 꾸미는 말이 어떻게 확장될 수 있는지 보인 것이다.

(8) 온라인뱅킹의 발전이 불러온 인원감축의 수단인 명예퇴직의 칼바람이 불고 있는 은행에서 퇴근하신 아버지가 방에 들어가신다.

이 예문은 다소 억지스럽기는 하지만 문법적으로나 의미적으로 비문은 아니다. 이 문장의 구조를 보면 아래와 같은데, '온라인뱅킹의 발전이 불러온'이 '인원감축'을 꾸미고, '인원감축의 수단인'이 '명예퇴직'을, '명예퇴직의 칼바람이 불고 있는'이 '은행'을, 마지막으로 '은행에서 퇴근하신'이 '아버지'를 꾸민다.

[[[[온라인뱅킹의 발전이 불러온] 인원감축의 수단인] 명예퇴직의 칼바람이 불고 있는] 은행에서 퇴근하신] 아버지가 방에 들어가신다.

이 문장의 기저를 들여다보면 아래와 같이 각각의 문장이 생성되고, 각 문장에 들어있는 성분을 중심으로 꾸며주는 관형절을 만들어서 예

(8)과 같은 문장이 만들어진 것으로 볼 수 있다.

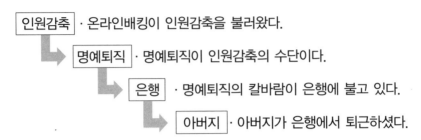

기저의 각 문장에서 주어, 목적어, 부사어 역할을 하던 성분이 상위 문장의 성분으로 이용되면 나머지 성분들은 그 성분을 꾸미는 관형절을 구성하는데, 이때 상위 문장으로 이동한 성분의 자리는 빈 채로 남아 있는 것으로 본다. 말하자면 다음과 같은 구조를 가진다는 것이다.

[[[[온라인뱅킹의 발전이 (인원감축을) 불러온] (명예퇴직이) 인원감축의 수단인] 명예퇴직의 칼바람이 (은행에) 불고 있는] (아버지가) 은행에서 퇴근하신] 아버지가 방에 들어가신다.

우리가 문장을 만들어낼 때 우리의 뇌 속에서 생성과 변형 과정이 실제로 일어나는지에 대해서는 아직 증명된 바가 없다. 그러나 예 (8)과 같은 문장을 듣거나 보았을 때 우리가 단지 '앞에 오는 관형절이 뒤의 명사를 꾸며준다'고만 생각하는 것 같지는 않다. 여러분은 어떻게 생각하는가? 이러한 분석이 여러분의 직관에 부합하는가? 아니면 쓸 데 없이 복잡한 과정을 설정하는 것으로 보이는가?

3장

언어의 이해 3 - 의미와 화용

1. 그 말은 무슨 뜻을 가지고 있는가? 의미론

1) 단어의 의미

먼저 여러분의 주변에 있는 각 사물의 이름을 말해 보라. 책상, 의자, 배낭, 시계, 컴퓨터, 등등. 여러분이 말한 단어들은 모두 그것이 가리키는 대상이 존재한다. 곧 이 단어들의 의미는 그것이 지시하는 대상이다. 여러분의 가족과 친구들은 여러분의 이름을 듣거나 말하게 되면 바로 여러분을 떠올릴 것이다. 여러분의 이름은 여러분을 의미하는 것이다.

그런데 여러분의 주변에 지시 대상이 없는 상태에서 '책상'이나 '의자'를 듣거나 말하게 될 경우 여러분은 어떤 책상이나 의자를 떠올리는가? A라는 사람과 B라는 사람 모두 같은 모양과 크기, 재질을 가진 책상이나 의자를 생각할까?

우리가 '의자'라는 말을 들으면 떠올리는 의자의 모양은 아주 다양할 것이다. 등받이가 있는 나무 의자, 회전이 되고 이동이 가능한 사무용 의자, 편안하게 앉아 휴식을 즐길 수 있는 안락의자, 등받이가 없이 엉덩이만 걸칠 수 있는 의자 등, 각 사람이 머릿속에 가지고 있는 '의자'의 모양은 모두 다를 것이기 때문이다. 하지만 그럼에도 불구하고 그 각각의 의자들에는 공통점이 존재한다. 다리가 네 개이고 엉덩이를 걸칠 수 있는 판이 있는 것이다. 이렇게 우리가 어떤 단어를 듣거나 말할 때 우리 머릿속에 떠오르는 기본적인 이미지나 의미를 **원형**(prototype)이라고 한다. 이 원형은 그 단어로 일컬어지는 모든 대상이나 상태, 사건이 공유하는 기본적인 특징을 가진 것으로, 우리들이 서로 의사소통을 하는 데에 기초가 된다. 물론 모든 사람이 똑같은 원형을 가지는 것은 아니다. 아래 네 개의 의자 중 여러분이 가지고 있는 '의자'의 '원형'은 어느 것에 가까운지 골라 보자.

원형과 차이가 나더라도 지시 대상이 있다면 그 의미를 말하는 것이 그리 어렵지 않다. 그런데 '가을', '정치', '사랑' 등 지시 대상을 명시할 수 없는 단어들은 그 의미를 무엇이라고 해야 할까? 다음은 사전에 오른 각 단어의 의미이다.

　　가을: 한 해의 네 철 가운데 셋째 철. 여름과 겨울의 사이이며, 달로는
　　　　　9~11월, 절기(節氣)로는 입추부터 입동 전까지를 이른다.
　　정치: 나라를 다스리는 일. 국가의 권력을 획득하고 유지하며 행사하

는 활동으로, 국민들이 인간다운 삶을 영위하게 하고 상호 간의 이해를 조정하며, 사회 질서를 바로잡는 따위의 역할을 한다.

사랑: ① 어떤 사람이나 존재를 몹시 아끼고 귀중히 여기는 마음. 또는 그런 일.

② 어떤 사물이나 대상을 아끼고 소중히 여기거나 즐기는 마음. 또는 그런 일.

③ 남을 이해하고 돕는 마음. 또는 그런 일.

④ 남녀 간에 그리워하거나 좋아하는 마음. 또는 그런 일.

⑤ 성적인 매력에 이끌리는 마음. 또는 그런 일.

⑥ 열렬히 좋아하는 대상.

우리는 굳이 이렇게 길고 복잡하게 제시된 설명을 읽어보지 않아도 '가을', '정치', '사랑'의 뜻을 알고 있는데, 그 뜻은 우리가 눈으로 확인할 수 있는 대상이 아니라 머릿속에 떠올리는 '개념(사고 혹은 지시, Thought or reference)'이다. 〈그림 3.1〉은 오그든(Charles K. Ogden)과 리차즈(Ivor A. Richards) 두 사람이 단어가 그 의미와 가지는 관계를 정리

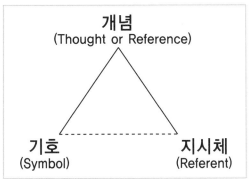

〈그림 3.1〉 Ogden과 Richards의 의미삼각도

한 것인데, 지시대상을 의미로 가지는 단어뿐만 아니라 '개념'을 의미로 가지는 단어까지 포괄할 수 있다. 여기서 '기호(Symbol)'는 '언어'를 가리키는 것으로 구어와 문어 모두를 포함한다. 기호와 개념, 개념과 지시체(Referent)는 직접적으로 연결되지만 기호와 지시체는 직접적으로 연결될 수 없어 점선으로 표시되었다. 말하자면 언어가 직접적으로 의미로 가지는 것은 '개념'이고, 지시대상이 존재해 이 개념에 연결될 수 있는 것인데, '책상'이나 '의자'가 그 원형을 의미로 가지고 실제 상황에서 지시대상을 가지는 것을 이 의미삼각도로 설명할 수 있는 것이다.

2) 문장의 의미

우리는 누군가의 말을 듣고 '무슨 뜻인지 알겠다'고 말하는데, 그것은 무엇을 의미하는 것일까? 누군가 하늘에서 비가 내리는 것을 보고 "비가 오네."하고 말했다면 우리는 "그러네."라고 답할 것이다. 만약에 비가 오지 않는데 "비가 오네."라고 말한다면 "무슨 소리야? 무슨 비가 와?"라고 할 것이다. "비가 오네."의 뜻은 지금 눈앞에 비가 내리는 광경이 펼쳐지고 있음을 의미하고 실제 상황이 그렇지 않다면 이 문장은 거짓이 된다. 말하자면 우리는 현실 세계에서 펼쳐지는 사태와 일어나는 사건에 대해 말하고, 현실 세계에 일치하면 맞는 말이지만, 일치하지 않으면 틀린 말이거나 의미 없는 말이라고 생각하는 것이다.

그런데 당장의 현실세계에서 그 말의 진위를 확인할 수 없다면 어떻게 할까? 만약 구름이 낀 하늘을 보며 "곧 비가 오겠네."라고 말한다면 우리는 그 말이 참인지 거짓인지 어떻게 판단해야 할까? 비가 오는지 지켜봐야 하는가? 추측을 의미하는 '-겠-'이 결합되었으므로 현재에 비가 온다는 말은 아니고 앞으로 비가 올 것이라고 예측하는 말이다. 그러니 비가 오든 오지 않든 구름이 끼어 있다면, 그렇게 추측할 만하다 보고, 그 문장이 옳다고 인정할 것인가? 만약 이 말을 들은 사람이 보기에는 그렇게 추측하기에 충분할 만큼 구름이 끼어 있지 않다면 어쩔 것인가? "무슨 비가 와? 저기 봐라. 해 나온다."라고 하며 네 말이 틀렸다고 할 것인가? 만약 화자가 "비가 올지도 모르겠네…."라고 한다면 더더욱 그 말의 참·거짓을 어떻게 가릴지 난감해진다. '-(으)ㄹ지도 모르다'는 그것이 결합된 용언의 사태나 사건이 벌어지지 않아도 문제가 없음을 의미하고 거기에 추측의 '-겠-'까지 결합되었으니 말이다. 현실 세계에 잣대를 두고 말의 의미를 참 혹은 거짓으로 판단하는 것에는 한계가 있는 것이다.

그러면 우리는 어떻게 문장 "비가 오네."나 "비가 오겠네."의 의미를 파악하고 현실 세계와 일치하는지, 아니면 적절한 추측인지 알아낼까? 문장을 구성하고 있는 주어 '비'와 동사 '오다'의 의미, 그리고 어미 '-겠-'의 '추측'의 의미를 결합하여 "비가 오겠네."의 의미를 파악한다고 볼 수 있다. 문장의 의미는 그것을 구성하는 각 성분의 의미를 종합한 것이 되는 것이다. 다음 예 (1)의 두 문장은 의미형태소 '사자', '토끼', '잡아먹다'와 기능형태소 '-가', '-를', '-었-', '-다'가 결합된 것으로, 모두 SOV의 어순에 맞고, 문법적으로 문제가 없다. 그리고 각 형태소가 결합되어 과거의 어느 시점에 한 동물이 다른 동물을 잡아먹은 사건에 대해 말하고 있음을 의미한다.

(1) ㄱ. 사자가 토끼를 잡아먹었다.
　　ㄴ. *토끼가 사자를 잡아먹었다.

그러나 (1ㄱ)은 의미상 문제가 없지만 (1ㄴ)이 의미적으로 비문이다. '잡아먹다'가 가지는 의미적 특성 때문인데, '잡아먹다'는 '동물을 죽여 그 고기를 먹다'는 뜻을 가지며 그 행위의 주체가 대상보다 힘이 세고, 대상을 먹이로 삼을 수 있는 존재여야 한다는 전제를 가진다. 따라서 행위 주체로서의 주어로 '토끼'가 오고 대상으로 '사자'가 오면 그 전제가 위반됨으로써 의미상 문제가 발생하는 것이다. 물론 꿈속이나 동화 속이라면 무엇이든 가능하므로 (1ㄴ) 역시 그러한 맥락에서는 쓰일 수 있겠지만 현실에서는 비문이 된다.[01]

3) 문장 너머의 의미

앞서 우리는 문장의 의미가 그 문장을 구성하는 각 성분의 의미의 합이라고 했다. 그런데 다음 문장들은 그 이상의 무엇을 의미한다.

(2) ㄱ. 나는 학교에 간 철수와 선생님을 만났다.
    ㄴ. 그가 죽었다는 사실을 아무도 몰랐다.
    ㄷ. 그녀는 결혼반지를 팔아서 병원비를 마련했다.

(2ㄱ)은 '학교에 간 사람'이 '철수' 혼자일 수도 있고 '철수와 선생님'일 수도 있다. 즉 두 개의 의미를 가져 상황이 어떠했는지가 확인되어야 의미가 정확해진다. 이렇게 하나의 문장이 두 개의 의미를 가질 수 있을 때 그 문장이 **중의**적이라고 한다. (2ㄴ)의 문장은 '그가 죽었다'는 사실을 **전제**하고 있다. 말하자면 사람들이 그 사실을 알든 모르든 '그가 죽었다'는 사실은 이미 벌어진 상태로 존재한다는 것이다. 그래서 '그가

죽었다는 사실을 모두 알았다.'와 같이 전체 문장의 술어 '아무도 몰랐다'를 부정해도 '그가 죽었다'는 사실은 취소되지 않는다. (2ㄷ) 문장은 '지금 그녀에게 결혼반지가 없다'는 것을 **함축**한다. 반지를 팔았으니 그녀는 반지를 가지고 있을 수가 없다. 그런데 '반지를 안 팔았다'로 바꾸면 이 함축은 취소된다.

아래 각 예문들은 중의, 전제, 함축을 가진 것들이다. 어떤 중의, 전제 함축을 가지고 있는지 읽으면서 생각해 보자.

(3) ㄱ. 그 착한 부인의 아들이 아이를 구했어요.

ㄴ. 작은 방 창문으로 달빛이 쏟아져 들어왔어요.

(4) ㄱ. 영국의 왕은 여자이다.

ㄴ. 어제 전화한 사람이 왔어요.

(5) ㄱ. 몇몇 사람들이 그를 비난했어요.

ㄴ. 그 여자는 마음씨도 고와요.

(3ㄱ)은 '그 착한'이 '부인'을 꾸밀 수도 있고 '아들'을 꾸밀 수도 있는 '중의성'을 가지고 있고, (3ㄴ)은 '방'이 작은 것일 수도 있고 '창문'이 작은 것일 수도 있어 중의적이다. (4ㄱ)은 '영국의 왕'이 '영국에는 왕이 있다'를 전제하고 있고, (4ㄴ)은 '어제 누군가 전화했다'를 전제하고 있다. (5ㄱ)은 '모두가 그를 비난한 것은 아니다(대부분의 사람들은 그를 비난하지 않았지만 일부가 그를 비난했다)'를 함축하고 있고, (5ㄴ)은 그 여자가 마음씨 이전에 얼굴이 곱거나 음식 솜씨가 좋거나 무언가 좋은 면을 가지

고 있음을 함축한다. (4ㄱ)을 '영국의 왕은 여자가 아니다'라고 부정문으로 만들어도 전제인 '영국에는 왕이 있다'가 취소되지 않지만 (5ㄱ)을 '몇몇 사람들이 그를 비난하지 않았어요.'와 같이 부정문으로 바꾸면 '모두가 그를 비난하지 않은 것은 아니다(대개 그를 비난했지만 일부가 그를 비난하지 않았다)'로 함축이 전혀 다른 것으로 바뀌어 버린다.

다른 사람의 말이나 글을 잘 이해하려면 '행간을 읽을 줄 알아야 한다'고 한다. 우리가 일상생활에서 만들어내는 문장의 의미는 단순하게 구성 성분 의미의 총합에서 그치지 않는 경우가 더 많기 때문이다. 문장은 발화 상황과 유리되어 존재할 수 없고, 그렇기에 그 상황에 따라 더욱더 다양한 의미를 가지게 된다.

2. 지금 여기서 당신이 하는 말은 무슨 뜻인가? 화용론

내일 모레 중간시험이 시작되는데 철수는 컴퓨터 게임에 빠져 있다. 철수가 열심히 공부하고 있는 줄 아는 철수의 어머니가 간식을 들고 철수의 방문을 벌컥 열었다가 컴퓨터 게임에 열중인 철수의 모습을 보고 말한다. "너 뭐해?" 이때 철수가 "컴퓨터 게임 해요."라고 말한다면 어떤 일이 벌어질지 우리 모두 상상할 수 있다. 이 상황에서 철수의 어머니는 철수가 뭘 하는지 알고 싶어 하는 것이 아님을 우리 모두 알고 있기 때문이다. 이때 '너 뭐해?'의 의미는 '너'와 '무엇', '하다'의 의미를 종합한 것이 아니다. 어머니는 철수가 무엇을 하는지 알고 있다. 어머니가 이 말을 통해 철수에게 하고 싶은 말은 '지금 하고 있는 것을 그만 하라'는 것이다. '너 뭐해'라는 어머니의 말에 대한 철수의 적절한 반응은 얼른 컴퓨터를 끄고 공부를 시작하는 것이다. 우리가 만들어내는 문장은 독립되어 존재하는 것이 아니라, 이렇게 그것이 쓰이는 상황, '맥락(context)'에 따라 진짜 의미를 가진다. 문장이 맥락 속에서 쓰이면서 전하는 의미를 연구하는 것이 '화용론(Pragmatics)'이다.

1) 화행

앞서 시작한 이야기를 마무리 지어보자. 철수는 어머니의 "너 뭐해?"라는 말에 컴퓨터를 끄고 교과서나 문제집을 꺼내 공부를 시작했을 것이다. 철수의 어머니는 '너 뭐해'라는 말을 통해 철수에게 그렇게 하도록 '명령'을 내린 것이다. 이렇게 말로써 어떤 행위를 하는 것을 '화행(Speech Act)'이라고 한다. 우리는 상대에게 명령을 하기도 하고 약속이나 축하를 하는 등 다양한 화행을 한다. 다음 예 (6)의 예문들을 읽어보면 금방 눈치 챌 수 있을 텐데, 각 문장 끝 괄호 안의 화행을 하는 문장이다. 예 (6)의 각 문장들은 수행동사(performative verb) '말하다, 묻다, 명하다, 청하다, 약속하다, 축하하다, 제안하다, 부르다, 선언하다'를 이용하여 그 화행을 하고 있음을 겉으로 드러내어 말하고 있다.[02]

(6) ㄱ. 나는 지금 널 사랑한다고 말하는 거야. (단언)

　　ㄴ. 당신이 그 말을 했냐고 묻고 있잖아요. (질문)

　　ㄷ. 지금 당장 그 놈을 사형에 처할 것을 명한다! (명령)

　　ㄹ. 불쌍한 백성들에게 자비를 베풀어줄 것을 청합니다. (요청)

　　ㅁ. 이번 주말에 같이 놀이공원에 가기로 약속해. (약속)

　　ㅂ. 대학에 합격한 걸 축하해! (축하)

　　ㅅ. 지금 당신에게 함께 가자고 제안하는 거예요. (제안)

ㅇ. 지금부터 이 강아지를 자두라고 부를 거예요. (명명)

ㅈ. 내일부터 담배를 끊을 것을 선언합니다. (선언)

ㅊ. 거기서 한 발짝이라도 움직이면 죽는다고 경고한다. (경고)

그런데 보통 우리는 예 (6)과 같이 수행동사를 직접 사용하지 않고 예 (7)과 같이 화행을 하는 경우가 더 많다. 군이 화행동사를 밝혀 사용하면 오히려 자연스럽지 않게 느껴지기도 한다. 예 (7)의 예문들은 예 (6)의 각 예문들에서 화행동사를 뺀 것들이다. 이 예문들에서 느낄 수 있듯이 우리의 일상 대화에 쓰이는 말들의 상당 부분이 화행에 담겨 있다.

(7) ㄱ. 당신을 사랑해 (단언)

ㄴ. 당신이 그 말을 했어요? (질문)

ㄷ. 지금 당장 그 놈을 사형에 처하라! (명령)

ㄹ. 불쌍한 백성들에게 자비를 베풀어 주세요. (요청)

ㅁ. 이번 주말에 같이 놀이공원에 갈게. (약속)

ㅂ. 대학에 합격했다니 정말 기쁘다! (축하)

ㅅ. 우리 함께 가요. (제안)

ㅇ. 지금부터 이 강아지는 자두야. (명명)

ㅈ. 내일부터 담배를 끊을 거야. (선언)

ㅊ. 거기서 한 발짝이라도 움직이면 죽는다! (경고)

예문 (6)이나 (7) 같은 문장이 아니더라도 우리는 꽤 다양한 화행 수단을 가지고 있다. 강의실 안이 덥게 느껴지는 상황에서 교수가 다음과 같이 말하면서 창가에 앉은 학생을 쳐다보았다고 하자. 이 말을 들은 그 창가의 학생은 어떻게 행동해야 옳은가? 창문을 열어야 한다.

(8) 후… 덥네요.

예 (8)은 수행동사를 가지지도 않았고, '-아/어 주세요'라는 요청 표현도 가지지 않았지만 청자는 창문을 여는 행위를 하는 것이 맞다. 화자는 청자가 창문을 열어 주었으면 하는 마음을 가지고 있고, '덥네요'라는 간접적인 표현을 통해 자신의 의사를 표현했으니, 청자가 화자의 의도를 파악하고 창문을 여는 것이 의사소통의 완성이 되는 것이다. 이렇게 문장에 직접적으로 화행의 의도가 표현되지 않았음에도 화행이 이루어지는 것을 **간접화행**이라고 한다. 간접화행은 대개 문장의 어느 부분에도 화행 의도를 전달하는 표현이 없음에도 불구하고 화자의 의도가 전달되어 청자가 그 의도에 따르는 행위를 함으로써 이루어진다. 앞서 말한 철수의 어머니는 "너 뭐해?"라는 말을 통해 간접화행을 시도한 것이고, 철수가 그 시도를 받아들이면 제대로 된 의사소통이 이루어진 것이 된다.

간접화행은 같은 문장이라도 문맥에 따라 사뭇 다른 의미를 가진다. 철수의 어머니가 부엌에서 김치를 담그고 있고, 도움을 줄 사람이 필요하다. 철수의 어머니가 "철수야. 뭐해?"라고 했다면 어머니는 어떤 간접화행을 한 걸까? 그렇다. 와서 도와달라는 '요청'의 간접화행을 시도한 것이다. 이때 철수는 "공부해."라고 대답하면 안 된다. 하던 일을 멈추고 "왜? 엄마. 뭐 도와드려요?" 하고 부엌으로 나와야 한다. 그래야 제대로 된 의사소통이 이루어지는 것이다. 만약 철수가 "공부해."라고 대답했다면 이는 '도와주러 갈 수 없다'는 '거절'을 의미하게 된다.

2) 대화 함축

앞에서 문장이 가지는 성분에 따라 발생하는 함축에 대해 이야기했다. '철수는 서울로 이사 갔다.'는 조사 '-는'이 가지는 의미에 근거해 '다른 사람은 아닌데 철수는 서울로 이사 갔다'를 함축으로 가지는 한편, 문장 전체의 의미에 근거해 '철수는 이제 여기에 살지 않는다'를 또다른 함축으로 가진다. 예 (9)를 보자.

> (9) 영희: 괜찮은 사람이 있는데, 소개시켜 줄까?
> 철수: 좋지. 그런데 예뻐?
> 영희: 음…, 귀여워.

철수는 영희의 말을 듣고 소개받을 여자에 대해 '예쁘지는 않다'는 결론을 내릴 것이다. 철수가 예쁘냐고 물은 것에 대해 제대로 답을 하려면 '응'이나 '아니'로 대답을 해야 한다. 그러나 영희의 '음…'은 대답을 망설이고 있음을 보여주며, '귀여워'라는 답은 질문에 대한 직접적인 답이 되지 않는다. 이것은 '예쁘다'고 대답할 수 없는 사정임을 의미하는 것으로 해석할 수 있다. 이는 하나의 '함축'으로 문장의 각 구성성분만으로는 유도될 수 없는 해석이다. 이러한 함축을 '대화 함축'이라고 한다.

대화 함축은 어떻게 발생하는 것일까? 그라이스(Paul Grice)는 우리가 서로 대화를 할 때 모종의 협력 원리(cooperative principle)를 지키기 위해 노력하는데 그렇지 않을 경우 대화함축이 생겨난다고 해석했다. 그리고 그 협력 원리를 구성하는 것이 '대화의 격률(Maxims of Conversation)'이라 하고, 다음과 같이 네 가지 격률을 제시했다.

대화의 격률(Maxims of Conversation)

1. 질(Quality): 진실한 것을 말하라.

ⅰ. 거짓이라고 믿는 것은 말하지 말라.

ⅱ. 적절한 근거가 있지 않은 것은 말하지 말라.

2. 양(Quantity)

ⅰ. 요구되는 만큼 정보를 제공하라.

ⅱ. 요구되는 것 이상의 정보를 제공하지 말라.

3. 관련성(Relevance)

관련 있는 말을 하라

4. 양태(Manner): 명쾌하게 말하라

ⅰ. 모호함을 피하라.

ⅱ. 애매함을 피하라.

ⅲ. 간결하게 말하라. (불필요한 장황함을 피하라)

ⅳ. 질서 정연하게 말하라.

예 (9)의 대화에서 영희는 '예쁘다'라고 말하지 않음으로써 질의 격률을 지켰지만 '응', '아니'로만 대답하면 되는데 굳이 '귀엽다'고 말함으로써, 요구되는 것 이상의 정보를 제공하여 양의 격률을 어겼고, 응답을 주저하고 있음을 보여주는 '음…'을 사용함으로써 양태의 격률도 어기고 있다.

(10) 영식: 야! 너 취직했다며. 꽤 큰 회사라던데…. 축하한다. 야. 근데, 얼마나 받냐?

철수: 으응…, 받을 만큼 받아.

예 (10)에서 철수는 어떤 격률을 어겨 어떤 의미를 전달하고 있는가? 영식이는 급여가 구체적으로 얼마인지 알고 싶어 '얼마나 받냐'고 물었지만, 철수는 애매한 표현으로 직접적인 답을 피함으로써 양태의 격률을 어기고 있으며, 그렇게 함으로써 '너의 질문에 답하고 싶지 않다'는 의사를 전달하고 있다.

예 (11)의 영희는 관련성의 격률을 어기고 있다. 철수와 무슨 얘기를 나누었는지 묻는 수미의 질문에 대한 답을 해야 함에도 불구하고 수미의 해야 할 일을 일깨워 주는 말을 함으로써 '어제 철수와 무슨 말을 했는지는 말하고 싶지 않다'와 '그 얘기는 더 이상 하지 마라'는 함축을 전달하고 있다.

(11) 수미: 너 어제 철수 만났다면서? 그래 철수가 뭐래?
영희: 너 지금 나가야 되지 않아? 벌써 열 시야!

우리는 말로 나누는 대화에서뿐만 아니라 글에서도 이러한 함축을 전할 수 있다. 교수 A는 학생 B에게서 추천서를 부탁받았는데, 학생 B에게는 특별히 내세워 추천할 만 한 점이 없었다. 하지만 추천서이니만큼 직접적으로 그러한 생각을 표현할 수는 없었다. 그래서 교수 A는 추천서에 다음과 같이 썼다.

> 상기 학생은 본인의 강의에 100% 출석했으며 모든 과제를 제출한 성실한 학생입니다.

이 추천서를 읽은 사람은 '학생 B가 과제를 성실하게 제출했지만 제출한 과제가 우수하지는 않았으며, 결석은 없었지만 수업 중 활동에서 두

각을 나타내지는 못 했구나'라고 생각하게 될 것이다.

3) 말차례 가지기(Turn-taking)와 대화 함축

A와 B가 대화를 나누는 장면을 떠올려 보자. A가 말을 하다가 멈추면 B가 말을 하고, B가 말을 멈추면 A가 바로 말을 시작한다. A와 B의 말이 겹칠 때도 있지만 그런 경우는 그렇게 많지 않고, 자연스럽게 A-B-A-B 순서로 대화를 이어간다. 이렇게 자신이 말을 할 차례를 지켜 대화를 이어나가는 것을 '말차례 가지기(turn-taking)'라고 한다.

말차례 가지기가 충돌 없이 잘 이루어지는 것은 우리의 발화나 표정, 자세 등에 '내가 계속 말하겠다'거나 '당신에게 말차례를 넘기겠다'는 신호가 담겨 있기 때문이다. 우리말의 경우 '-까?, -다' 등의 문장을 마감하는 어미가 오거나 억양이 아래로 떨어지는 것 등이 '내 말은 다 끝났으니 당신이 말하세요'라는 신호가 된다. 다음 예문 (12)와 같은 대화가 드라마에서 펼쳐지고 있다고 하자.

(12) 경찰: 자, 이거 보이지? 네 방에서 나온 거야.
　　　범인: ……
　　　경찰: 말해 봐. 네가 죽였지?
　　　범인: ……

시청자는 이 범인이 진범이라고 생각하게 될 것이다. 경찰은 계속 범인에게 말차례를 넘기지만 범인은 그 말차례를 가지지 않고 침묵을 지키고 있다. 침묵은 때로는 '부정'을 의미하고 때로는 '긍정'을 의미하는

데, 예 (12)와 같은 피의자 취조 과정에서 '네가 죽였지?'라고 묻는 데
대해 아니라고 부정하지 않고 침묵을 지키는 것은 '긍정'으로 해석될 수
밖에 없다. 이러한 침묵은 대화의 격률을 어긴 것으로도 해석될 수 있는
데, 범인은 진실이 아닌 것을 말하지 않음으로써 '질의 격률'은 지키고
있으나 답을 요구하는 경찰에게 필요한 만큼의 정보를 제공하지 않음으
로써 '양의 격률'을 어기고 있는 것이다.

〈그림 3.2〉 SNS 대화 속 함축

〈그림 3.2〉는 엄마와 딸 사이에 오고 간 카카오 톡 대화이다. 카카오
톡은 일반 문자 대화와는 달리 마치 대화를 나누듯 문자가 오고 가는 것

으로 말차례가지기가 일반 대화에서만큼 적극적으로 작용한다. 그리고 문자에 쓰인 물음표나 느낌표, 말줄임표 등을 통해, 대화에서의 억양 등에 못지않게, 송신자의 의도가 전달된다. 여기에는 어떤 대화 함축이 들어있는지 살펴보자.

장신구 전시회에 간 딸은 엄마에게 마음에 드는 반지 사진을 보냄과 동시에 '이쁘지 은'이라고 말을 걸었으나 엄마는 답을 하지 않았다. 딸이 '맘?'이라고 다시 한 번 묻자 엄마는 '맘대로 해'라고 답했다. 여기서 딸은 '이쁘지 은'에 물음표를 붙이지 않음으로써 엄마에게 '그래'라는 답을 기대하고 있음을 함축하고 있다. 하지만 엄마는 답을 하지 않음으로써 '부정'을 표시하고 있고, 그래도 동의를 얻고 싶은 딸은 이번에는 물음표를 붙여 '맘?'이라는 문자를 보냈다. 그러자 엄마는 딸의 질문과는 관련 없는 '맘대로 해'라는 답을 보냈다. 엄마는 관련성의 격률을 어김으로써 딸에게 '네가 지금 그 반지를 사고 싶은 것은 아는데, 나는 그것에 대해 별로 좋게 생각하지 않고 있다'는 함축을 표현하고 있다. 그런데 딸은 엄마에게 다시 한 번 '이쁨?'이라고 물음으로써 관련성 있는 답을 요구하고 있다. 문자 전송의 시간차가 존재하는 상황의 특성 상 '이쁨?'은 '맘대로 해'를 아직 못 보고 보낸 것으로 볼 수 있는데, 그것에 바로 이어지는 '안살래'가 그러한 추측을 뒷받침해 준다. 딸은 '이쁘지 은'을 7시 18분에 보냈고, '맘?'을 7시 19분에, '이쁨?'을 7시 20분에 보냈다. 아마도 그리고 나서 엄마의 '맘대로 해'를 받았을 것이고 엄마의 침묵이 2분 가까이 지속되는 가운데 그 침묵을 '안 예쁘다'와 '네가 그 반지를 사는 것을 원치 않는다'는 함축으로 받아들였을 것이다. 그래서 엄마의 '맘대로 해'는 정말로 '네가 원하는 대로 해'라는 의미를 담고 있는 것이 아님을 파악했을 것이고 스스로 '안 살래'로 결론을 내리고 있다. 그리고 엄마는 이 결정에 대해 '잘했어'로 답함으로써 '네가 내 의도를 제대로 파악했구나'를 표현하고 있다.

이 카카오 톡 대화에서 엄마의 '맘대로 해'는 문자 그대로의 뜻으로 해석하면 안 된다. 그 말을 하기 전에 딸이 말차례를 계속 넘기고 있음에도 불구하고 말차례를 가지지 않음으로써 딸의 반지 구매 의사에 대해 자신은 부정적임을 충분히 표현한 것이다. 사실 딸의 첫 번째 메시지 '이쁘지 은'은 단순하게 예쁜지 아닌지를 묻는 것이라기보다는 그 뒤에 '이 반지를 사고 싶다'는 의사를 담고 있다는 것을 엄마는 너무나 잘 알고 있었다. 그래서 말차례 가지기 거부를 통해 강력한 반대 의사를 전달한 것이다.

우리는 형태소와 규칙을 이용해 문장을 만들어내지만, 문장의 의미는 형태소와 규칙이 가지는 의미만으로 파악되지 않는다. 그 의미는 그 문장이 생산되는 그 순간의 상황, 곧 맥락에서 유리된 채 해석될 수 없다.

4장

언어의 이해 4 - 신체 언어

우리는 누군가와 의사소통을 할 때 문장의 의미뿐만 아니라 상대의 감정이나 태도도 함께 전달 받는다. 지금 누군가와 대화를 나누고 있다고 생각해 보자. 내가 얼마 전 공모전에서 입상한 것에 대해 상대가 "입상 소식을 들었어! 축하해!"라고 말한다. 그의 얼굴에 미소가 가득하고 두 팔을 펼쳐 나를 안아 주려고 한다면, 그는 진심으로 나를 축하하고 있는 것이다. 그러나 그가 팔짱을 낀 채로 웃음기 없는 얼굴로 이렇게 말하고 있다면, 그의 축하 인사는 그저 인사치레일 뿐이다.

1. 대인관계를 지배하는 비언어적 요소

알버트 메라비언(Albert Mehrabian)이 한 실험 결과에 따르면, 우리가 상대의 감정이나 태도를 파악할 때, 단어나 문장 그 자체보다는 목소리의 톤이나 높이, 제스처, 얼굴 표정 등에 더 많이 의존한다고 한다. 그는 일정한 의미를 가진 말을 어투를 달리해서 녹음한 후 다양한 표정 사진과 함께 제시한 후 사람들이 그 말에 어떤 감정과 태도가 담겨 있는지 선택하도록 하는 실험을 했고, 다음과 같은 결과를 얻었다.

감정과 태도에 관계된 메시지의
- 7%가 발화된 말 속에 들어있다.
- 38%가 말투나 몸짓 같은 준언어적 수단을 통해 전달된다.
- 55%는 얼굴 표정에 들어있다.

감정과 태도에 국한된 것이기는 하지만, 말을 하고 있는 사람의 감정과 태도가 어떤지 파악하는 기준의 93%가 말이 아닌 다른 요소에 좌우된다는 것은 놀라운 일이다. 우리가 타인과 의사소통을 함에 있어 상대의 감정과 태도를 파악하는 것은 매우 중요한 일이기 때문이다.[01]

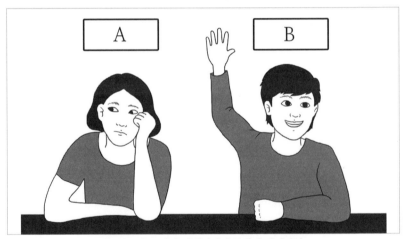

〈그림 4.1〉 긍정적 신체언어와 부정적 신체언어

〈그림 4.1〉의 두 학생 A와 B는 지금 어떤 감정과 태도를 가지고 있는

것으로 보이는가? A는 강의를 열심히 듣고 있을지도 모르지만, 교수는 'A가 지금 강의에 대해 관심이 없고 지루해 한다'고 생각할 것이다. 나아가 교수 자신에 대해 부정적인 평가를 할 것이라고 예측할지도 모른다. 반면 B는 강의에 흥미를 가지고 있으며 적극적으로 참여할 마음이 있고, 교수에 대해 긍정적인 평가를 할 것이라는 인상을 준다. 이러한 판단은 A와 B의 시선, 입모양, 앉은 자세 등에 근거한 것이다. A는 시선이 정면을 향하지 않았고, 다문 입모양이 비뚤어져 있는데다가 턱을 괴고 책상에 기대 앉아 있다. 이것은 '지루해하고 있음'과 '관심 없음'을 보여주는 신체언어다. 반면 B는 미소를 지으며 바른 자세로 정면을 바라보고 손을 들어 의견을 발표하려 하고 있다. B의 이러한 신체언어는 '흥미 있음', '참여를 원함'을 표현한다.

우리는 얼굴 표정, 말투나 몸짓과 같은 비언어적 단서를 이용해 상대의 감정과 태도를 파악하는 것에서 더 나아가 사람의 성격을 판단하고 행동을 예측하기도 한다. 린다 올브라이트(Linda Albright)를 비롯한 일군의 심리학자들은 사람들에게 이전에 한 번도 접촉한 적이 없는 사람의 사진이나 그 사람의 모습을 담은 짧은 동영상을 보여준 후 그 사람의 성격이 어떤지 혹은 그 사람이 앞으로 어떻게 행동할지 판단하도록 했다. 그리고 그 피상적인 관찰을 통해 사람의 성향과 인격을 판단한 것이 상당히 정확하다는 결론을 내렸다.[02] 그리고 비언어적 단서를 해독하는 능력이 좋은 사람은 사회적 능력이 좋아 동료들 사이에서 인기가 높지만, 자신의 감정을 있는 그대로 표현하는 사람은 오히려 비언어적 단서 해독 능력이 떨어진다고 한다.[03]

2. 네 얼굴에 다 쓰여 있어, 표정

이렇게 우리는 '언어'가 아닌 '언어' 곧 신체언어(body language)를 이용해 자신의 감정과 태도를 표출하고 다른 사람의 감정과 태도를 파악한다. 앞서 언급한 메라비언의 연구결과에 따르면 상대의 감정과 태도를 짐작하는 데 있어 가장 중요한 역할을 하는 것은 얼굴표정이다. 우리는 흔히 "얼굴만 봐도 (네 마음을) 알아."라고 말하는데, 상대를 잘 알고 있어서 말을 듣지 않아도 상대의 기분과 생각을 안다는 말이다. 나아가 우리는 친하지 않은 사람, 심지어 처음 만난 사람의 얼굴표정도 읽을 줄 알며, 같은 문화권에 속하지 않은 사람의 표정에 드러난 감정을 알 수 있다.

폴 에크만(Paul Ekman)과 월러스 프리센(Wallace V. Friesen)은 파푸아뉴기니의 포리 부족을 대상으로 얼굴표정과 관련된 실험을 했다. 두 사람은 포리부족이 다른 문화와 접촉하지 않은 고립된 문화를 가지고 있으므로 얼굴표정 역시 다른 문화의 영향을 받지 않았을 것이라고 가정했다. 에크만과 프리센은 포리 부족 사람들에게 사진을 보여주고 사진 속 인물이 어떤 감정(emotions)을 보여 주는지 물었는데, 그들이 '분노, 혐오, 공포, 행복, 슬픔, 놀람' 여섯 개의 감정을 구분해 냈다. 다음으로 에크만과 프리센은 그 부족 사람들에게 6개의 감정을 표현하도록 하고 사진을 찍은 다음 포리 부족이 아닌 다른 사람들에게 보여주었다. 그러자 외부인들 역시 얼굴 사진에서 6개의 감정을 구분해 냈다. 이로써 에크만과 프리센은 인간이 얼굴 표정으로 표현할 수 있는 기본 감정은 〈그림 4.2〉와 같이 6가지가 된다고 결론을 내렸다.

그림의 각 표정을 보면 눈과 입은 물론이고 눈썹과 이마도 표정을 짓는 데 이용되고 있음을 알 수 있다. 1은 분노, 2는 혐오, 3은 놀람, 4는

〈그림 4.2〉 여섯 가지 기본 감정(six basic emotions)

행복, 5는 슬픔, 6은 공포로 분노, 슬픔, 공포의 부정적 표정에서는 미간이 찌푸려져 있고 입 꼬리가 처져 있다. 놀람의 표정은 눈썹이 많이 올라가고 눈이 커지며 입도 벌어진다. 얼굴 표정에서 큰 비중을 차지하는 것은 눈인데 〈그림 4.2〉의 각 얼굴에서 입을 가리고 보아도 그 감정이 충분히 전달됨을 느낄 수 있다.

2016년 미국의 대통령 선거를 앞두고 언론들은 앞 다투어 대통령 후보들의 얼굴표정이 표심에 어떤 영향을 미치는지에 대해 기사를 실었다. 미 공화당의 경선 후보인 테드 크루즈가 미소 지을 때 입 꼬리가 내려가고 눈에는 웃음기가 없어 '오싹할 정도로 기이하다(creepy)'거나 '불안하고 불편하다(unsettling and uneasy)'는 평가를 받는다는 기사들이었다. 기사는 경선 경쟁자인 도널드 트럼프가 터무니없는 발언과 행동으로 사람들을 불편하게 만드는 인물임에도 불구하고 환하게 웃는 모습,

이른바 '뒤센 미소'로 호감을 얻고 있다는 비교도 잊지 않았다. '뒤센 미소'는 신경학자 뒤센(Guillaume Duchenne)이 미소를 지을 때 근육의 움직임이 다르게 나타난다고 한 것에서 만들어진 용어이다. 우리가 진정한 미소(뒤센 미소, Duchenne smile)를 지을 때는 입 주변의 근육과 뺨, 눈 주변의 근육을 모두 올리는 데 반해 마음이 없이 억지 미소(비 뒤센 미소, non-Duchenne smile)를 지을 때는 입 주변의 근육만 움직인다는 것이다. 표정은 무의식중에 나의 감정을 드러내 나에 대한 평가에 영향을 미치는 것이다.

그런가하면 표정이 감정에 영향을 미친다는 연구결과도 있다. 스트랙 프리츠(Strack Fritz)는 일정한 행위를 하는 동안 표정을 인위적으로 조작하도록 한 후 사람들의 감정과 판단에 어떤 영향이 나타나는지 실험했다. 실험 결과 만화를 보는 동안 볼펜을 이로 물고 본 사람은 입술로 물고 본 집단보다 만화를 더 재미있다고 평가했고, 컴퓨터 작업을 하는 동안 미간을 찌푸린 사람은 그렇지 않은 사람에 비해 사람들의 지명도를 낮게 평가했다고 한다.[04] 행복해지고 싶으면 거울을 보고 미소를 지어보라는 말이 전혀 근거 없는 말은 아닌 것이다. 단 이때 입뿐만 아니라 눈도 함께 웃음 짓게 하는 것이 중요하다.

3. 마음의 창, 눈

여러분은 영화 '슈렉 2'에 나왔던 장화 신은 고양이를 기억할 것이다. 이 고양이는 원하는 바를 이루기 위해 상대를 쳐다볼 때의 표정, 특히 '눈' 때문에 큰 인기를 얻었다. 이 고양이는 사실 괴물을 전문적으로 죽이는 살인청부업자로 교활한 모습이 기본이지만, 얻어야 할 것이 있으면 커다란 검은 눈동자로 한껏 애절한 눈빛을 만들어 상대를 항복하게 만든다. 물론 이 슈렉 고양이의 눈빛은 사람들의 모습을 본 뜬 것이다.

상대를 의심하는 마음을 가질 때 우리는 고개를 살짝 돌리면서 눈을 가늘게 뜨고 본다. 상대가 마음에 들지 않거나 그에 대한 미운 마음을 가지고 있을 때 우리는 눈을 흘긴다. 눈의 크기를 조정함과 동시에 시선을 조정하는 것인데, 시선을 어떻게 하는지에 주목해 거짓말 여부를 판단하기도 한다. 거짓말 탐지기가 나오기 전에 범인의 진술이 거짓인지 아닌지 판단하기 위해 범인의 행동을 관찰했는데, 그 행동 중 중요한 것이 시선이었다. 만약 어떤 사람이 말을 하면서 〈그림 4.3〉의 오른쪽 얼굴처럼 시선이 자신의 왼쪽 위로 향해 있다면, 그는 지금 시각적인 것을 기억해내고 있는 것(Visual Remembered)으로 실제로 본 것을 말하고 있다고 볼 수 있고, 시선이 오른쪽 위로 향해 있다면 시각적인 것을 꾸며내는 것(Visual Constructed)으로 보지 않은 것을 봤다고 말하는 것이라 볼 수 있다는 것이다. 이러한 시선의 방향은 무의식중에 만들어지는 것이므로 조작할 수 없다는 전제하에 거짓말 탐지의 수단으로 쓰였다.

우리는 대화를 할 때 상대와 눈을 마주치며 말을 한다. 상대가 나의 시

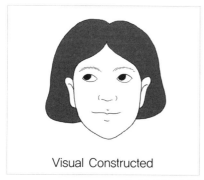
Visual Constructed

Visual Remembered

〈그림 4.3〉 시선에 따른 거짓과 진실

선을 피하고 눈 맞춤을 하지 않으려고 한다면, 우리는 그가 거짓말을 하고 있거나 나와의 대화를 싫어한다고 생각할 수 있다.

그가 나를 바라볼 때 구체적으로 어디를 보는가는 그가 나와의 관계를 어떻게 설정하고 있는지를 반영하기도 한다. 〈그림 4.4〉에 표시되어 있는 것처럼 나의 눈보다 위, 곧 이마쯤을 바라보면서 말을 하고 있다면 그는 나보다 우위를 점하고 있거나 그렇게 하고 싶어 하는 것(Power Gazing)이라고 볼 수 있다. 나의 코나 인중, 입 정도를 바라보고 있다면 그저 좋은 관계를 쌓거나 유지하고자 하는 것(Social Gazing)이고, 목이나 좀 더 아래를 바라본다면 친밀하게 생각하거나 그런 관계를 지향하고 있는 것(Intimate Gazing)으로 볼 수 있다.

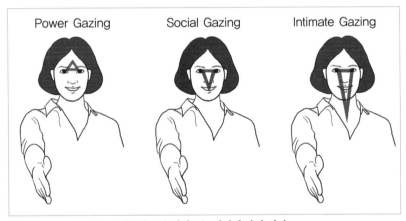

〈그림 4.4〉 바라보는 시선에 담긴 의미

상대를 얼마나 바라보는가도 중요하다. 대화를 나누는 동안 상대를 응시하는 시간은 개인에 따라 다르지만 대개 대화 시간의 절반 정도 상대를 응시하며, 말할 때보다는 들을 때 더 많이 응시한다고 한다.[05] 클렉과 뉘슬(Robert E. Kleck & W. Nuessle, 1968)은 대화 상대를 응시하는 사람을 촬영한 영상을 보여주고 그 사람의 성격을 평가하게 하는 실험을 했다. 상호작용 시간의 15% 정도 상대를 바라본 사람은 '차갑다, 비관적이다, 조심스럽다, 방어적이다, 성숙하지 못하다, 복종적이다, 무관심하다, 과민하다'는 평가를 받았다. 반면 대화 시간의 80% 이상 상대를 응시한 사람은 '친절하다, 자신감 있다, 자연스럽다, 성숙하다, 진지하다'는 평가를 받았다고 한다.

우리는 대화를 나누는 동안 상대의 말투와 손짓, 표정 등을 자신도 모르게 따라하는 경우가 많다. 이러한 현상을 상호동기화(interaction synchrony) 혹은 행동일치(matching)라고 하는데, 이영혜와 김현주(2014)는 이 상호동기화에서 응시가 어떤 역할을 하는지 살펴보는 실험을 했다. 두 사람은 우리가 대화하는 동안 무의식적으로 상대의 발화 속도에 자신의 발화 속도를 동화시키고 상대를 응시함으로써 상대에 대한 긍정적 피드백을 제공하고 커뮤니케이션의 흐름을 조절하는 것에 주목했다. 그래서 두 명의 젊은 여성 화자로 하여금 '발화 속도'와 '눈 맞춤'을 일치시키거나 불일치시키는 네 가지 조건의 대화를 연기하도록 하여 영상을 제작했다. 영상의 대화 내용은 동일했고, 얼굴표정, 신체 움직임, 억양, 목소리 크기는 최대한 동일하게 유지했다. 영상을 대학생들에게 보여주고 그 대화의 효율성에 대해 평가하도록 했는데, 두 요소가 모두 일치하는 영상이 효율성에서 가장 높은 평가를 받았고, 그 다음이 '속도 불일치+눈 맞춤 일치', '속도 불일치+눈 맞춤 불일치' 순이었고, 가장 낮은 평가를 받은 것이 '속도 일치+눈 맞춤 불일치'였다. 주목할 것은 속도와 상관없이 '눈 맞춤 일치'인 두 조건이 모두 '눈맞춤 불일치'보다 상위라는 것이다. 발화 속도의 일치보다는 눈 맞춤의 일치가 중요함을 보여주는 것으로 상호작용 시 '응시'가 대화를 더 의미 있게 함을 의미한다고 하겠다.[06]

4. 손으로도 말한다, 손짓

수화를 하지 않더라도 우리는 손으로 우리의 생각을 전할 수 있다. 로마시대에 콜로세움에서 검투사들의 싸움을 지켜보던 관중들은 패배한 검투사의 생사를 엄지손가락 하나로 결정했다. 현대의 우리는 무언가 '아주 좋다, 최고다'라는 느낌을 엄지를 세워 표현한다. 그리고 주먹을 쥔 상태에서 엄지손가락과 새끼손가락을 펴서 귀 근처에 대는 시늉을 하면 '전화해'라는 의사를 전달할 수 있다. 엄지손가락과 검지 손가락을 마주 닿게 해서 동그란 모양을 만드는 것은 'OK'사인이거나 '돈'을 의미한다. 손바닥을 상대방이 볼 수 있도록 하여 손을 똑바로 세우는 동작은 무언가를 그만하라고 제지하는 의미를 담고 있고, 손등이 상대를 향하도록 해서 주먹을 쥐어 얼굴 앞으로 들어 올리는 것은 상대를 위협하는 의미를 담고 있다. 하지만 같은 자세라 하더라도 주먹을 얼굴 앞에서 아래로 끌어내리듯이 동작을 하면 상대방에게 '잘해'라는 응원의 의미를 전하는 것이 된다.

그런데 이런 손짓 언어를 사용할 때는 주의해야 한다. 우리나라에서 사진을 찍는 사람들이 공통적으로 사용하는 'V 사인'은 '승리'의 의미를 가진다. 하지만 영국에서는 'V 사인'을 할 때 손등을 바깥으로 하면 모욕적인 신호가 되고, 반대로 그리스와 터키에서는 손바닥을 바깥쪽으로 한 'V 사인'이 외설적인 의미를 가진다. 'OK' 사인은 보통 '좋다, 그렇게 해라' 등 긍정적인 사인으로 사용되는 경우가 많지만 프랑스에서는 '0(zero)', '쓸모없다'는 의미를 가지며, 독일, 러시아, 남미 일부와 중동 지역 일부에서는 성적인 의미로 매우 모욕적인 의미를 가진다. 최고라는 의미의 엄지 신호 역시 방글라데시, 호주, 그리스 북부, 터키, 아프가니스탄, 이란 등지에서는 위험한 의미를 담고 있는데, 미국에서 차를 얻

어 타기 위해 사용하는 엄지 신호가 터키에서는 동성애 친구를 찾는다
는 의미를 가진다고 한다. 엄지손가락을 세우는 것으로 숫자를 표시하
기도 하는데 독일에서는 숫자 '1'을 의미하고 일본에서는 숫자 '5'를 뜻
한다고 한다. 독일에서 맥주 한 잔을 추가로 시킬 때는 반드시 엄지손가
락을 펴 신호를 주어야 하고, 일본에서는 검지 손가락을 펴 신호를 주어
야 한다고 한다.[07]

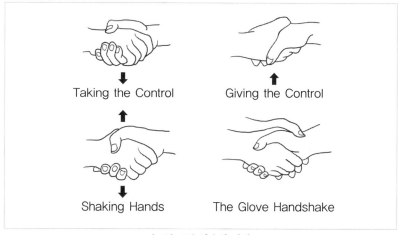

<그림 4.5> 악수와 권위

손에 신체적 접촉이 추가되어 인사의 수단으로 사용되는 것이 악수이
다. <그림 4.5>에서처럼 악수를 하는 가운데 상대에 대한 나의 의도와
태도를 나타내기도 한다. 내 손바닥을 아래로 향하게 하고 상대의 손바
닥은 위로 향하게 하여 누르듯이 악수하는 것은 상대를 지배하겠다는
의도를 가진 것(Taking the Control)으로 볼 수 있고, 그 반대로 하면 지배
받는 것을 용인하는 것(Giving the Control)으로 볼 수 있다고 한다. 특히
상대의 손을 두 손으로 감싸듯이 하는 악수(The Glove Handshake)는 대

개 아랫사람이 윗사람과 악수를 할 때 나타나는 자세로 상대에 대한 존경과 대우를 표현한다.[08]

선거유세 중인 후보가 연설을 할 때 손바닥을 위로 한 채 양 팔을 벌려 보이면서 말을 한다면 '나는 숨기는 것 없이 여러분에게 다 보여주는 것입니다'를 표현하는 제스처라고 볼 수 있다. 하지만 그 자세에서 어깨를 으쓱 들어 올리면 '나는 잘 모르겠다'나 '내 책임이 아니다'와 같은 의미를 전하게 된다. 그리고 다른 사람의 말을 들을 때 팔짱을 끼고 있다면, 상대의 말을 인정하고 싶지 않거나 불만이 있음을 보여주는 것이다. 그리고 양 팔을 굽힌 채로 손목 위 부분쯤을 교차시켜 '아니다'나 '하지 말라'는 신호를 보내기도 한다.

최근 우리나라에는 '사랑'을 표시하는 여러 가지 손짓이 유행하고 있다. 양팔을 머리 위로 올려 하트 모양을 만들거나 두 손을 모아 엄지와 검지를 구부려 하트 모양을 만들기도 하고, 엄지와 검지를 겹쳐 손가락 끝 모양을 하트로 만들기도 한다. 이러한 동작들은 한국에만 있는 것으로 양팔을 올려 표현하는 '사랑' 신호는 싱가포르에서 '원숭이'를 의미하는 신호로 받아들여질 수도 있다(이노미, 2009).

5. 영혼의 표출, 자세

여러분은 서 있을 때 어떤 자세로 서 있는가? 다리를 적당히 벌리고 어깨와 허리를 펴고 당당하게 서 있는가? 아니면 움츠린 자세로 구부정하게 서 있는가? 앉아 있을 때는 주로 어떤 자세로 앉아 있는가? 등을 뒤로 한껏 기대고 다리를 쩍 벌리고 앉아 있는가? 아니면 다리를 교차시키거나 꼬고 앉는가? 우리는 상대를 받아들일 마음이 있을 때 우리의 몸을 여는 자세를 취한다. 말하자면 다리도 벌리고, 팔도 연다. 하지만 상대를 의심하고 받아들이고 싶지 않을 때는 팔과 다리를 오므리거나 교차시킨다. 상대의 말을 귀 기울여 들을 때는 상대를 향해 몸을 기울이고 응시하지만 관심이 없을 때는 시선을 돌리고 몸을 뒤로 기댄다.

다음 12가지의 자세들은 '상대의 마음을 읽는 신체 언어(engaging approachable body language)'라는 이름으로 웹에 등장하는 이미지에서 가져온 것인데 우리의 자세가 어떤 감정과 태도를 보여주는지 잘 나타내고 있다.

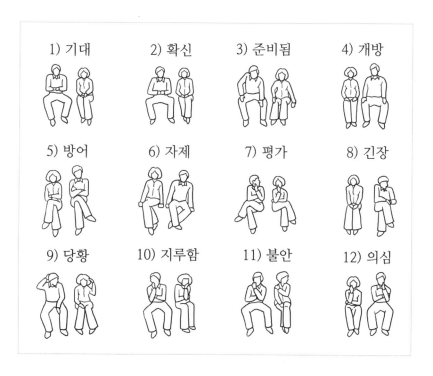

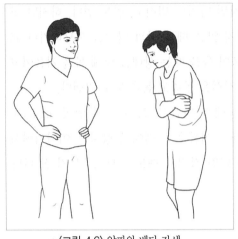

〈그림 4.6〉 알파와 베타 자세

자세는 사람의 인성 자체를 반영하기도 한다. 자신감과 힘(혹은 권위)에 관련시켜 자세를 알파(Alpha)와 베타(Beta)로 나누어 보기도 한다. 알파는 상대와 자연스럽게 눈 맞춤을 하고 부드러운 미소와 곧고 당당한 자세를 가진 것이라면 베타는 눈 맞춤을 피하고, 구부정하고 웅크린 자세로 자신을 작아보이게 하는 것을 가리킨다. 에이미 커디(Amy Cuddy)는 사람들이 어떤 자세를 가지느냐에 따라 성격에 차이가 있고 이것이 그 사람의 성취에까지 영향을 미친다고 보았다. 그녀는 사람들을 두 그룹으로 나누어 한 그룹은 2분 동안 알파 자세를 취하게 하고 다른 그룹은 베타 자세를 취하게 했을 때 사람들이 어떻게 다르게 행동하는지 보는 실험을 했다. 그 결과 알파 자세 그룹은 보다 진취적인 태도를 보이고 성취 지향적이었던 데 반해 베타자세 그룹은 자신감을 가지지 못하고 포기하는 모습을 보여준 실험결과를 얻었다. 그리고 이 결과를 바탕으로 자세가 사람들의 정신에 영향을 미친다(Your body language shapes who you are)고 주장했다.[09] 스테퍼와 스트랙(Stepper & Strack, 1993)도 자세가 심리상태에 어떤 영향을 미치는지 실험했는데, 업무 수행에 대한 칭찬을 받을 때 곧은 자세를 한 사람이 구부정한 자세를 취한 사람보다 더 큰 자긍심을 가졌다고 한다.

자세에서도 앞서 언급한 상호동기화가 일어나는데, 상호작용 중인 한 사람이 다리나 팔을 꼰다든지 몸을 앞이나 뒤로 기울이거나 턱을 괴는 등의 자세를 취하면 그 상대도 무의식적으로 따라하게 되는 것이다. 이러한 상황은 서로 친밀감을 가지고 협조적인 분위기일 때 주로 나타난다고 한다(최양호 외 옮김, 2012).

6. 나의 공간과 당신의 공간, 영역과 거리

우리는 자신의 소유로 여겨 타인의 침범을 거부하거나 싫어하는 영역을 가진다. 이 영역은 일기장이나 소중한 물건을 넣어두고 잠가두는 책상서랍에서부터 방에 이르기까지 다양하며, 경계가 뚜렷한 공간일 수도 있고, 다른 사람이 바라보거나 들여다보는 것을 피하는 가상적 공간일 수도 있다. 지하철에서 신문이나 휴대전화를 보고 있는데 옆 사람이 나의 신문이나 휴대전화 화면을 보는 듯한 느낌이 든다면 여러분은 어떻게 하는가? 아마도 신문을 펼쳐 든 팔을 오므리거나 휴대전화 화면을 슬쩍 가리게 될 것이고, 나아가 고개를 돌려 그 사람을 바라봄으로써 왜 남의 것을 보느냐는 불만을 표시하게 될 것이다. 남이 보면 안 되는 것을 보고 있는 것이 아니더라도 말이다.

사람들은 남이 자신의 영역을 침범하는 것도 싫어하지만 자신이 남의 영역을 침범하는 것도 원하지 않는다. 도서관이나 강의실에서 어느 학생이 언제나 일정한 자리에 앉는다면 여러분은 그 자리를 피해 앉을 것이다. 노울스(Eric S. Knowles, 1973)는 사람들이 타인의 대화 영역침범을 피하고자 노력하는 모습을 실험을 통해 보여주었다. 사람들이 지나다니는 복도에 통나무들을 세워 두었을 때는 사람들의 75%가 그 사이를 지나갔지만 대화를 나누는 사람들이 있을 때는 25%만 그 사이를 지나갔다고 한다.

홀(Edward T. Hall, 1959)은 사람들이 타인과 상호작용할 때 불편함을 느끼지 않는 거리가 있고, 이 거리가 상대와의 관계, 상대의 성격, 맥락에 따라 다르다고 주장했다. 홀의 정리에 따르면, 친밀한 관계를 유지하는 사람과의 거리는 45cm 정도까지로 귓속말을 하거나 포옹 등 '신체적 접촉이 있는 거리'이다. 친한 친구나 가족 간의 상호작용이 일어나는 거리인 '일시적·개인적 거리'는 45cm에서 1m 20cm, 지인들과의 상호작용이 이루어지는 거리인 '사회적·협의적 거리'는 1m 20cm에서 3m 60cm이다. 그리고 연설이나 강의가 이루어지는 '공적 거리'는 3m 60cm부터 7m 60cm 혹은 눈으로 볼 수 있는 거리까지라고 한다. 소머(Robert Sommer, 1962)는 방 안에 두 개의 소파를 놓되 배치를 달리 하면서 서로 알지 못하는 사람들이 어떻게 자리를 잡는지 살펴보는 실험을 했다. 마주 놓인 두 소파의 거리가 30cm에서 90cm일 때 사람들은 맞은편 소파에 앉아 대화를 나누었지만 소파가 1m 5cm 이상 떨어지게 되면 옆자리에 앉았다. 말하자면 맞은편 소파가 옆자리에 앉을 수 있는 거리보다 더 멀리 놓여 있으면 옆자리에 앉았다는 것이다. 이는 사람들이 옆자리에 앉아 대화를 나눌 때 1m 정도의 거리를 두고 싶어 함을 알려주는 것으로 홀의 관찰 결과와 통하는 바가 있다.

소머는 대학생들을 대상으로 학생식당과 도서관에서의 착석 행위가 상황에 따라 어떻게 달리 나타나는지에 대해서도 관찰했는데 당연한 것 같으면서도 흥미롭다. 학생들은 어떤 일을 해야 하는가에 따라 다르게 자리를 잡았는데, 수업 시작 전 잡담을 나누는 상황에서는 모서리를 끼고 옆으로 앉는 (1)번과 같은 착석이 가장 많았다. 같은 과목의 시험공부를 함께 하거나 십자말 퀴즈 풀이를 하는 상황에서는 나란히 앉는 (3)번 착석이 가장 많았다. 반면 수수께끼를 푸는 경쟁 상황에서는 서로의 풀이 과정을 볼 수 없는 (4)번과 같은 착석이 가장 많았고 각자 다른 과목의 시험공부를 하거나 책을 읽는 상황에서는 (5)번이 가장 많았다.

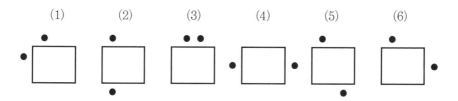

7. 신체언어로 드러나는 그의 진실

2017년 1월 14일 SBS '그것이 알고 싶다'는 한 사람의 신체언어에 대한 분석을 근거로 그가 진실을 숨기고 있다는 결론을 내리는 과정을 보여주었다. 그는 김기춘 전 대통령비서실장으로, 방송은 '최순실 국정농단'에 대한 국회청문회와 과거 인터뷰 등 총 26시간 분량의 영상을 분석했다고 했다. 분석을 맡은 전문가[10]는 김 전 실장이 말을 하면서 고개를 자주 끄덕이는데 이것은 상대가 자신을 믿도록 하는 수단으로 거짓말을 잘하는 사람의 특징이라고 지적했다. 대화를 하면서 고개를 끄덕이면 듣는 사람도 무의식중에 고개를 끄덕이게 되면서 결국 그의 말을 믿게 된다는 것이다. 그리고 오른쪽 어깨를 미세하게 들썩이거나 몸을 좌우로 흔들거리고 입술에 침을 묻히며 몸을 뒤로 빼는 것은 불안하고 초조함을 나타내는 것으로 이 역시 거짓말을 하고 있음을 반영한다고 한다.

방송은 '침묵'으로 나타나는 김 전 실장의 속마음도 분석하고 있다.

다음은 청문회에서 오고간 대화의 일부로 질문에 이어 바로 답을 하지 못하고 무려 11초라는 긴 시간 동안의 침묵이 흘렀다. 전문가는 이 침묵의 시간 동안 김 전 실장이 적절한 어휘와 표현을 선택하기 위해 노력했을 것이라고 보았다. 이 11초간 김 전 실장은 13회 눈을 깜빡였고, 4회 눈동자가 흔들렸으며, 아래턱을 위로 올려 입을 굳게 다무는 모양을 했다. 그리고 크게 숨을 들이마셨다가 내쉬는가 하면 침을 삼키기도 했다. 이 역시 진실을 숨기고 있다는 단서들이다.

> 안민석 : 아직도 증인은 2013년 청와대 출입기자 송년회에서 우리 대
> 통령은 매력적이고 차밍하고 위엄하고(위엄 있고) 디그니티
> 하고 엘레강스 우아하다, 여전히 그렇게 생각합니까?
> 김기춘 : 〈11초간 침묵〉 그 당시에는 그렇게 생각했습니다.
> 안민석 : 지금은 그렇지 않다는 말씀입니까?
> 김기춘 : 뭐라고 드릴 말씀이 없습니다.

그런데 그렇게 하고 나서 "그 당시에는 그렇게 생각했다"고 말했다. '그 당시에는'이라는 표현은 '지금은'과 대조되는 것으로 '지금은 그렇게 생각하지 않는다'는 의미를 함축한다. 그러한 함축을 파악한 질문자가 '지금은 그렇지 않다는 말씀입니까?'라고 '네'나 '아니오'로 답해야 하는 질문으로 확인했는데 김 전 실장은 긍정도 부정도 아닌 애매한 답을 해서 대화의 격률을 어기고 있다. 그는 이렇게 함으로써 '지금은 그렇게 생각하지 않는다'고 드러내 말하지 않지만 그렇게 인정하고 있는 것이다.

언어와 뇌

우리는, 발화 상황에 따라 실현되는 소리들이 물리적으로 다르더라도, 그들이 우리의 모국어에서 하나의 범주에 속한다면, 그들을 하나의 소리로 인식한다. 그리고 '-이'와 '-가'는 그것이 결합되는 명사의 받침 유무에 따라 달리 실현되지만, 이 둘은 '주격'을 표시하는 하나의 형태소 범주에 속한다는 것을 알고 있다. 우리는 매순간 일정한 범주에 속하는 요소들을 골라 문맥에 맞는 언어를 산출하고, 문맥에 따라 다양한 형태를 띠는 언어를 일정한 범주로 지각한다. 우리 내부에 존재해 이것이 가능하게 하는 장치는 무엇일까?

언어학자 소쉬르(Ferdinand de Saussure)와 촘스키(Noam Chomsky)는 우리가 실제로 사용한 언어와, 우리 내부에서 그 언어 사용이 가능하게 하는 존재를 나누어 보아야 한다고 주장했다. 소쉬르는 언어 사용을 '랑그(langue)'와 '빠롤(parole)'로 나누었는데, 랑그는 언어 생산에 관여하는 추상적이고 체계적인 규칙이고 그 규칙에 따라 생산된 것이 '빠롤(parole)'이라고 했다. 랑그는 언어를 사용하는 화자나 청자, 언어가 사용되는 문맥 등의 영향을 받지 않는 반면 빠롤은 언어사용자나 발화 상황과 밀접한 관계를 가진다. 촘스키는 우리가 맥락에 따라 발화한 것을 언어수행(linguistic performance)이라고 하고, 우리 안에 내재되어 그렇게 발화를 만들어낼 수 있도록 하는 것을 언어능력(linguistic competence)이라고 했다. 우리 안에 내재되어 있는 그것을 '랑그'로 보든 '언어능력'으로 보든 우리는 모두 그 존재를 부정할 수 없다.

1. 진화와 언어

인간의 언어는 소리와 의미의 결합이다. 따라서 인간의 언어 사용은 말소리를 만들어내는 발음기관의 성숙과 그 말소리에 담긴 의미를 이해하는 두뇌 발달을 전제로 한다. 다윈(Charles Robert Darwin)은 『인간의 계보(The Descent of Man, and Selection to Sex)』에서 다음과 같이 인간과 언어의 진화를 연결해서 언급하고 있다.

> "인간은 신체 크기 대비 뇌 크기 비율이 하류동물에 비해 비교적 큰데, 이것이 인간이 단순한 형태일지라도 언어를 일찍이 사용할 수 있었던 주된 요인일 수도 있다. 뇌는 모든 종류의 사물과 속성에 기호를 붙여주며, 단순한 감각의 인상으로부터는 결코 일어날 수 없는 사고의 연쇄를 유발시킨다. 언어를 계속 사용하는 것은 두뇌에 일정한 반응을 일으키게 해서 유전적 효과를 가져 왔을 것이다. 그리고 이것은 다시 언어를 발달시키는 데에도 영향을 미쳤을 것이다."
>
> (김진우, 2011; 390-391에서 재인용)

김진우(2011)는 다윈이 위와 같이 언급함으로써, 인간 진화와 언어 발

달의 관계에 대한 연구가 다음과 같은 세 가지를 밝히는 데에 주력하게 될 것임을 예측했다고 보았다.[01]

1) 뇌의 진화가 언어의 진화에 앞서 일어났다.
2) 언어의 진화는 다음과 같은 단계를 거쳐 이루어졌다.
   ① 두뇌가 커짐으로써 단순한 형태의 언어를 사용하게 되는 단계
   ② 언어의 사용으로 두뇌에 일정한 상징력과 사고력이 생기게 되는 단계
   ③ 상징력과 사고력의 사용으로 뇌세포의 유전자에 일정한 변화가 일어나는 단계
   ④ 뇌세포 유전자 변화에 힘입어 언어의 형태가 복잡하고 정교해지는 단계
3) 언어력과 사고력 사이에 상관성이 있다.

인간의 진화는 뇌의 진화도 포함했는데 〈그림 5.1〉에서 볼 수 있듯이 아주 오랫동안 뇌 크기에 큰 변화가 없었다. 그러다가 약 1백만 년 전 지구상에 존재했던 호모에렉투스에 이르러 뇌 크기가 900cc가 되었고 25만여 년 전에 지구상에 출현한 현생인류 '호모 사피엔스 사피엔스'에 이르면 뇌 크기가 1400cc로 현생인류와 유사하다. 언어를 사용하기 위해서는 지금 현장의 사태나 사건에 대한 기술뿐만 아니라 이전에 있었던 일이나 미래의 사태에 대한 것도 기술할 수 있어야 하는데 이것이 가능하려면 추적적 사고가 가능해야 한다고 한다. 추적적 사고란 전에 있었던 일을 바탕으로 현재에 당면한 문제를 해결할 방법을 생각해 내는 것인데, 어쩌다 날카롭게 깨진 돌들을 도구로 사용했던 구석기시대의 인류

는 그러한 사고가 불가능했을 것으로 본다. 하지만 돌을 목적에 맞게 다듬어 사용할 줄 알았던 신석기 시대의 인류는 이 추적적 사고를 해냈을 것으로 추정된다. 이러한 추정을 바탕으로, 뇌 발달에 근거해서 본다면 신석기시대, 말하자면 900cc 뇌용량을 가진 호모 에렉투스와 호모 사피엔스 사피엔스 사이의 어느 시점에 언어가 발생했을 것으로 추정할 수 있다.

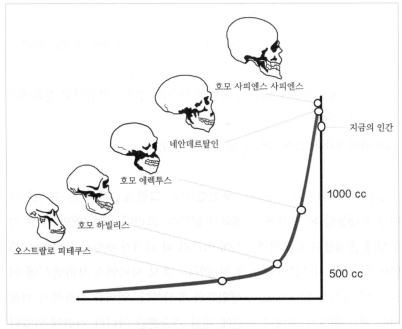

〈그림 5.1〉 인간진화와 뇌 크기 증가

인간이 말소리를 만들어내는 데에 성대의 울림이 중요한 역할을 하는 것은 1장에서 언급한 바 있다. 〈그림 5.2〉에 보이는 바와 같이 직립보행

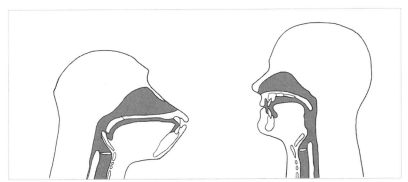

〈그림 5.2〉 침팬지의 발음기관과 인간의 발음기관

을 하지 못하는 동물들은 고개를 들어 전면을 주시해야 하기 때문에 구강과 후두가 일직선을 이루고 있어 울부짖음 외에 소리의 특성을 달리하여 만들어내기 어렵다. 반면에 인간의 발음기관은 구강과 후두가 90도 각도를 이루고 소리의 공명을 만들기에 충분한 공간을 가진다. 인간이 이렇게 충분한 공명 공간을 가지게 된 것은 직립보행을 함으로써 성대가 아래로 내려가게 되었기 때문이다. 사카이 구니요시(Kuniyoshi Sakai, 2002; 이현숙·고도흥 역, 2012)는 '설하(舌下) 신경관'의 굵기와 관련해 유인원과 인간이 차이를 보인다는 발견을 소개하고 있다. 약 30만 년 전 화석인류의 설하신경의 굵기가 현대인의 것과 유사한 반면, 유인원의 설하신경의 굵기는 절반 정도밖에 안 된다는 것이다.[02] 설하 신경은 혀의 근육을 제어하는 운동 신경으로, '이야기를 하는 것'이 이것의 발달을 가져온 것으로 보인다고 한다.

발음기관, 특히 발성기관의 차이는 인간의 성인과 아기 사이에서도 찾을 수 있다. 아기들은 기어 다닐 때까지는 다른 유인원들과 다름없이 발성기관이 충분히 성숙하지 못하여 말소리를 만들어내지 못한다. 아기가 앉기 시작한 후 서너 달이 지나서 걷게 될 즈음 비로소 '엄마'나 '맘마' 등의 단어를 발음할 수 있게 되는 것은 성대가 아래로 내려가고 발음에 필요한 만큼의 공명 공간이 확보되기 때문이다.

2. 언어 영역, 브로카와 베르니케

오랜 기간의 진화과정을 거쳐 완성된 우리의 뇌는 어떻게 우리의 언어생활을 관장하고 있을까? 19세기 후반 두 학자의 발견 이후 전통적으로 '브로카 영역(Broca area)'은 언어 산출과 관련이 있는 영역으로 여겨져 왔고 '베르니케 영역(Wernicke area)'은 언어 이해와 관련이 있는 영역으로 분류되어 왔다. 이 두 영역은 모두 실어증 환자를 대상으로 한 연구를 통해 발견된 것으로, 해당 영역을 발견한 의사 브로카(Paul Pierre Broca)와 베르니케(Carl Wernicke)의 이름을 따라 이름 붙여졌다. 브로카 영역에 손상을 입은 환자는 대개 언어 표현에 문제가 있고, 베르니케 영역에 손상을 입은 환자는 언어 이해에 문제를 보인다고 한다. 후에 베르니케는 베르니케 영역과 브로카 영역을 잇는 연결 통로가 있을 것으로 추측했고, 리히타임(Ludwig Lichtheim)은 브로카 영역과 베르니케 영역 외에 '대상에 대한 표상(개념)과 연상어들이 저장되어 있는 개념중추(concept center)가 존재한다'고 보았다. 20세기 중반 게슈빈트(Norman Geschwind)는 브로카 영역과 베르니케 영역 사이에 이 둘을 잇는 연결통로로 '궁형속(arcuate fasciculus)'이라는 섬유다발이 존재하고, 두정엽에 개념중추에 해당하는 영역이 존재한다고 주장했다. 그리고 이들이 〈그림 5.3〉과 같이 연결되어 언어 이해와 표현에 관여한다고 보았다.

〈그림 5.3〉은 언어와 관련된 뇌의 각 영역이 어디에 위치하는지, 그리

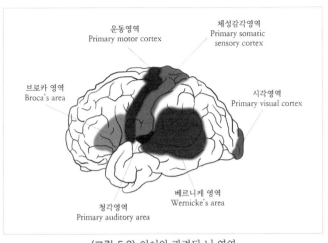

<그림 5.3> 언어와 관련된 뇌 영역

고 각 영역들이 어떻게 연결되고 있는지 보여준다. 먼저 우리가 말소리를 들을 때, 공기의 진동이 청각기관을 자극하면 이 자극은 **청각영역**(auditory area)에 전달되고, 청각영역에 전달된 정보는 **개념중추**를 거쳐 **베르니케 영역**으로 전달된다. 우리가 책을 읽을 때는 눈의 망막에 맺힌 시각 정보가 **시각피질**(visual cortex)에 전달되고, 그 정보 역시 **베르니케 영역**으로 전달된다. 그리고 베르니케 영역에 전달된 정보는 둘 사이를 잇는 궁형속을 타고 **브로카 영역**으로 전달되고, 브로카 영역에서 문법적 특성과 구문구조에 대한 정보가 분석되어 **개념중추**에 전달되면 '언어 이해'가 완료된다. 다음 우리가 말을 할 때는, **개념 중추**에서 개념이 활성화되어 **베르니케 영역**에 전달되면 음운표상이 만들어지고 이것이 **브로카 영역**에 전달되어 적절한 문법과 문장구조를 갖추게 되고, 이 정보가 **운동피질**(motor cortex)로 전달되면 우리의 발음기관을 움직여 말을 하게 된다. 만약 이 과정에 관여하는 어떤 영역에 상처를 입게 되면 언어 산출이나 이해에 영향을 받게 되어 실어증을 가지게 되는 것이다. 그

러나 환자들에게 나타나는 실어증 증상들이 오로지 이들 영역의 손상에만 기인하는 것은 아니라는 반론도 만만치 않게 제기되고 있기 때문에 이러한 언어 이해 산출 과정 모형은 끊임없이 도전받고 있다.

3. 언어 영역은 좌반구에만 있을까?

그런데, 여기에서 한 가지 주목할 것은 브로카 영역과 베르니케 영역이 모두 왼쪽 뇌에 위치한다는 것이다. 과거의 연구들은 대개 뇌의 좌반구가 수학, 언어 등 논리적이고 분석적인 기능을 담당하고, 우반구는 음악, 정서 파악, 얼굴인식, 공간지각 등 대상의 전반적인 구조를 지각하는 기능을 담당하는 것으로 결론지었다.

그러나 최근에 행해진 연구들은 언어 기능이 좌반구에만 집중된 것은 아님을 보여준다. 좌반구는 어휘의미의 해석, 음운분석, 통사적 처리와 같은 주요 언어기능을 담당하고 우반구는 일부 어휘의미의 해석과 화용적 규칙 적용, 정의적 의미 판단 기능, 비언어적 의사소통요소들을 다루는 기능을 한다는 것이다. 나아가 억양이나 목소리에 담긴 감정적 의도를 해석하는 것은 일차적 언어 중추가 아닌 다른 영역에서도 이루어지고 개인차가 상당히 있는 것으로 보인다고 한다. 뇌의 좌반구에만 언어 중추가 존재하는 것이 아니고, 언어의 이해와 표현을 위해서 뇌의 양반구가 모두 가동되며, 다만 좌우반구가 반응하고 처리하는 언어정보에 차이가 있을 뿐이라고 보아야 한다는 것이다(조명한 외, 2003: 413-434).[03]

김진우(2011)는 우리 뇌의 어느 부분이 얼굴표정에 반응하는지 연구한 베노비츠 외(Benowitz et. al. 1984)의 연구결과를 소개하고 있다. 이들은 뇌의 우반구에 손상을 입은 환자가 얼굴표정을 읽어내지 못하는 것을 바탕으로 뇌의 우반구가 얼굴 표정이나 목소리 등 비언어적 수단에 의해 표현되는 정서를 감지한다고 결론 내렸다. 재미있는 것은 좌반구는 언어적 의사소통 기능을 주로 수행하지만 얼굴에 드러나는 정서를 파악하는 능력은 없고, 우반구는 몸의 움직임을 파악하는 능력이 없다는 것이다.[04] 얼굴표정과 몸의 움직임은 발화와 동시에 주어지는 것으로 세 요소를 하나의 영역이 담당하기는 역부족일 것이다. 우리의 뇌가 효과적인 분업을 선택하는 것은 매우 현명한 처사임에 분명하다.

뇌의 좌반구는 물론이고 우반구도 언어기능을 담당한다는 것을 보여주는 또 다른 예가 윌리엄스 증후군이다. 윌리엄스 증후군은 정신지체 장애의 하나로 7번 염색체에 이상이 있어 인지능력이 매우 떨어지지만 언어기능에는 큰 장애가 없다. 따라서 이 증후군을 가진 사람은 좌반구보다는 우반구에 이상이 있을 것이라 예측할 수 있지만 실제 연구결과에 따르면 좌반구와 우반구 사이에 별 차이가 없었다고 한다. 언어능력이 인지능력과는 별개의 것임을 보여주는 또다른 장애의 예가 있는데 특정언어손상(Specific Language Impairment)이라는 것이다. 이 증후군은 인지기능에는 이상이 없는데 언어기능에만 이상이 있는 것으로 문법 규칙을 잘 적용하지 못 하거나 fall(떨어지다)과 drop(떨어뜨리다)의 의미 차이를 구별하지 못 한다고 한다.

조명한 외(2003)가 소개한 연구들 중에 흥미로운 것이 두 가지 있는데 그 첫째가 벌 외(Amy M. Bihrle et al., 1986) 연구로, 뇌손상을 입은 환자들에게 유머가 담긴 만화 3컷을 제시하고 네 번째 컷을 선택하라고 했을 때, 손상된 반구에 따라 다른 결과가 나왔다. 우반구 손상자는 앞의 세 컷과 관련성이 적지만 유머러스한 컷을 선택한 반면 좌반구 손상자는 내용은 연결되지만 유머러스하지 않은 컷을 선택했다는 것이다. 두 번째는 외국어 학습에는 우반구가 관여하지만 일정한 연령 이전에 외국어를 습득한 경우 외국어 처리 시에 좌반구가 활성화되고 그 이후에 외국어를 습득한 경우에는 우반구가 활성화된다는 연구 결과들이다(Albert & Olber, 1978; Genesee et al., 1978). 조명한 외(2003)는 이들 연구들을 소개하면서 모국어를 담당하는 뇌와 외국어를 담당하는 뇌가 구별되어 있는 것은 아니지만 외국어와 더 관련이 있는 것은 우반구라고 결론 내리고 있다.[05]

뇌의 좌반구, 그 중에서도 브로카나 베르니케, 그 밖의 영역이 언어와 관련된 기능을 담당하는 것은 보편적이고 선천적인 것으로 받아들여지고 있다. 그러나 일정한 기능의 영역이 절대적으로 고정되어 있어 다른 영역에서 그 기능을 대신할 수 없는 것은 아님을 보여주는 사례도 있다. 납과 홀(Mark L. Knapp& Judith A. Hall, 2006; 최양호 외 옮김, 2012)은 좌뇌를 제거하는 수술을 받고도 정상적인 언어능력을 가진 브루스 립스태드를 소개하고 있다. 브루스는 5살 반의 나이에 좌뇌를 제거하는 수술을 받았는데, 성인이 되었을 때 수영과 사이클을 즐기는 것은 물론 IQ 126으로 언어를 사용하는 데 아무런 문제가 없었다고 한다. 이는 우뇌가 보상 발달해 좌뇌의 기능을 우뇌가 해낼 수 있게 되었음을 보여주는 것으로, 뇌의 기능이 선천적으로 어느 한 반구에만 한정된 것은 아님을 알려준다.

브로카가 실어증 환자들에 대한 연구를 바탕으로 언어 산출과 관련된 영역이 좌뇌의 앞쪽에 위치한다는 것을 밝혀낸 후 이 영역이 구체적으로 어떤 기능을 어떤 단계에서 수행하는지 밝히기 위한 많은 연구가 이루어져 왔다. 2015년 2월 PNAS(Proceedings of the National Academy of Sciences of the United States of America)에는 '발화에 있어서의 브로카 영역의 역할 재정립(Redefining the role of Broca's area in speech)'이라는 논문이 실렸다. 이 연구는 브로카 영역이 언어 산출에 관여하는 것은 맞지만 실제로 발음을 하는 동안에는 활성화되지 않았음을 보고하고 있다. 이것은 우리가 발화할 때 문법규칙과 구문구조를 담당하는 영역과 발음을 담당하는 영역이 다름을 보여주는 것이고, 그 두 차원을 구분해 보는 것이 타당함을 뒷받침하는 것이라 하겠다.

4. 거울신경세포(Mirror Neuron)

TV 리얼리티쇼 프로그램에서 누군가 레몬 한 개를 아무런 표정 변화 없이 먹으면 벌칙을 피할 수 있게 해주는 장면을 보고 있다고 하자. 우리는 레몬을 먹은 사람이 고통스러워하며 레몬을 삼키지 못할 것이고 결국 벌칙을 피하지 못할 것이라고 예상한다. 심지어는 실제로 레몬을 먹은 것처럼 자신도 모르게 입 안에 침이 고이는 것을 느낄 수도 있다. 우리는 어떻게 레몬을 먹은 사람이 고통스러워할 것임을 예측하고 나아가 레몬을 먹은 것과 같은 신체 반응을 일으킬 수 있는 것일까? 우리의 뇌에 자신이 실제로 행동하지 않고 다른 개체의 행위를 보기만 해도 그 행위를 하는 것과 유사하게 작동하는 무언가가 있는 것이 아닐까?

자코모 리졸라티(Giacomo Rizzolati)가 그에 대한 하나의 답을 찾았다. 그는 원숭이의 뇌에 전극을 꽂아 행동에 관여하는 뇌세포(행동뉴런, motor neuron)가 어떻게 작용하는지 알아보는 실험을 했다. 접시 위에 땅콩을 두고 원숭이가 집도록 하면 뇌의 일정부분에서 신호가 잡히는데, 접시 위 땅콩을 바라보게만 하거나 접시 위에 땅콩이 아닌 다른 것을 두어 집게 하면 그 부분에서 아무런 신호도 발생하지 않았다. 땅콩을 집는 행위와 연관된 뉴런이 존재하며, 그 행위의 목적(땅콩을 먹기 위해 집는)과 대상(땅콩)이 일치해야 동일한 뉴런이 작용하는 것이었다. 그런데 어느 날 연구원이 땅콩을 손으로 집으려 하자 원숭이 스스로 땅콩을 집을 때와 같은 뉴런에서 신호가 발생했다. 사람이 땅콩을 집는 장면을 볼 때 작용했던 뉴런은 접시를 가리고 접시 쪽으로 손을 뻗는 것만 보여주었을 때도 마찬가지로 작용했다. 땅콩을 봉투에 넣은 뒤 봉투를 찢어 땅콩을 꺼내는 것을 볼 때 작용했던 뉴런은 봉투를 찢는 소리만 들려주어도 역시 똑같이 작용했다. 내가 아닌 다른 개체의 행위를 보고도 내가 그 행위를 하는 것과 같이 신호를 보내는 신경 세포를 발견한 것이다. 리졸라티는 이 세포를 거울신경세포(mirror neuron)이라고 불렀다. 거울신경세포는 뇌의 전두엽에 위치하며 이 부위는 주로 운동과 연관된 운동신경세포(motor neuron)가 분포하는 곳이다.

리졸라티의 연구팀은 인간의 뇌에도 거울신경세포가 존재하며, 그 세포가 '행위의 목적과 대상이 일치'하는 조건에서 작동함을 보이고자 노력했다. 마르코 이아코보니 외(Marco Iacoboni et al., 2005)는 행위의 목적이 드러나는 영상과 드러나지 않는 영상을 보여주고 기능적 자기공명영상법(fMRI)을 이용해 뇌의 활성화 부위를 촬영했다. 피험자들에게 주어진 영상은 다음과 같이 구성되어 있었다.

영상 1(상황)	영상 2(행위)	영상 3(의도)
식전(식사준비가 된 탁자) 컵에 홍차가 담겨 있음	손 전체로 컵을 잡음	영상 1의 식전 상황에서 손 전체로 컵을 잡음 (마시기 위해 컵을 잡는 것)

영상 1(상황)	영상 2(행위)	영상 3(의도)
식후(식사가 끝난 후 탁자) 컵에 홍차가 없음	손끝으로 손잡이를 잡음	영상 1의 식후 상황에서 손 끝으로 컵 손잡이를 잡음 (설거지를 위해 컵을 잡는 것)

〈표 2〉 타자의 의도 이해 영역 실험을 위한 자극 구성(이성동·윤송아 옮김, 2016 〈그림 5-3〉 자료를 표로 재구성)

영상 1은 행위는 담겨있지 않고 상황만 주어지는 영상이고 영상 2는 행위의 의도는 노출되지 않고 행위만 주어지는 영상, 영상 3은 영상 1의 상황에 영상 2의 행위가 결합되어 행위의 의도가 암시되는 영상이었다. 세 개의 영상을 보여준 결과 영상 2와 영상 3을 보았을 때는 시각과 운동행위에 연관된 뇌 부위가 활성화되었지만 영상 1을 보았을 때는 활성화 부위가 한정되어 나타났다.[06] 이러한 실험결과는 다른 사람의 행위를 보는 것만으로도 운동뉴런이 활성화되며, 우리가 다른 사람의 행위를 보는 동안 어떤 행위가 이어질지 예상할 수 있음을 보여주고 있다. 그리고 타인의 의도를 파악할 때 활성화되는 영역의 신호가 영상 3의 차를 마시기 위한 행위를 볼 때 크게 증가했는데 설거지를 하기 위해 컵을 집는 행위보다 훨씬 컸다. 이에 대해 리졸라띠와 시니갈이아(G. Rizzolati & C. Sinigaglia, 2006)는 '컵을 집는 행위'에 있어서 가장 자연스러운 의도가 '차를 마시는 것'이기 때문으로 보고 있다.

행위뿐만 아니라 감정에 대한 거울 반응도 있음을 보인 실험도 있다. 딤베리 외(Dimberg et al, 2000)는 우리가 타인의 감정적 표현에 얼마나 무방비 상태로 반응하는지 보여주는 실험을 했다. 실험참가자들은 안면 근육의 움직임을 기록할 수 있는 장치를 연결한 채 0.5초씩 노출되는 사람들의 표정을 보되, 어떤 상황에서도 중립적인 표정을 유지하라는 지시를 받았다. 피실험자들은 무표정한 사람이 화면에 나타날 때 중립적 표정을 유지했다. 그러나 웃고 있는 사람이 화면에 나타나자 순간 호감이나 웃음에 반응하는 뺨 근육이 움직였고, 화난 사람이 화면에 나타나자 걱정과 분노에 반응하는 이마 근육이 움직였다.[07]

거울신경세포는 인간이 모방을 통해 학습하고, 타인과 공감하는 능력을 가지는 것에 대한 근거로 이용된다. 거울신경세포가 존재하는 것으로 보이는 전두엽의 일부는 우리의 의사소통에 중요한 역할을 하는 입과 손을 통제하는 운동세포가 분포하는 영역이다. 그리고 거울신경세포 분포 영역이 언어 중추인 브로카 영역과 겹친다는 것에 주목해서 거울신경세포가 언어 진화와 언어 습득에 크게 관여했을 것이라고 보기도 한다. 실제로 행위를 하기 위해 작동하는 뇌 영역이 그 행위를 보거나 듣는 것만으로도 활성화되는 것은 분명 타인의 행위를 모방하거나 타인의 감정을 이해하는 데에 모종의 역할을 할 것으로 기대해도 좋을 것이다. 그러나 인간의 뇌는 너무도 복잡한 체계를 가지고 있고, 직접 들여다볼 수 없는 미지의 세계이기에 거울신경세포의 존재와 그 역할에 대한 연구는 아직 가능성을 제시하는 데에 머물고 있다.

언어습득

우리는 외국어를 배울 때 먼저 그 언어의 말소리와 문자, 어휘, 문법 등을 학습하고 실제 표현들을 반복적으로 듣고 말하면서 그 언어를 습득한다.[01] 하지만 아기들의 모국어 습득은 어른들의 외국어 습득과 사뭇 다르다. 선생님도 없고 참고서도 주어지지 않으며, 같은 문장을 반복해서 듣고 따라하는 연습도 하지 않지만 모국어의 음운과 형태, 통사 규칙을 스스로 터득하고 오류 없이 자유자재로 사용할 수 있는 수준까지 언어능력이 발달한다. 이러한 점에 주목하여 생득주의(Nativist approach) 학자들은 인간이 태어날 때부터 언어를 습득할 수 있는 장치를 가지고 태어난다고 주장한다. 이 장치는 세상의 모든 언어에 보편적으로 작동될 수 있는 장치이기 때문에 아기는 세상의 어떤 언어도 배울 수 있는 상태로 태어나지만 출생 후 모국어 환경에 지속적으로 노출되면서 모국어에 필요 없는 능력들은 기능을 잃게 되고 모국어에 특화된 언어능력을 가지게 된다는 것이다. 반면 행동주의(Behavioral approach) 학자들은 아이들이 성인에 비해 매우 불완전한 언어능력을 보여주는 것에 주목하여, 언어습득을 위한 특별한 장치 같은 것은 없으며 아이가 성인의 언어를 모방하는 가운데 언어를 습득하는 것이라고 본다. 성인과의 상호작용 속에서 끊임없이 입력되는 언어들을 바탕으로 스스로 규칙을 찾고 자신의 언어능력을 발전시킨다는 것이다.

1. 아기들의 언어습득

아기들은 태어나자마자 말소리를 구별한다. 모국어의 말소리든 다른 언어의 말소리든 모든 말소리를 구분한다. 말하자면 우리나라의 아기도 영어의 [f]와 [v], [p], [b]를 구별하고 미국의 아기도 우리말의 [p], [p'], [pʰ]를 구별할 수 있다는 것이다. 이렇게 모든 말소리를 구분하던 아기는 생후 10개월 전후로 그 능력을 잃고 자신의 모국어 음소만 구분하게 된다. 이는 우리나라의 아기는 후두의 긴장과 기식에 주의를 기울이고 성대 울림의 유무는 무시하게 되지만, 미국의 아기는 성대 울림의 유무에 주의를 기울이고 후두의 긴장은 무시하게 되는 것을 의미한다. 그리고 우리말 '부부'의 첫 'ㅂ[p]'는 무성음이고 둘째 'ㅂ[b]'는 유성음으로 실현되지만, 우리나라의 아기는 두 소리를 모두 'ㅂ'이라는 한 음소로 듣는 '범주적 지각'을 하게 됨을 의미하기도 한다. 반면 미국 아기들은 두 'ㅂ'을 각기 다른 두 음소로 범주화할 것이다.

그러면 아기가 태어나서 생후 10개월이 되는 동안 무슨 일이 일어나는 것일까? 패트리샤 쿨(Patricia Kuhl)은 젖먹이 아기들이 어떻게 음소 범주화 능력을 가지게 되는지 연구했다. 쿨과 동료들은 미국과 일본에서 6~8개월 유아와 10~12개월 유아를 대상으로 영어 /r/과 /l/을 구별하는지 알아보는 실험을 했다. 그 결과 6~8개월 아기들은 미국과 일본 모두 두 음소 구별을 잘 해냈지만 10~12개월 아기들의 경우 미국아기는 /r/과 /l/ 구별 능력이 상승했지만 일본아기는 구별 능력이 현저하게 감소함을 확인했다. 쿨은 그 이유가 아기들이 아주 훌륭한 통계 능력을 가진 존재로, 모국어의 말소리를 들으면서 소리의 특징이 유사한 것끼리 모아 범주화함으로써 모국어 말소리는 더욱 잘 알아듣게 되고 모국어의 말소리 범주에 넣을 수 없는 것에는 주의를 기울이지 않게 되기 때문이라고 했다.

쿨은 대만과 미국의 아기들을 대상으로 만다린 중국어의 두 음소를 들려주는 실험도 했다. 이 실험에서도 역시 6~8개월 영아들은 미국 아기들이나 대만 아기들 모두 만다린 중국어의 음소를 잘 구별하지만, 10~12개월 아기들의 경우 대만 아기들의 구별 능력은 상승한 반면 미국 아기들의 구별 능력은 뚝 떨어졌다. 쿨은 아기들을 모국어가 아닌 다른 언어에도 노출시켰을 때 어떤 결과가 나오는지 보기 위해 이 실험에 한 가지 변수를 추가했다. 미국 아기들에게 중국어를 계속 들려주면 어떤 결과가 나올지 본 것이다. 쿨은 미국의 아기들을 총 12회 실험실로 불러 중국인이 들려주는 이야기를 듣도록 한 후 변별 실험을 실시했는데 미국 아기들의 변별력 역시 대만 아기들만큼 상승함을 확인했다. 이는 아기들이 모국어가 아니더라도 해당 말소리에 충분히 노출되면 해당 말소리를 변별할 수 있는 능력을 잃지 않음을 보여주는 것이다.

쿨은 여기에서 그치지 않고 하나의 변수를 더 추가했다. 만약 아기들의 언어 학습을 위해 비디오나 오디오를 틀어 주어 그 언어에 노출되게 한다면 어떻게 될까? 쿨은 미국의 아기에게 중국인이 직접 얼굴을 마주하고 중국어를 들려주는 것과 같은 길이의 시간만큼 비디오와 오디오로 중국어를 들려주고 변별능력을 확인했다. 실험결과 비디오와 오디오를 이용한 언어 학습은 아무런 효과가 없었다. 이를 바탕으로 쿨은 우리의 언어 습득이 인간과의 상호작용을 통해서만 일어난다고 주장한다.[02] 사실 언어는 의사소통의 수단으로서 의미가 있는 것이고, 언어 습득 역시 의사소통 상황 속에서 이루어져야 하는 것이다.

2. 언어습득의 시작

아기들이 잠이 들지 못하고 울며 보챌 때 청소기를 켜 소음을 들려주라는 것이 작은 육아상식으로 소개되는 경우가 있다. 청소기가 시끄럽게 돌아가는데 아기는 의외로 울음을 멈추고 잠이 든다는 것이다. 그리고 여기에 아기들이 엄마의 배 속에 있을 때 일상적으로 듣는 소리가 청소기 소음과 유사하기 때문이라는 설명이 뒤따른다. 사실 청소기의 소음은 이른바 '백색소음'에 가까운 것인데, 이 백색소음은 파도소리나 바람소리 같은 저주파수 대역의 소리로 주변의 시끄러운 소리를 중화시키는 역할을 한다고 한다. 그러므로 청소기 소음이 우는 아기를 진정시켜 잠이 들게 한다는 것이 과장된 말은 아닌 것이다.

실제로 태아에게 전달되는 소리는 1,000Hz 미만의 진동수를 가지며 이는 정말로 백색소음과 유사하다고 한다. 사람의 말소리는 최소 100Hz에서 최대 4000Hz까지의 진동수를 가지는데, 배 속의 아기에게 전달되는 소리는 엄마의 피부와 양수를 거쳐 전달되는 것으로 진동수 대역이 높은 소리는 걸러진다. 그리고 낮은 진동수를 가진 소리는 음의 고저, 리듬, 길이, 크기 등만 구별될 뿐 각각의 소리가 어떤 말소리인지 구별되지 않는다. 그래서 엄마가 노래를 부른다면 태아는 가사는 못 듣지만 그 노래의 리듬과 가락은 충분히 듣고 즐기는 것이다. 말하자면 태아들은 음소나 단어를 습득하기 전에 억양과 강세를 먼저 습득하는 것이다.

　게리 알트만(Gerry T. M. Altman, 2001; 홍우평·최명원 역, 2005)은 태아의 언어습득에 대한 재미있는 연구들을 소개하고 있다. 멜러(Jacques Mehler)는 일군의 인지심리학자들과 함께 생후 4일된 신생아들을 대상으로 아기들이 배 속에서 들은 소리와 그렇지 않은 소리를 구별할지 알아보는 실험을 했다. 이들은 먼저 부모가 프랑스어 화자인 아기들에게 젖꼭지를 빨 때마다 프랑스어를 들려주고 아기가 젖꼭지를 빠는 속도가 느려지면 러시아어를 들려줘 젖꼭지를 더 빨리 빠는지 살펴보았다. 그리고 언어가 바뀌면 아기들의 빠는 속도가 확실히 빨라지는 것을 확인했고 아기들이 두 언어를 구별한다는 결론을 내렸다. 다음으로 높은 진동수의 소리를 제거해 운율적인 특징만을 남겨서 아기들에게 들려주었는데 아기들은 이 소리들도 구별했다. 마지막으로 아기들에게 젖꼭지를 빨 때 영어를 들려주어 익숙해지게 한 후 이태리어를 들려주었는데, 이때는 아기들의 빠는 속도에 변화가 없었다. 이로써 멜러와 동료들은 아기들이 배 속에서 경험한 프랑스어를 토대로 언어를 구별한다는 결론을 내렸다. 멜러 일행은 태아시기에 음절에 대한 습득이 일어나는지도 연구했는데, 신생아와 영아를 대상으로 음 연쇄를 구별하는 능력이 있는지 실험했다. 아기들은 [pat]과 [tap]은 구별한 반면, [pst]와 [tsp]는 잘 구별하지 못 했다. 그런데 [pst]와 [tsp]에 모음 [u]를 추가해 [upstu]와 [utspu]로 만든 것은 잘 구별했다고 한다. 이것은 모국어의 정상적인 음절과 비정상적인 음절을 구별함을 보여주는 것이라고 해석할 수도 있지만, 알트만은 아기들이 모음이 첨가되면서 생겨난 운율의 변화에 주목한 결과일 수도 있다고 보았다.

　드캐스퍼(Anthony DeCasper) 역시 태아의 언어습득에 대해 연구했는데, 아예 태중에 있는 아기들을 대상으로 실험을 시작했다. 임신기간의 마지막 6주 동안 엄마들로 하여금 매일 똑같은 이야기를 소리 내어 읽도록 하고 그 아기들이 태어난 후 멜러가 사용했던 젖꼭지 빨기 실험을 했다. 실험은 태어나기 전에 들었던 이야기와 새로운 이야기를 들려주되, 아기가 더 좋아하는 이야기를 듣기 위해서는 젖꼭지 빠는 속도에 변화를 주어야 하도록 했다. 이 경우에도 아기들은 실험자들을 만족시켰다. 아기들은 태아시절에 들은 이야기를 더 선호했고, 엄마가 아닌 다른 사람의 목소리로 녹음된 것에 대해서도 엄마 배 속에서 들은 이야기를 더 선호했다고 한다. 물론 다른 사람의 목소리보다 엄마의 목소리를 더 선호했다.

앞에서 소개했던 쿨 역시 최근에 엄마의 배 속에 있는 아기가 말소리를 배우는지 밝히는 데 주목하고 있다. 쿨은 스웨덴 학자들과 함께 태아를 대상으로 실험을 했다. 스웨덴과 미국에서 각각 40명의 신생아를 대상으로 영어 모음 /i/와 스웨덴어 모음 /y/를 들려주면서 아기들이 젖꼭지를 몇 번 빠는지 조사했다. 아기들은 익숙하지 않은 비모국어가 들릴 때 젖꼭지를 더 빨리 빨았다. 익숙한 소리나 낯선 소리에 반응해서 젖꼭지를 더 많이 빨거나 덜 빠는 것은 아기들이 태중에 있을 때 들은 소리를 구분할 수 있음을 가리키기 때문에, 그 시기에 학습이 일어났다는 증거가 된다. 아기의 청각과 관련된 뇌기능은 임신 30주에 발달하므로 태아는 그 후 약 10주 동안 태중에서 엄마의 말소리를 듣고 모국어의 말소리를 습득하기 시작한 것이다

아기들은 상황에 따라 표현을 선택하는 화용적 능력도 일찍부터 보여준다. 이필영 외(2013)는 남녀 아동 각 2명씩을 대상으로 31개월부터 43개월까지 관찰한 종적 연구 결과를 보고하고 있는데, (4)와 같이 아이

들이 전략적으로 높임표현을 사용하는 예를 보이고 있다.

(4) 엄마: 음. 아빠한테 깨끗한 수건 달라고 해.

아동: 깨끗핸 수건 주세요.

아빠: 응?

아동: 깨끗핸 수건.

아빠: [1((-))을 왜?

아동: [1깨끗한 수건 주세요.

엄마: 귀신 놀이 한 대요. (DW, 32개월)

(장경희 외, 2013; 270-271)

DW는 평소에 아빠에게 반말을 사용하는 모습을 보여주었는데, (4)에서는 '깨끗핸 수건 주세요'와 같은 표현을 사용하고 있다. 32개월의 아이임에도 불구하고, 요구를 달성하기 위해서는 높임말이 더 유리함을 알고 있는 것이다. 그리고 친구와 역할극을 할 때 '해요체'나 '하십시오체'를 사용하는데 이는 아이들이 대화 상황과 상대에 따라 높임표현을 다르게 사용해야 하는 것을 인지하고 있음을 보여주는 것이다.

아이들은 화행표현도 꽤 이른 시기부터 사용한다. 생후 15개월이 되면 아기는 좋아하는 장난감이나 음식, 애완동물의 이름을 '명명'하고 그후 3개월 이내에 무언가를 해달라는 '요구' 발화를 하며, 24개월 된 아동의 절반 정도는 '명령', '질문' 등의 화행 표현을 한다.[03] 이후 아동은 제안, 금지, 거절 등 화행표현 목록을 추가해 나가는데, 새로운 화행 표현이 출현하면 이른 시기에 나타난 화행 표현의 쓰임은 줄어드는 경향을 보인다고 한다.[04]

얼굴표정과 같은 비언어적 수단으로 전달되는 감정과 태도는 언제부터 구별할까? 오웬스(Robert E. Owens Jr., 2012; 이승복·이희란 역, 2013)는 7개월 유아가 빠른 진동과 높은 소리를 들으면 즐거운 표정을 더 많이 쳐다보는 등, 청각적 단서에 일치하는 얼굴표정을 더 많이 쳐다본다는 실험결과를 소개하고 있다. 이제 겨우 혼자 앉아 있을 수 있게 된 아기가 사람들의 얼굴표정과 목소리에 담긴 감정의 차이를 구별한다는 것인데, 비언어적 단서를 해독해내는 기술은 5~6세부터 성인이 될 때까지 점차적으로 증가한다고 한다.

3. 모국어 습득의 완성 - 결정적 시기(Critical Period)

아기가 태어난 후 3년 동안 아기의 뇌에서는 신경세포를 이어주는 시냅스가 왕성하게 생성되면서 여러 가지 능력이 크게 발달한다. 그리고 이 시기에 언어 습득도 눈부신 변화를 보여준다. 이 시기에 아기는 모국어의 음소체계를 습득하고, 300개 이상의 단어를 알게 되며, 이 단어들을 결합해 사용할 줄 알게 된다. 이 시기에 언어 자극이 주어지지 않는다면 아이들은 어떻게 될까? 르네버그(Eric H. Lenneberg)는 뇌손상을 입은 어린아이는 같은 손상을 입은 어른보다 더 쉽고 빠르게 언어기능을 발달시키는 것을 근거로 '결정적 시기'가 존재함을 주장한다.[05] 결정적 시기란 그 시기를 지나면 모국어를 습득할 수 없거나 아주 제한적인 수준의 언어습득만 가능한 시기를 이르는 것이다. 그 시기가 구체적으로 언제인지에 대해서는 대여섯 살부터 사춘기까지 다양하다.

결정적 시기를 뇌의 성장과 연결시켜 보는 것도 의미가 있을 것이다. 인간이 말을 할 수 있으려면 적정한 신체조건, 즉 뇌의 크기와 발음기관

나이	무게(그램)	어른 뇌 무게 대비 비율(%)
태어날 때	335	25
6개월	660	50
12개월	925	70
24개월	1065	80
5년	1180	90
12년	1320	100

〈표 6.1〉 어린이 뇌 발달에 따른 무게 변화(Robert E. Owens, 2012 ; 이승복·이희란 옮김, 2013: 80)

의 성숙이 전제되어야 하는데, 막 태어난 아기의 뇌는 〈표 6.1〉에 보이는 바와 같이 성인 뇌의 4분의 1 정도에 그칠 뿐만 아니라 뇌세포들도 서로 연결되지 않은 상태이다. 아기의 뇌는 급속하게 성장해 만 두 살이 될 즈음 태어날 당시의 3배에 달하게 되고 초등학교를 졸업할 나이가 되면 비로소 성인의 뇌와 같아진다.[06] 만 12세는 뇌의 성장이 완성되는 시기이면서 신체적 성장에 큰 전환기가 되는 사춘기가 맞물리는 시기이다.

결정적 시기가 존재한다는 것에 강력한 근거를 제시한 것이 '지니 (Genie Wiley)'이다. 1957년에 태어난 지니는 1970년 11월에 발견됐는데, 20개월부터 발견될 때까지 방에 갇혀 고립된 채 자랐다. 그녀의 아버지는 그녀가 정신지체라고 판단하고 그녀가 다른 사람과 접촉할 수 없게 했으며 유아용 변기에 묶어두거나 침대에 팔이나 다리를 묶어 돌아다니지 못하게 했다. 발견된 후 신체적으로나 정신적으로 발달되는 모습을 보여주기는 했지만 사회화되지 않는 면을 여전히 가지고 있었으며, 어휘 습득에서는 꽤 큰 발달을 보여주었지만 비문법적인 문장을 사용하는 등 모국어를 완전히 습득하지 못했다. 그리고 교육이 중지되자 배웠던 것을 잊어버리는 퇴행이 급속하게 진행되었다고 한다.[07]

4. 모국어 습득의 과정

데브 로이(Deb Roy)는 자신의 집안 곳곳에 카메라를 설치해 아들의 언어습득 과정을 빠짐없이 기록했다. 그는 무려 9만 시간의 동영상 속에서 'gaaaa------→ water' 발달을 추출해내 2011년 TED Talk에서 발표했다. 그의 연구는 아이가 '어느 장소'에서 '누구'와 상호작용을 하는 가운데 어휘를 습득하고 발전시켜 나가는지 종적으로 보여주는 것이었다. 아이는 어느 날 갑자기 완벽한 발음의 'water'를 말하는 것이 아니라, 'water'를 가리키는 것이라고 상상도 할 수 없는 'gaaaa'에서 시작해 긴 여정을 거친 뒤에야 성인의 'water'에 근접한 발음을 해낸다.

언어습득은 수많은 소리 자극을 받아들이고 유의미한 소리를 구분해 내는 것으로부터 시작되는데, 임신 20주에 내이(inner ear)가 형성되어 듣기가 가능해진다. 생후 6개월 즈음에는 엄마와 아빠의 목소리나 모국어 말소리에 대한 선호 반응을 보이고 8개월이 되면 말소리 패턴을 저장하기 시작한다. 그리고 10개월 정도가 되면 모든 말소리를 변별하던 능력은 사라지고 모국어의 말소리에 제한된 지각만 가능하게 된다. 1살 반이 되면 아기는 습득한 언어를 수정하고 강화하면서 폭발적인 언어 발달을 보인다.

아기들이 말을 하기 시작하는 시기는 한 살 전후인데 '엄마'나 '맘마', '아빠' 정도의 단어를 말하는 것에서부터 시작한다. 아기들이 말을 알아듣기 시작하는 시기는 그보다 조금 더 빨라서 생후 8개월에서 10개월 사이에 몇 개의 단어를 알아듣기 시작한다. 생후 12개월 된 아기가 이해하는 어휘는 100개 정도이고 산출할 수 있는 어휘는 10개 정도가 된다. 생후 20개월에서 36개월 사이의 아이는 단어의 조합을 이해하거나 산출할 수 있고 만 두 살이 된 아기가 말할 수 있는 단어는 300개가 넘는다. 물론 여기에는 개인차가 존재하는데, 아이에 따라 150개 정도에 그치기도 하고 600여 개에 이르기도 한다. 아이의 언어발달은 속도와 양에서도 개인차가 나지만 발달의 양상도 서로 다르며, 정상적인 언어발달을 보이는 아이들 간에 2년까지 차이가 나기도 한다.[08]

아기의 언어습득에 주요한 역할을 하는 주 양육자는 대개 엄마인데, 아기가 18개월 정도가 될 때까지 엄마의 말은 느리고, 음높이가 높으며, 억양과 강세가 과장되어 있다. 그리고 제한된 어휘로 이루어진 짧고 단순한 문장을 사용하며, 반복이 많다. 그런데 이 시기를 지나 아기의 언어습득이 가속화되는 시기가 되면 엄마의 발화는 보다 복잡해지고 길이도 길어진다. 영어권의 두세 살 아이는 하루에 대략 5천 개에서 7천 개의 발화를 듣는데, 이 중 1/3~1/4은 질문이고 1/4은 명령이라고 한다. 재미있는 것은 아이가 더 나이가 들면 명령의 사용이 늘어난다는 것인데, 아이의 활동이 늘어날수록 엄마는 '~하지 마(don't)'나 '~해(do)'라는 말을 할 수밖에 없기 때문일 것이다.

아기의 주변에서 그를 돌보는 어른의 말은 아기들이 단어를 습득하는 유일한 경로가 된다. 아기들은 어른들이 말하는 새로운 단어를 들으면, 아직 단어와 결합되지 않은 사물에 적용함으로써 어휘를 늘려 나간다. 이미 이름 붙여진 사물에는 새로운 단어를 적용하지 않으며, 사물의 부분에 적용하지도 않는다고 한다. 예를 들어 어른이 의자의 다리를 의미하는 '다리'를 말하는 경우 이미 '의자'라는 이름이 붙여진 그 사물에는 절대로 적용하지 않으며, 그 '의자'의 일부분이 '다리'라고도 생각하지 않는다는 것이다. 그리고 지금 들은 말은 지금 이 자리의 세계에만 대응시킨다. 어른들이 하는 말이 어제 일어난 일인지 앞으로 일어날 일인지 알 수 없으며, 방 바깥에 있는 어떤 사물을 가리키는 것인지도 모른다.

그리고 언급되어지는 순서대로 사건이 일어난다고 생각해서, 나중에 이야기한 것이 시간상 먼저 일어난 사건이라는 것을 이해하려면 적어도 여섯 살은 되어야 한다.

이러한 습득 과정에서 사물과 이름이 잘못 연결되었거나 문법규칙을 잘못 적용하는 경우 아이들은 그것이 틀렸다는 것을 어떻게 알고 어떻게 스스로 수정해 나가는 것일까? 부모들은 아이들이 하는 말이 사실과 다를 때는 지적하고 수정을 요구하지만, 문법적으로 문제가 있을 때는 그다지 열심히 피드백을 주지 않는다고 한다. 그런데 놀라운 것은 아이 스스로 틀렸음을 인지하고 고쳐 나간다는 것이다. 이 지점에서 우리는 생득주의를 떠올리게 된다. 인간이 태어날 때 그러한 능력을 가지고 태어났다고 보지 않으면 도저히 설명할 수 없는 부분이다. 촘스키(Noam Chomsky)는 이러한 능력을 언어습득장치(Language Acquisition Device=LAD)라 불렀으며, 인간이라면 누구나 태어날 때부터 이것을 가지고 있다고 주장했다. 이 장치는 언어보편적인 것으로 신생아들은 어떤 언어든 배울 수 있게 해주지만, 지속적으로 하나의 언어, 즉 모국어에 노출되면서 아기의 능력이 모국어의 언어적 특성에 제한되는 방향으로 발달하게 된다는 것이다.

5. 공감 능력 습득

우리는 언어는 물론 표정, 시선, 손짓 등의 비언어적 수단을 통해 다른 사람이 무엇을 말하고자 하는지 파악함으로써 상대와 의사소통을 해나간다. 아이가 율동을 곁들여 노래를 부르고 있는 상황에서 엄마가 박수를 치며 웃는 얼굴로 '[잘한다~]'라고 말한다면 아이는 계속해서 노래를 부르며 춤을 춘다. 하지만 엄마가 팔짱을 끼고 화난 표정으로 '[자알한다]'

라고 한다면 아이는 노래와 춤을 멈추고 엄마의 눈치를 살핀다. 아이는 어떻게 엄마의 마음을 알고 노래를 지속하거나 종료할지 결정하는 것일까?

대화를 나누던 상대가 얼굴을 돌려 어딘가를 바라보거나 손가락으로 무언가를 가리키면 우리 역시 그것을 보게 된다. 이것을 **공동주의**(joint attention)라고 하는데, 아이가 어른과의 상호작용 속에서 언어를 습득해 나가는 데에 매우 중요한 역할을 한다. 아이가 현재 언급되고 있는 대상과 언어 표현을 적절하게 연결시키려면 공동의 화제가 되는 사물이나 사건을 제대로 알고 있어야 하기 때문이다. 생후 8개월에서 10개월 사이의 아이 대부분은 다른 사람의 시선을 따라 자신의 시선을 돌릴 줄 알고, 11개월에서 14개월 사이의 아이는 모두 공동주의를 할 수 있다. 그리고 18개월 무렵에는 시선을 맞추고 대화 상대가 하는 말의 화제가 되는 것에 공동주의를 한다. 10개월 무렵에 시선 따라하기를 잘한 아이는 다른 아동에 비해 어휘 습득이 빠르고 더 복잡한 문장을 발화한다고 한다.[09]

'언어'는 타인과의 의사소통에 필요조건이지만 충분조건은 아니다. 상대가 내게 무슨 말을 하려고 하는지, 상대의 행동이 무엇을 의미하는지 이해하려면 무엇보다 먼저 상대의 마음을 알아야 한다. 상대의 마음을 읽는 능력을 **마음이론**(Theory of Mind)이라고 부르는데 이 마음이론이 제대로 작동해야 상대의 말과 표정, 자세를 보고 그가 어떤 감정과 태도를 가지고 있는지 짐작할 수 있다. 그리고 그에 따라 자신이 어떤 말과 행동을 해야 할지 결정할 수 있다. 상대의 마음읽기는 다양한 인지 능력이 결합되어야 가능한데, 아이들은 만 2세가 되면 자신이 지각하는 대상을 다른 사람도 '지각'한다는 것을 알고, 2세에서 3세 사이의 아이들은 사탕을 먹고 싶은 '바람'이 있는 다른 사람이 사탕을 달라고 '요청'할 것임을 인지한다. 그리고 스스로 기쁘거나 슬픈 것을 느끼는 것은 물론 타인의 기분이 좋은지 나쁜지 구별할 수 있게 된다.[10]

사람들은 모두 그 자신의 생각과 감정, 믿음 곧 마음을 가지고 있으며 나와 대화를 나누는 그의 마음은 나와 같을 수도 있지만 다를 수도 있다. 연필이 들어 있는 일회용 반창고 상자가 있다. 상자를 열어보지 않는 한 사람들은 거기에 일회용 반창고가 들어 있을 것이라고 믿을 테지만 이 믿음은 틀렸다. 4~5세 정도의 아이들은 다른 사람이 이러한 **틀린 믿음**(false belief)을 가질 수 있음을 인지한다. 젠킨스와 애스팅턴(Jenkins & Astington, 1996)은 유아들을 대상으로 연필이 들어 있는 반창고 상자를 열어 보여 준 후 상자 속 연필을 아직 보지 못한 아이들은 상자 속에 무엇이 들어 있다고 믿을지 질문했다. 만 3세 아이들은 자신들이 본 그대로 '연필'이라고 답한 반면 만 4세 아동들은 '일회용 반창고'라고 답했다고 한다. 아이들은 상자 속을 보기 전에 자신들이 틀린 믿음을 가졌던 것처럼 다른 사람들도 틀린 믿음을 가질 것임을 인지하는 능력을 가지고 있는 것이다.[11]

거울신경세포의 존재를 확신하는 학자들은 그것이 우리가 다른 사람의 행동과 감정을 이해하는 데 중요한 역할을 한다고 믿으며, 타인의 행동을 모방하는 것에서 그 존재를 확인하고자 한다. 앤드루 멜조프(Andrew Meltzoff)는 실험을 통해 인간이 태생적으로 모방능력을 가지고 있음을 보여주었는데, 태어난 지 44분이 지난 신생아 앞에서 혀를 내밀거나 입을 크게 벌리는 모습을 보여주자 아기가 그대로 따라하는 것을 확인했다. 그리고 아기들이 누군가 자신의 행동을 따라하는 것을 인지하는지 알아보는 실험도 했는데, 14개월 된 아기들이 자신과 다른 행동을 하는 사람보다 자신의 행동을 따라하는 사람을 더 오래 응시하고 그들에게 더 많은 미소를 보여주었다고 한다. 타인을 모방하는 것은 그에 대한 이해로 이어질 것이고, 나에 대한 타인의 모방을 선호하는 것은 나에 대한 타인의 이해를 바라는 것으로 해석될 수 있을 것이다.

7장

사회 속의 언어

언어는 사회적 약속이고 같은 사회에 속한 사람들은 그 약속을 지키면서 언어생활을 영위하고 있다. 그래서 우리는 같은 사회에서 사용되는 언어는 동질적일 것이라고 생각한다. 하지만 당장 우리 주변의 사람들이 사용하는 언어와 나의 언어를 비교해 보자. 나와 대화를 나누고 있는 상대의 언어는 나의 언어와 같은가?

우리의 사회는 다양한 공동체로 이루어져 있고, 우리는 공동체 속에서 살아간다. 작게는 가족에서부터 지금 다니고 있는 학교나 전에 다녔던 학교, 생활터전이었던 지역과 지금 살고 있는 지역, 내가 다니는 직장, 나와 비슷한 연령대, 나와 같은 성별 등, 우리가 소속된 공동체는 다양한 층위와 다양한 크기를 가지고 있다. 그 공동체들 사이에는 경계가 존재하고 경계 안과 밖에는 차이가 존재하며, 우리는 그 경계와 차이를 인식하고 반응한다. 그리고 언어는 그러한 '차이'를 드러내고 차이에 대한 '인식과 반응'을 드러내는 중요한 수단이다.

1. 말 속에 들어있는 그의 배경

1) 계층과 언어 차이

① 위세형과 낙인형

영국의 계층별 언어 차이는 영화의 소재가 될 만큼 유명하다. 영화 'My Fair Lady'는 언어학자인 히긴스 교수가 빈민가 출신인 일라이자 두리틀(Eliza Doolittle)에게 예절과 언어 훈련을 시켜 귀족의 면모를 갖추게 하는 이야기를 그리고 있다. 일라이자는 코크니(Cockney)[01]로서 거리에서 꽃을 파는 아가씨인데, 그녀가 사용하는 단어와 발음이 상당히 특이하다. 코크니 발화의 특징 중 대표적인 것은 자음 /t/, /p/, /k/를 성문파열음 [ʔ]로, 'th/θ/'를 [f]로 발음하고 모음 /ai/를 [ɒi]로 발음한다는 것이다. 그래서 'Hyde Park'의 발음이 [hai' pa']이 된다거나 'life'의 발음이 [lɒif]가 되어 우리의 귀에 'loif'처럼 들리게 된다. 그리고 또 하나의 큰 특징이 /h/를 탈락시키는 것인데, 영화 속에서도 일라이자가 [h]발음을 못해서 제대로 하도록 훈련하는 장면이 나온다. [h]발음이 들어간 단어를 발음할 때 불을 켜놓고 그 불이 일렁일 정도로 공기를 세게 분출시키도록 훈련하는 것이다.

우리가 이 영화에서 주목할 부분은 훈련을 받은 일라이자의 발화를 들은 귀족들이 그녀가 귀족임에 틀림없다고 판단하는 부분이다. 히긴스 교수는 그의 친구와 내기를 하는데, 그녀를 훈련시킨 후 귀족들 사이에 등장시켜 사람들이 그녀의 출신을 알아내지 못하도록 하겠다는 것이었다. 영화의 배경은 19세기 후반 빅토리아 여왕 시대로, 당시 일라이자가 본래 사용하던 코크니 말은 그녀가 빈민가 출신임을 알려주는 **낙인형** (stigmatized form)이다. 그 말을 사용하는 사람이 계층이 낮은 사람임을 알려주어, 사람들이 그녀를 업신여기게 만드는 것이다. 그리고 히긴스 교수를 비롯하여 귀족들과 식자층이 사용하는 말은 **위세형**(prestige form)으로, 그 말을 사용하는 사람이 상류층임을 드러내주어 그의 지위를 인정받게 하는 것이다.

대개 위세형은 표준어형이고 낙인형은 비표준어형인 경우가 많다. 그리고 언어 공동체에 따라 위세형과 낙인형에 대한 기준이 다르다. 영국 영어에서는 'first floor[fɜːst flɔː]'가 위세형이지만 미국 영어에서는 모음 뒤 /r/이 선명하게 들리게 발음하는 'fɜːrst flɔːr'가 위세형이다. 특히 미국의 뉴욕 지역에서는 'fɜːst flɔː' 가 사회적, 경제적으로 지위가 낮은 사람들이 사용하는 발음으로, 그렇게 발음하는 사람이 낮은 계층의 사람임을 드러내는 '낙인형'이다. 라보프(William Labov)는 이러한 현상에 주목해 1960년대 뉴욕 맨하탄에 있는 백화점에서 기발한 사회언어학적 조사를 실시하고 이 조사의 결과를 1972년 『사회언어학적 패턴(Sociolinguistic Patterns)』이라는 책으로 발표했다.

라보프는 당시 뉴욕 맨하탄에 있는 고급 백화점 Saks Fifth Avenue, 중급 백화점인 Macy's, 하급 백화점인 S. Klein 세 곳을 골라 손님을 가장한 조사원을 들여보냈다. 조사원들은 종업원들에게 4층에 있는 물건 중 하나를 골라 그것이 어디에 있는지를 묻고, 종업원들이 'fourth floor'라고 답을 하면 'Excuse me?'라고 다시 한 번 물었다. 그리고 두 번의 대답과 함께 종업원의 성별, 나이, 직종, 인종, 사투리 사용 여부, 그 종업원이 근무하는 층수와 상점의 종류 등을 기록했다. 조사 결과 고급 백화점 종업원들이 /r/을 발음한 비율이 가장 높았고(62%), 중급(51%), 하급(20%) 순서로 /r/ 발음 비율이 나타났다. 그리고 별로 신경 쓰지 않고 답한 첫 번째 답보다 주의를 기울인 두 번째 답에서 /r/ 발음 비율이 올라갔는데, 중급 백화점과 하급 백화점에서는 두 발음 사이의 차이가 컸지만 고급 백화점에서는 차이가 거의 없었다. 종업원이 어떤 일을 하는지에 따라서도 발음에 차이가 났는데 매장감독(floor walker)이 /r/발음을 한 비율이 가장 높았고, 다음은 판매원(sales people)이었다. 배달원의 경우 /r/ 발음을 하는 사람이 한 명도 없었다. 마지막으로 고급 백화점 내에서 지상층과 지하층을 비교했는데, 매장 분위기가 중하급 정도인 지하층보다 지상층에서 근무하는 종업원의 발음에 /r/이 더 많이 실현되었다. 이러한 조사 결과는 백화점에 오는 고객의 수준, 곧 계층에 따라 종업원의 발화에 그 계층의 차이가 반영됨을 보여주는 것이었다.

라보프는 뉴욕시의 남동쪽 지역에 거주하는 일반인을 대상으로도 계층과 발음 간의 관계를 조사했는데, 여기에 발화 상황, 곧 '면접, 이야기 읽기, 단어 목록 읽기, 일상적 대화' 등의 상황 변수를 추가했다. 조사 결과 주의를 기울여 말할 때 /r/을 발음하는 비율이 더 높아졌고, 계층이 상위일수록 /r/ 발음 비율이 더 높아졌다. 한 가지 주목할 것은 주의를 기울인 발화에서, 조사 대상 중 가장 높은 계층이었던 '충상층'보다 그 바로 아래 계층인 '중하층'이 /r/을 발음하는 비율이 더 높았다는 것이다. 이런 경향은 백화점 종업원을 대상으로 한 조사에서도 나타났는데, 두 번째 주의를 기울인 발화에서 /r/ 발음이 나타난 비율이 상급 백화점에서는 거의 변하지 않았으나 중급과 하급 백화점에서 두드러지게 증가한 것과 유사하다. 트러질(Peter Trudgill)은 라보프의 연구 방법론을 영국의 노르위치(Norwich) 지역에서 나타나는 계층별 언어사용 연구에 적용했다. 트러질의 연구도 비표준 발음 비율이 하류층으로 갈수록 증가하고, 모든 계층에서 일상적인 말투에 가까울수록 증가하는 결과를 얻었다. 라보프와 트러질의 연구는 모두 계층에 따라 낙인형과 위세형의 사용이 다르게 나타나며 상황에 따라서도 차이가 있음을 보여준다.

② 우리나라의 계층과 언어 차이

계층의 사전적 정의는 '사회적 지위가 같은 사람들의 층'이다. 그렇다면 사회적 지위는 어떤 것에 의해 결정되는가? 라보프는 학력, 직업, 수입을 기준으로 0부터 9까지 10개의 사회 계급을 나누고, 이를 다시 하류계급(0), 근로자 계급(1~5), 중하류 계급(6~8), 중상류 계급(9)으로 나누었다.[02] 트러질은 직업, 학력, 수입, 주택 양식, 주거지, 부친의 직업을 기준으로 중중류, 중하류, 근로자上, 근로자中, 근로자下 계급으로 나누었다.

우리나라에서 사회 계층과 언어 사용을 연관시켜 연구한 예는 많지 않다. 이주행(1999)이 꽤 넓은 지역에서 많은 수의 대상을 조사한 연구인데, 1998년 서울시 흑석동, 상도동, 대방동, 사당동, 반포동 등지에서 총 458명을 대상으로 대면 질의응답 방식으로 조사를 진행했으며, 각 계층별로 12명씩 조사결과를 비교했다. 이 연구는 〈표 7.1〉에서와 같이 학력, 직업, 재산을 기준으로 등급을 매기고 '(학력점수×4)+(직업점수×6)+(재산점수×9)'와 같이 비중을 달리하여 총점을 계산한 후[03] 이를 기준으로 상류, 상중류, 중중류, 하중류, 상하류, 중하류, 하하류 7개의 계층을 나누었다.

등급	학력	직업	재산
1	대학원 수료	고급전문직/ 대기업 대표	10억원 이상
2	4년제 대학교 졸업	중고급전문직/ 중기업 대표	6억원~ 10억원 미만
3	4년제 대학교 중퇴, 전문대학 졸업	반전문직/ 중기업관리직	2억원~ 6억원 미만
4	고등학교 졸업	기술자/소매업자	8천만원~ 2억원 미만
5	고등학교 중퇴, 중학교 졸업	숙련공	4천만원~ 8천만원 미만
6	초등학교 졸업	반숙련공/겉꾼	9백만원~ 4천만원 미만
7	무학	미숙련공/막일꾼	9백만원 미만

〈표 7.1〉 학력·재산·등급(이주행, 1999, 54쪽 〈표 1〉)

이 연구는 어두 평음의 경음화('좀'을 [쫌]으로 발음하는 현상), 'ㄹ' 첨가('가려고'를 [갈려고]로 발음하는 현상), 연음법칙 위배 현상('꽃이'를 [꼬시]로 발음하는 현상)이 사회 계층과 관련이 있다는 것을 밝히고자 했다. 조사 결과 '하중류' 계층의 발화에 이들 현상이 가장 많이 나타남으로써 이 계층이 언어변화를 주도하고 있는 모습이 나타났다. 그리고 '하중류'를 경계로 해서 '상하류, 중하류, 하하류'는 '상류, 상중류, 중중류'에 비해 세 현상이 더 많이 나타났다.

한편 '손잡이'를 [손재비], '먹이다'를 [메기다], '창피하다'를 [챙피하다]로 발음하는 움라우트(umlaut) 현상이 하류 계층으로 갈수록 더 많이 나타났는데, 상류 16.7%, 하중류 41.7%, 하하류 83.3%였다. 이주행은 이러한 사실을 바탕으로 '움라우트 현상을 사회적 지위를 짐작하게 해 주는 **사회 표지**(social marker)로 간주할 수 있다'고 했다. 그리고 어휘 사

용에 있어서는 '벌거지(벌레)', '인저(인제)'와 같은 비표준어를 사용하는
비율도 하류로 갈수록 증가하여 상류는 58.3%, 하중류 75%, 하하류
100%와 같았다. 이주행은 이러한 현상이 학력이 높을수록 상황에 따라
표준어와 비표준어 사이에 코드 전환(code switching)을 할 수 있는 능력
을 더 많이 가지게 됨을 반영한다고 보았다.[04]

2) 연령(age)과 언어 차이

　부모 세대와 여러분 사이에 언어 차이가 존재한다고 생각해 본 적이
있는가? 조금만 생각해보면 '버카충(버스카드충전)'이나 '행쇼(행복하쇼)'와
같은 줄임말부터 '더럽(the love)', '크리', '빵셔틀'과 같이 한 때 유행하
는 말들까지, 젊은 세대는 즐겨 사용하지만 부모나 조부모 세대와의 대
화에서 사용하면 의사소통에 지장이 생기는 단어들을 금방 찾을 수 있
을 것이다. 물론 부모나 조부모는 알고 있는 어휘를 여러분이 모르는 경
우도 있을 것이다. 어휘뿐 아니라 발음이나 문법에서도 세대 차이를 찾
을 수 있는데, 할머니는 /ㅔ/와 /ㅐ/의 발음을 구분하지만 나는 구분하
지 못한다거나 할아버지는 친구에게 '내일 보세'처럼 '-세' 어미를 사
용하지만 아버지가 이 어미를 사용하는 것은 한 번도 보지 못했을 수 있
다. 또 여러분이 문자를 보낼 때 '전화하셈'이나 '잊어버렸어여'처럼 어
미 '-세요', '-요'를 '-셈'이나 '-여'로 쓰거나, '오빠'를 '옵하'로 쓰는
것은 부모나 조부모 세대를 당황하게 할 것이다.
　혹시 여러분의 동생이나 형, 누나가 사용하는 언어와 나의 언어 사이
에 차이가 존재한다는 생각을 해본 적이 있는가? 아마도 큰 차이를 느끼
지 못했을 것이다. 울프램(Walter A. Wolfram)이 1960년대 말 디트로이

트에서 조사한 결과는 형과 동생 사이에서도 언어 차이를 발견할 수 있음을 보여준다. 울프램은 디트로이트 흑인 사회에서 'He didn't do nothing'과 같이 이중부정을 사용하는 사람이 많은 것에 주목해서 조사를 실시했는데 계층에 더해 연령도 변수로 설정했다. 그는 연령대를 우선 성인과 청소년층으로 나누고, 청소년층을 다시 10~12세와 14~17세로 나누어 보았다. 계층을 나누지 않고 연령대별로만 보면 성인은 25.1%인 반면 14~17세가 40.9%, 10~12세가 49,1%로 연령별 차이를 보였다. 계층과 연령을 연관시켜 보았을 때의 결과가 〈표7.2〉에 정리되어 있다.

	성인	14~17세	10~12세
상중류	0.0	11.0	13.6
하중류	0.9	1.8	34.7
노동자상	33.7	72.7	57.8
노동자하	65.8	77.3	90.2

〈표 7.2〉 디트로이트 흑인 사회 계층·연령별 이중부정문 실현율(%)

성인의 경우 중류층은 이중부정을 사용하는 사람이 하나도 없었지만, 노동자 계층의 경우 이중 부정 사용자가 노동자상층(upper worker class) 33.7%, 노동자하층(lower worker class) 65.8%로 계층별 차이를 보였다. 청소년의 경우를 보면 하중류 10~12세 소년기 아이들의 이중부정문 실현율이 34.7%로 다른 연령대에 비하여 높게 나타났으며, 노동자하 계층의 10~12세 아이들의 이중부정문 실현율은 90%를 넘었다. 노동자상 계층의 경우 14~17세 청소년기 아이들의 이중부정문 실현율이 가장 높게 나타났고, 이 비율은 노동자하 계층의 청소년기 아이들에게서도 비숫한 편이다.

위 결과를 보면 모든 계층에서 10대 청소년이 성인에 비해 비표준어형을 더 많이 사용하며, 그 중에서도 10~12세 아이들이 비표준형을 가장 많이 사용하고 있다. 울프램이 조사한 이중부정은 비표준형이면서 낮은 계층으로 갈수록 더 많이 사용하는 것으로 '낙인형'에 속한다. 그런데 청소년들이 70~90%의 이중부정문 실현율을 보이는 것은 이들이 오히려 이중부정문을 지향하는 성향을 가지고 있음을 반영하는 것으로 볼 수 있다. 말하자면 청소년들이 그들의 정체성을 확인하고 그들 내부의 결속을 다지기 위해 비표준형을 더 선호하는 것인데, 이렇게 한 공동체 안에서 오히려 선호되는 낙인형을 '숨겨진 위세형(covert prestige form)'이라고 한다.

그런데 여기에서 짚고 넘어가야 할 것이 있다. 왜 성인의 비표준형 사용 비율은 다른 연령대에 비해 떨어질까? 〈그림 7.1〉은 각 집단 내 발화

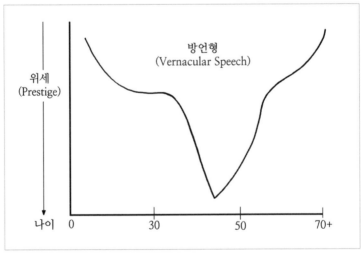

〈그림 7.1〉 연령별 비표준형 사용률(이익섭, 2000: 144에서 재인용)

에서 위세형을 사용하는 비율이 중년기까지 증가하다가 그 시기를 지나면 다시 감소하는 모습을 보여준다. 이는 직업을 가지고 사회생활을 본격적으로 하는 나이인 30대에서 50대까지는 사회적 규범의 압력을 많이 받게 되고 그에 따라 표준형을 많이 사용할 수밖에 없음을 보여준다(Holmes, 1992). 반면에 청소년기나 노년기에는 자신들의 공동체 내에서 주로 생활하기 때문에 비표준형 사용에 대한 제제를 받을 이유가 없어 위세형 사용 비율이 장년층이나 중년층에 비해 떨어지게 되는 것이다.

3) 성(gender)과 언어 차이

많은 사회언어학적 연구 결과에 따르면 여성이 남성보다 더 많이 위세형을 지향한다고 한다. 영어의 '-ing'의 표준 발음은 [iŋ]이지만 미국과 영국의 여러 지역에서 비표준형 발음 [in]이 나타난다. [in]은 미국과 영국 모두에서 계층이 낮을수록 더 많이 사용하는데, 여성이 이 발음을 사용하는 비율이 남성에 비해 떨어진다.(Fischer, 1985; Trudgill, 1974). 그리고 울프램의 '디트로이트 지역 흑인의 이중부정문 사용'에 대한 연구에서도 여성이 이중부정문을 덜 사용한다는 결과가 나왔다.

이렇게 남성보다 여성이 더 표준형을 지향하는 이유에 대해 학자들은 다양한 해석을 내놓고 있다. 트러질은 여성의 지위가 남성에 비해 상대적으로 낮아 자신이 어떻게 평가받는지에 더 신경을 쓰게 되기 때문이라고 했다(Trudgill, 1983). 라보프는 여성이 주로 자녀교육을 맡기 때문에 자녀들이 사회적으로 더 높은 지위를 가지게 하려는 바람으로 표준형을 교육하기 위해서 그렇게 된다고 해석했다(Labov, 1966b & 1990). 그리고 사회가 남성보다는 여성에게 더 바른 언행을 요구하기 때문이라는 해석도 있다(Trudgill, 1983; Holmes, 1992). 반면 역으로 남성이 숨은 위세형을 지향하는 경향이 있다는 것에서 이유를 찾기도 한다. 트러질의 노르위치 조사 결과에 따르면 표준형 사용을 묻는 질문에 대해, 자신이 실제로 사용하는 것보다 덜 사용한다고 보고한 남성이 50%인 반면, 여성은 자신이 실제로 사용하는 것보다 더 많이 사용한다고 보고한 사람이 68%였다(Trudgill, 1972). 이는 남성들이 비표준형일지라도 자신이 속한 공동체의 숨겨진 위세형을 사용하는 것을 더 선호함을 보여주는 것인데, 그 여파로 여성이 상대적으로 위세형을 지향한다는 해석이 가능하게 된 것이다.[05]

한편 그 사회의 제도나 구조로 인해 여성의 언어형태 선택이 제한되는 예도 있다. 이라크에는 두 종류의 아랍어가 쓰이는데 고전 아랍어와 이라크 지역 아랍어가 그것이다. 고전 아랍어는 코란을 비롯한 종교적인 문서에 사용되며 일상생활에서 쓰이지 않기 때문에 따로 교육을 받아야 하는 것으로 위세형이다. 하지만 이라크 여성들은 고전아랍어가 아닌 이라크 지역 아랍어만을 사용한다. 이라크를 비롯한 아랍권 나라들에서는 여성들에게 고전아랍어를 교육하지 않기 때문이다. 그런가 하면 오스트리아의 오버바르트(Oberwart) 지역에서는 그 지역의 위세형을 제치고 새로운 언어가 위세형이 되도록 하는 데 여성이 지대한 영향을 미치기도 했다. 이 지역은 이전에 헝가리에 속했던 지역으로 오스트리아 땅이 된 후에도 헝가리어가 지역어의 위세형 노릇을 해왔고 독일어는 오히려 배척당하는 언어였다. 하지만 이 지역 여성들이 독일어가 쓰이는 타지의 공장으로 일을 나가게 됨으로써 독일어를 적극적으로 사용해야만 하는 상황이 되었다. 그리고 결국 오버바르트 지역에서 독일어가 우위를 점하게 되는 데 선도적인 역할을 해냈다.

흔히 여성은 남성보다 더 말이 많다고 한다. 여러분도 그렇게 생각하는가? 단순히 발화의 양을 비교하는 것보다는 누가 더 발언권을 많이 가지느냐에 초점을 맞춘다면 이야기가 달라진다. 남성과 여성이 함께 한자리에서 어느 쪽이 더 많이 발화를 했는지, 다시 말하면 누가 더 많이 말차례를 가졌는지 조사한 연구가 있다. 에델스키(Carole Edelsky)는 대학의 교수회의 대화를 분석해서, 남성이 여성보다 1.25배에서 4배까지 더 많은 말차례를 가진다는 결과를 얻었다. 여유로운 대화에서는 서로 동등하게 말을 주고받았지만 공식적이고 격식을 차려야 하는 상황에서는 남성의 발화가 더 길어지고 여성의 참여는 감소했다는 것이다. 웨스트(Candace West)와 짐머만(Don H. Zimmerman)의 연구는 더 흥미롭다. 이들은 남녀가 한자리에 모여 대화를 나눌 때 '남의 말을 중간에 가로채는 횟수'가 어떻게 다른지 조사했다. 조사 결과 동성 간에 이루어진 말 가로채기는 7회, 여성이 남성의 말을 가로 챈 것은 2회에 불과했지만 남성이 여성의 말을 가로챈 횟수는 무려 46회였다. 웨스트와 짐머만은 서로 모르는 남녀 대학생들을 무작위로 짝지어 대화를 나누게 한 상태에서 말 가로채기가 어떻게 나타나는지도 조사했는데 총 28회의 말 가로채기 중 21건이 남학생이 한 것이었다(Zimmerman & West, 1975; West & Zimmerman, 1977, 1983).

웨스트와 짐머만은 말차례 사이의 공백시간에도 남녀의 차이가 있는지 조사했는데 앞사람이 여자일 경우 공백 시간이 더 길었다. 남자가 여자의 발화에 바로 응대하지 않고 긴 공백을 두는 것은 여자에게 맞장구를 쳐 줌으로써 대화의 주도권을 여자가 가지게 하고 싶지 않기 때문인 것으로 해석할 수 있다. 그리고 피시먼(Pamela M. Fishman, 1980 &1983)은 부부의 대화에서 누가 더 질문을 많이 했는지 조사했는데, 여자가

263회, 남자가 107회로 여자가 남자의 두 배 이상 질문을 했다. 여자가 질문을 자꾸 하는 것은 자신의 발화에 대한 남자의 반응을 요구하는 것이거나 대화 상대인 남자의 발화에 대한 맞장구로, 결국 대화의 주도권은 남자가 쥐고 있으며 여자는 대화 진행의 보조자 역할을 하고 있음을 보여주는 것이라 해석할 수 있다.

4) 힘(power)과 언어 차이

말차례를 가지는 데 있어 남성이 우위를 점하는 것은 대화 화제를 제시하고 유지하며 새로운 화제를 도입해 대화를 이끌어 가는 힘(power)이 남자에게 집중되어 있음을 의미한다. 여성 언어의 특징으로 여겨지는 부가의문문도 그러한 힘의 관계를 드러내는 것이라는 연구가 있다. 홈즈(Holmes, 1984)는 남성과 여성의 부가의문 사용을 비교했는데, 〈표 7.3〉과 같이, 남성은 정보를 얻거나 확인하는 부가의문문을 사용하는 경우가 많고, 여성은 청자에게 말차례를 넘겨 대화에 참여시키려는 촉진적 목적으로 부가의문문을 사용하는 경우가 많음을 밝혔다. 이것은 여성이 말차례를 넘겼을 때 남성이 바로 말차례를 넘겨받지 않고 공백을 두어 결국 여자로 하여금 질문을 하게 한다는 피시먼의 연구결과와 일맥상통한다.

부가의문유형		부가의문 개수	
		여성	남성
확인적		18(35%)	24(61%)
정의적	촉진적	30(59%)	10(25%)
	완화적	3(6%)	5(13%)
총계		51	39

〈표 7.3〉 여성과 남서의 부가의문 사용(Holmes, 1984)

카메론(Deborah Cameron)은 여성과 남성의 부가의문 사용에 차이가 있는지 알아보기 위해 동료들과 함께 TV와 라디오 토크쇼, 학습 프로그램을 녹음해서 분석했다. 그 결과가 〈표 7.4〉에 정리되어 있는데, 역시 여성이 촉진적 부가의문문을 더 많이 사용하고 남성이 확인적 부가의문을 더 많이 사용하는 것으로 나타났다. 그리고 부가의문 사용에서 의사, 교사, 프로그램 사회자 등 '힘이 있는 자(powerful)'는 정의적 부가의문문을 많이 사용하고, 환자, 학생, 프로그램 참가자 같은 '힘이 없는 자(powerless)'는 확인적 부가의문문을 많이 사용한다는 결과도 함께 나타났다.

부가의문유형		부가의문 개수			
		여성		남성	
		힘 있는 자	힘 없는 자	힘 있는 자	힘 없는 자
확인적		3(5%)	9(15%)	10(18%)	16(29%)
정의적	촉진적	43(70%)	0	25(45%)	0
	완화적	6(10%)	0	4(7%)	0
총계		61		55	

〈표 7.4〉 비대칭적 대화자 간의 부가의문문(Cameron el. al., 1988)

그렇다면 성과 힘이 교차해서 작용하게 되면 어떤 결과가 발생할까? 우즈(Nicola Woods, 1988)는 말 방해(말 가로채기)에 성별과 힘(지위)이 어떻게 작용하는지 보기 위해 직장 내 대화를 녹음해서 분석했다. 그 결과는 〈표 7.5〉와 같았는데, 직위와 성이 모두 말을 가로채거나 방해 받는 데 영향을 미치지만 성이 더 상위에서 작용하는 것으로 보인다.

	대화 A			대화 B		
직위	상	중	하	상	중	하
성	여	남	여	남	여	남
성공적인 말 가로채기	6	9	4	4	1	4
실패한 말 가로채기	3	1	3	0	4	2
말 가로채기를 당한 경우	2	6	11	1	7	3
말 가로채기를 안 당한 경우	1	4	1	5	1	0

〈표 7.5〉 성과 직위에 따른 말 가로채기(Woods, 1988)

대화 A의 '중' 직위 남자의 경우 말 가로채기를 10번 시도해서 9번 성공하여 가장 높은 횟수와 성공비율을 보이는데 대화 A와 B 모두에서 남자는 직위 고하를 막론하고 말 가로채기에 있어 여성을 앞서고 있으며, 말 가로채기에 버티는 면에서도 더 강했다.

5) 민족성(Ethnicity)과 언어 차이

두 민족 혹은 여러 민족이 공존하는 사회에서 나타나는 언어 차이 중 대표적인 것이 '민족성'에 따른 것이다. 공용어 혹은 국가어로 한 사회에서 지배적인 역할을 하는 언어가 있고, 상대적으로 소수를 차지하는 민족의 언어가 그 민족의 정체성을 유지하는 주요 수단 역할을 할 때 민족성에 따른 언어 차이가 존재하게 된다. 대표적인 것이 미국 흑인 사회에서 쓰이는 영어 AAVE(African American Vernacular English)와 멕시코 이민들 사이에서 쓰이는 치카노 영어(Chicano English 혹은 Mexican American English), 영국 내 흑인 이민 사회에서 쓰이는 영국 흑인 영어(British Black English) 등이다. 앞에서 디트로이트 흑인 사회의 이중부정을 계층과 연령 측면에 연관시켜 조사한 것에 대해 살펴보았는데, 이 이

중부정이 AAVE의 대표적인 특징으로 꼽힌다. 가까운 곳에서도 예를 찾을 수 있는데 러시아의 고려인이나 중국의 조선족이 정체성을 드러내고 유지하는 데 중요한 역할을 하는 한국어가 그것이다.

지배 민족의 언어가 아닌 소수 민족의 언어는 지배 민족이 소수 민족의 정체성 유지를 어떻게 보느냐, 그리고 소수 민족이 얼마나 정체성을 유지하고자 하느냐에 따라 유지되거나 사라진다. 미국에서 흑인이나 멕시코 출신 이민들이 정체성을 포기하기를 요구받지는 않았지만 그들에 대한 차별이 존재했다. 그럼에도 불구하고 흑인 사회나 멕시코 이민 사회의 구성원들은 그들에 대한 차별 대우를 벗어나기 위해 자신들의 언어 특성을 포기하지는 않았다. 러시아에 뿌리 내린 고려인의 경우 대규모 이주 등 소련 정부의 갖가지 정책에 의해 고려인의 정체성을 유지하기 어려웠고, 그에 따라 모국어도 잊어 갔다. 반면 중국 조선족의 경우 각 지방과 민족의 언어와 문화를 유지하도록 하는 중국 정부의 정책에 따라 조선족이 모여 사는 지역에서는 조선어가 훌륭하게 보전되었다. 일본의 경우 조선인에 대한 억압이 심했기 때문에 많은 재일 조선인이 조선인임을 드러내지 않기 위해 노력했고, 2세나 3세에게 모국어를 가르치지 않았다.

민족성에 따른 언어차이는 때로 그 민족을 지배민족과 구별하고 억압하는 수단으로 쓰이기도 했다. 1923년 일본 관동대지진 사건 당시 조선인이 폭동을 조장한다는 소문에 일본인은 민간인 자경단을 조직하고 조선인을 색출하여 살해했다. 이때 이들이 조선인을 구별해내기 위한 수단으로 삼은 것이 조선인으로 의심되는 사람을 붙잡고 15엔 50전(十五円五十錢, じゅうごえん ごじっせん)을 발음해보게 하는 것이었다. 한국인은 유성음을 발음하지 못하기 때문에 'じゅうご[jugo]'나 'ごじっ[goju]'를

제대로 발음하지 못했고, 이 발음을 제대로 하지 못하는 이는 곧 조선인
이라는 해석이 가능했던 것이다. 그러나 이때 중국인 등 다른 나라 출신
은 물론 발음이 다른 방언을 사용하는 일본인까지 오인해 살해했다고
한다.

2. 말 속에 든 고향(지역과 언어)

1) 어휘 차이

우리가 언어에 나타나는 공동체 경계를 가장 확실하게 느낄 수 있는
것이 '지역'에 따른 차이일 것이다. 실제로 다른 지역의 말을 잘 못 알아
들어 겪은 실수담을 심심찮게 들을 수 있는데 다음 대화는 웹툰의 한 장
면을 대화로 옮긴 것으로 그러한 상황을 잘 보여주고 있다.

A: 짠! 내 새 교복 봐봐. 교복집 아저씨가 글쎄 나보고 아이돌 아니냐
  고 물으시더라. 하핫. 근데 자꾸 애비? 나보고 애빘다고 하시던데
  그게 무슨 뜻이지?
B: 애빘다가 내나 그거잖아.
C: 애 벴다고.
A: … 어? 나? …어?
················
A: 이 얼룩 왜 이렇게 안 지워지지?
B: 문때봐라.
A: ? 뭘 떼라고?

B: 내나 문을 떼라고.

C: 청소는 그래 하는 기다.

A: 짠! 나 완전 잘해.(문짝을 떼서 들고 있다.)

선생님: 문 뗀 놈 나와.

B & C: ㅋㅋㅋㅋㅋㅋㅋㅋㅋ

A: 아~ 사투리 너무 어려운 거 같아.

B: 쉬운데.

C: 바보네.

(다음웹툰 '못 잡아먹어 안달' 중)

A는 서울에서 전학 온 학생으로 그 지역의 말, 이른바 사투리를 잘 모른다. 나머지 두 친구 B와 C는 지역어를 엉뚱한 서울말로 바꿔 알려주어 A를 놀린다. '애비다'와 '문때다'는 각각 '여위다', '문지르다'의 경상도 지역어로 전학 온 지 얼마 되지 않은 삼오가 알아듣기 어려운 말이다. 이 장면들에 이어 A가 '내나'가 뭔지 묻자 친구 둘은 '내나가 내나 내난데'라고 답한다. 이 '내나'를 서울말로 하자면 '그

〈그림 7.2〉 우리말의 방언 구역

동북방언지역

서북방언지역

중부방언지역

동남방언지역

서남방언지역

러니까'에 해당하는 것으로 볼 수 있는데, 전라도말의 '거시기'처럼 서
울말로 뭐라고 할지 따지면 딱히 대응되는 서울말을 찾기 어려운 지역
어이다.

우리말의 지역어는 〈그림 7.2〉 같이 크게 여섯 개의 범주로 묶이는데
동서남북의 방위와 연관이 있다. 우선 한반도의 허리 부분에 속하는 경
기도와 강원도 충청도가 포함된 '중부방언'이 있고, 그 위쪽의 황해도와
평안남북도에 대응되는 '서북 방언', 함경남북도에 대응되는 '동북 방
언', 전라남북도에 대응되는 '서남 방언', 경상남북도에 대응되는 '동남
방언', 마지막으로 '제주도 방언'이 있다.[06]

한국정신문화연구원(현 한국학중앙연구원)은 1980년대부터 1990년대에
걸쳐 한국의 방언을 조사하여 『한국방언자료집 Ⅰ-Ⅸ』를 간행했다. 이
자료집에서 우리에게 익숙한 어휘의 방언형을 몇 가지 소개하면 〈표
7.6〉과 같다.

표준어	방언형		
	중부	서남	동남
가위	가위, 가우, 가새	가새	가시개, 가왜
혀	세, 셰, 쇠, 세빠닥	서, 서빠닥	해, 쎼
형	형, 엉아[07]	성	헹, 헹아, 헹이, 싱아, 싱이, 싱이아
아우	아우, 아오	동생, 동상, 아우, 아오	아우, 동생, 동상
기둥	기동, 지동	지동	기동, 지동
나물	나물, 너믈	너물, 노믈	나물
마을	마을, 말:	동네, 동:네	마실, 마얼, 마알, 동네
파리	파리, 파:리	포리, 퍼리	파리, 파랭이, 파래이

표준어	방언형		
	중부	서남	동남
며느리	메누리, 며누리	미느리, 메느리, 메느래기	메너리, 매너리, 며너리, 미너리, 매널, 매널, 미널
아침	아침, 아척08	아직, 아침, 아척, 아적	아직, 아침, 아적
벼	벼, 비, 나락09	나락	비, 나락

〈표 7.6〉 우리말 대표적 방언형 몇 가지(한국정신문화연구원, 『한국방언자료집 Ⅰ-Ⅸ』)

이들 지역어 간의 차이를 밝히는 연구 중 어휘와 관련된 것을 먼저 살펴보면, 표준어 '옥수수'를 각 지역에서 어떻게 부르고 있는지 보여주는 것이 있다. 여름철 온 국민의 간식인 옥수수를 여러분의 고향에서는 어떻게 부르는지 생각해보자. 지역어 연구 결과에 따르면 〈그림 7.3〉에서

〈그림 7.3〉 옥수수 지역어 분포도(이익섭 외, 2008)

와 같이 '서울과 경기, 충청도와 전라도, 강원도의 일부지역에서 '옥수수'로 부르지만 강원도에서는 '옥시기', 충청북도 일부지역에서는 '옥시끼', 충청남도 일부에서는 '옥수깽(꽹)이', 경상북도의 북쪽 일부에서는 '옥수꾸'라고 부른다. 그리고 남부지방에서는 '강냉이', '깡냉이', '강낭', '강낭구', '강낭수끼' 등으로 부른다. 그러니까 대체로 지역에 따라 크게 '옥수수', '옥시기'류, '강냉이'류로 분류할 수 있겠다. 거리의 포장마차에서 파는 찐 옥수수를 보고 "강냉이 맛있겠다! 하나 사 먹을까?"라고 말한다면 그는 남부지방 사람이라고 보아도 될 것이다.

지역에 따라 어휘가 분화되는 또 하나의 대표적인 예로 '부추'를 들수 있다. 부추는 주로 중부방언 지역에서 쓰이는 것으로 '부추, 부초, 부추, 푸추' 등으로 부르고, 충남 일부와 서남방언 지역에서는 '솔, 소불, 졸' 등으로, 동남방언 지역에서는 '정구지, 정고지'로 부른다. 그리고 제주도에서는 '세우리'로 부른다.

2) 음운 차이

중부, 동남, 서남, 제주 지역어 간의 차이는 음운 차원에서도 찾아볼수 있다. 〈표 7.7〉은 우리말 표준어의 단모음 체계를 혀의 높이와 위치를 기준으로 보인 것으로[10] 동그라미로 표시한 것들이 각 지역어에서 합류되어 두 모음의 발음이 구별되지 않는 것이다. 먼저 굵은 점선으로 표시된 'ㅔ'와 'ㅐ'는 중부 방언을 비롯해 동남, 서남, 제주 방언에서 일어난 합류로, '세 마리의 새'를 발음할 때 '세'와 '새'의 발음이 구별되지 않는 것이다. 현재 표준어에서도 합류가 상당히 진행되어 노년 세대에서는 구별하는 사람이 있지만 청소년과 장년층 모두가 두 모음을 구별하지 않고 발음한다.

	전설		후설	
	비원순	원순	비원순	원순
고	ㅣ	ㅟ	ㅡ	ㅜ
중	ㅔ	ㅚ	ㅓ	ㅗ
저	ㅐ		ㅏ	

〈표 7.7〉 표준어 단모음 체계와 대비해 본 '지역어에서 합류된 단모음'

실선으로 표시된 'ㅡ'와 'ㅓ'는 동남방언에서 합류되었다. 그래서 경상도 지방의 사람들의 '음악'은 표준어 지역 사람에게 [어막]으로 들린다. 점선 원으로 표시된 'ㅡ'와 'ㅜ', 'ㅓ'와 'ㅗ'의 합류는 서북방언 지역에서 일어났는데 이들의 '꿀'과 '끌', '벌'과 '볼'은 표준어 지역 사람들이 구별하기 어렵다.[11] 두 모음이 합류된 지역의 사람들에게 두 모음을 구분해서 발음할 것을 요구하면 그들은 구분해서 발음하고 있다고 주장한다. 그리고 대개는 자신들의 발음이 구분되지 않는다는 것을 받아들이지 않으려고 한다. 이는 그들의 의식 속에 두 모음이 별도의 음소로 자리 잡고 있지만 실제 발화할 때는 구분하지 못함을 의미하는 것이다.

제주도말의 경우 이들 단모음들 외에 'ㅏ'와 'ㅗ'의 중간쯤으로 들리는 모음이 있는데, 중세국어의 'ㆍ'의 발음이 그러했다고 추정되는 소리이다. '해녀'의 다른 말로 제주도 안에서만 주로 통용되는 말 '좀녀'가 있는데 그 발음으로만 본다면 '좀녀'로 표기될 만한 것으로, 오늘날 '좀녀' 혹은 '잠녀'로 표기된다. 이 외에 남자를 의미하는 'ㅅ나이', '어서 오세요'라는 뜻을 가진 'ㅎ저 옵서예'의 'ㅎ저' 등에 'ㆍ'의 흔적이 남아 있는데, 제주도 사람이 아닌 사람들에게는 '소나이', '혼저'로 들려 '혼저 옵서예'로 표기된다.

자음 발음에서 방언에 따른 차이가 나타나는 것으로 대표적인 것이 동남 방언에서 나타나는 /ㅅ/와 /ㅆ/의 합류이다. 경상도 지방의 상당 부분에서 '쌀'을 '살'로, '싸우다'는 '사우다'로 발음한다. 그리고 서북 방언과 육진 방언의 큰 특징으로 /ㅈ/와 /ㅉ/, /ㅊ/를 경구개음이 아닌 치음으로 발음하고, 'ㅣ'모음과 결합되면 구개음으로 발음되는 /ㅅ/와 /ㅆ/를 그대로 치경음으로 발음한다. 그래서 우리 귀에는 발음이 더 거칠게 들리기도 한다.

음운규칙의 적용에서도 지역어에 따른 차이가 나타나는데 구개음화가 대표적이다. 구개음화는 ① 'ㄷ', 'ㅌ' 받침을 가진 어간에 'ㅣ, ㅑ, ㅕ, ㅛ, ㅠ'로 시작하는 형태소가 결합되면 'ㄷ, ㅌ'가 구개음 'ㅈ', 'ㅊ'로 발음되거나, ② 'ㄷ' 뒤에 '히'로 시작하는 형태소가 올 때, 'ㄷ'이 'ㅎ'와 결합하여 이루어진 'ㅌ'가 'ㅊ'로 발음되는 현상이다. 그런데 이 구개음화가 동북방언에서는 적용되지 않아서 '굳이'를 [구지]가 아닌 [구디]로, '걷히다'를 [거치다]가 아닌 [거티다]로 발음한다. 서남 방언의 경우에는 이 구개음화가 /ㄱ/나 /ㅎ/에도 적용되어 '기름'을 '지름'으로, '형'과 '힘'을 '성'과 '심'으로 발음한다. 다음으로 이른바 '이 모음 역행 동화'도 방언에 따라 달리 나타나는데, '고기>괴기, 보자기>보재기, 어미>에미'와 같이 뒤 음절에 오는 'ㅣ'모음의 영향을 받아 앞 음절의 모음에 반모음 'ㅣ[j]'가 덧붙어 소리 나는 것이다. 이 음운규칙은 주로 중부와 서남 방언 지역에서 나타나며 동남 방언 지역에서는 동화가 일어나는 예가 많지 않다.

지역어의 차이는 운율에서도 나타난다. 음의 높낮이가 단어의 의미를 구별하는 데 단서 역할을 할 때 그 음의 높낮이를 '성조'라고 부르는데,

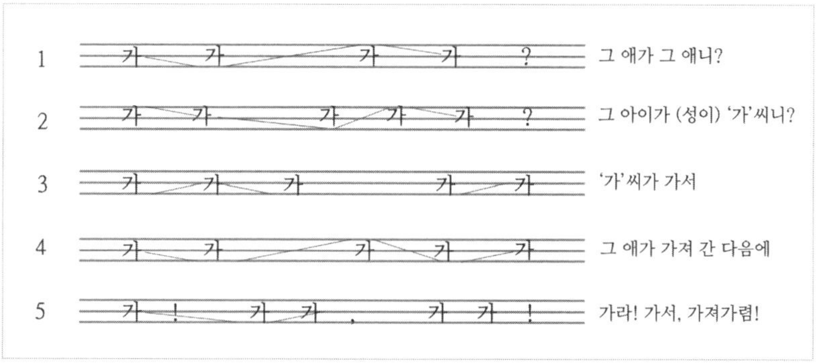

<그림 7.4> 경상도 성조(http://modi.tistory.com/m/post/168)

우리나라 동부의 방언인 동북방언과 동남방언, 그리고 중부방언의 강원도 지역 일부에서 성조를 찾아볼 수 있다. <그림 7.4>는 대구 경북 대학생 문화잡지 <모디>의 '갱상도 사투리사전 머라카노'에 올라 있는 성조예이다. '가'가 가진 음높이 차이가 의미차이를 가져옴을 보여주고 있다. '가'는 성조에 따라 '그 애', '가 씨', '가다'와 같이 다양한 의미를 가지며, 여기에 조사 '-가'와 어미 '-가'까지 결합되어 더욱 의미가 다양해진다.

한반도 동부 지역의 방언이 성조를 가지는 데 반해 제주도를 제외한 그 외의 지역은 음의 길이, 곧 '음장'을 이용해 의미를 구별한다.[12] '음장'의 예는 표준어에서도 찾기 쉬운데 주로 단음절어의 의미를 구별하는 데 음장이 이용된다. 다음 제시된 단어 중에서 길게 발음해야 할 단어에 동그라미로 표시해 보자. 정답은 국립국어원 표준국어대사전에서 확인할 수 있다.

| 말(言語) | 밤(夜) | 눈(目) | 굴(窟) |
| 말(馬) | 밤(栗) | 눈(雪) | 굴(蠣) |

흥미로운 것은 성조와 음장을 모두 의미 구별에 이용하는 지역어는 없다는 것이다. 어느 하나만 사용해도 충분히 의미 구별을 할 수 있기에 굳이 두 가지 모두 사용할 필요는 없기 때문일 것이다.

3) 문법 차이

2008년 4월 1일 구글은 사투리 번역 서비스를 시작했다면서, 표준어를 경상도말로 자동번역한 예를 제시했다. '저기 있는 저 아이는 누구입니까?'는 '자는 누꼬?'로,[13] '그 아인 벌써 멀리 도망갔는 걸!'은 '글마 토끼따!'로, '이 일을 어떻게 하면 좋아?'는 '우야노'로 자동번역했다. 그런데 '사투리 번역기 사용해보기'를 클릭해보면 'Google의 만우절 페이지에 오신 것을 환영합니다!'라는 메시지가 떴다. 만우절을 맞아 작은 웃음거리를 선사한 것인데, 이후로도 꽤 오래 사투리번역기 화면으로 들어갈 수 있었다. 지금은 사라져 연결되지 않지만 구글에서 번역 서비스를 실시한다는 기상천외한 만우절 농담을 만들어낸 것은 번역이 필요할 만큼 지역어 간에 차이가 존재함을 반영한 것이라 볼 수 있다.

구글의 예에서 표준어와 어휘 차이를 제외하고 문법적인 것을 들여다보면 의문형 어미가 눈에 띈다. '누꼬'와 '우야노'는 모두 '오'로 끝나는 의문형 어미를 가지고 있는데 각각 의문사 '누구'와 '어떻게'를 포함한 의문문이다. 동남 방언의 경우 두 가지 유형의 의문형 어미를 가지는데 의문사가 들어 있을 경우 '니 어디 가노?'와 같이 '노'형 어미가 결합되고, '니 학교 가나?'와 같이 '예-아니요' 의문문일 경우 '나'형 어미가 결합된다. 다른 방언에서는 이러한 구분을 하지 않는다. 어미를 좀 더 살펴보면, 표준어에서 상대를 가장 높여 말하는 '하십시오'에 대응되는 서남 방언은 '하씨요'이고 동남 방언은 '하시이소'이다. 그리고 동북방언은 '합소' 혹은 '하우다', 서북 방언은 '하시라요', 제주 방언은 '합서'를 쓴다.

조사 역시 방언에 따라 큰 차이를 보이는데, 북쪽 지방의 방언이 특별한 모습을 보여준다. 동북 방언은 '금년 파이 맵재오'와 같이 '-가'를 써야 하는 환경에서도 '-이'를 쓰는 예를 보여주고 '-이가'도 주격조사로 쓰인다. 이러한 현상은 강원도 강릉을 비롯한 일부 지역에서 '그 집 아들이가 독잔데.'에서와 같이 나타난다. 동북 방언은 목적격 조사도 특별한데 '-으/르'를 써서 '누구르 보러 감둥?'과 같이 말한다. 서북 방언은 아주 특별한 주격 조사를 사용하는데 '내래 북에서 왔시오.'에 쓰인 '-래'가 그것이다.

이상을 보면 '한국어'라는 것이 하나의 균질적인 언어를 의미하는 것이 아님을 알 수 있다. 〈그림 7.2〉에서처럼 우리말을 크게 6개의 방언으로 나누어 볼 수 있지만 사실 그보다 더 작게 나누어 볼 수도 있다. 서울에서 태어나고 자란 사람들에게는 별 차이 없이 느껴질지 모르지만 대구와 부산 사람들은 서로의 말을 듣고 자신의 고향말과 다른 말을 쓴다는 것을 금방 알아낸다. 이것은 두 지역의 말 사이에, 두 지역 사람들이 의식할 수 있을 만큼의 차이가 존재함을 의미한다. 말하자면 우리는 상대의 말이 나의 말과 차이가 난다는 것을 놀라울 만큼 금방 알아채고, 그 차이에 민감하게 반응한다.

4) 영어는 영국 말?

영어는 사용자수로는 세계 1위이고, 모국어로 사용하는 사람 수로는 세계 3위이다. 그런 만큼 지역에 따른 차이를 많이 가진다. 여러분도 아마 인도나 필리핀에서 쓰이는 영어가 미국의 영어와 얼마나 다르게 들리는지 경험했을 것이다. 인도까지 가지 않더라도 영국 영어와 미국 영어 사이에도 차이가 많다. 예를 들어 미국에서는 아파트의 1층을 'first floor'라고 하지만 영국에서는 'ground floor'라고 한다. 영국에서 'first floor'는 2층이다. 발음에서도 차이가 나는데, 미국에서는 'first floor'를 발음할 때 /r/발음을 넣어 [fɜ:rst flɔ:r]로 발음하는 것이 더 고급스러운 발음이지만 영국에서는 /r/발음을 하지 않고 [fɜ:st flɔ:]로 발음하는 것이 더 고급스러운 발음이다.

우리가 영국이라고 부르는 나라는 사실 United Kingdom으로 잉글랜드(England)와 스코틀랜드(Scotland), 웨일스(Wales), 북아일랜드(Northern Ireland)로 이루어져 있고, 그에 따라 각 지역에서 쓰이는 영어마다 독특한 특색을 가지고 있다. 〈그림 7.6〉에 표시되어 있다시피 웨일

〈그림 7.6〉 영국의 방언지도

스에서 쓰이는 웰시어(Welsh), 스코틀랜드에서 쓰이는 갤릭어(Scots Gaelic), 서남쪽 끝 콘월(Cornwall) 지방의 코니시어(Cornish)는 별도의 언어라고 봐야 할 만큼 잉글랜드 영어와 차이가 크다. 이들 세 언어는 모두 켈트어(Celtic)로 이들 지역에 가면 도로 표지판이나 공적인 표기가 모두 영어와 그 지역 언어 두 가지로 되어 있고, 각 지역에서는 자신들의 언어만을 구사하는 인구가 꽤 큰 비율을 차지한다고 한다. 게다가 잉글랜드조차 우리나라처럼 6개의 큰 방언 구역으로 나뉘며, 이들 역시 만만치 않은 차이를 가지고 있고, 계층에 따른 언어 차이도 상당하다.

언어 속의 사회

우리가 누군가를 부를 때 사용하는 말을 '호칭'이라 하고 누군가에 대해서 말할 때 그를 가리키는 말을 '지칭'이라고 한다. 말하자면 아버지께 말을 하기 위해 "아버지"라고 불렀다면 호칭이고, 친구에게 "우리 아버지가 어제 전화를 하셨는데, …"라고 말하고 있었다면 여기서 '아버지'는 지칭이다.

호칭은 대화 상대인 청자를 부를 때 사용하는 것으로 우리말에서는 문장의 종결어미를 호칭의 위계에 일치시켜야 한다. "교수님"이라고 부르는 대상에게 말하고 있다면 "오셨어요?"나 "오셨습니까?"와 같이 상대를 높여 말하는 어미 '-아/어요'나 '-ㅂ니까/습니까'가 동사 뒤에 결합되어야 한다. 하지만 대화 상대가 친구라면 "영희야 왔어?"와 같이 반말 어미 '-아/어'를 사용한다. 만약 "영희 씨, 오셨어요?"라고 한다면, 약속 시간에 늦은 영희에게 늦은 것에 대한 불만을 비아냥거리는 말로 표현하는 것이 될 것이다. 지칭은 발화의 화제(topic)가 되는 것으로 "아버지가 오셨네."와 같이 주어 자리에 오는데, 이때 지칭 '아버지'의 위계에 맞추어 주격존대어미 '-시-'가 동사에 결합되어야 한다. 하지만 "영희가 오셨네."에서처럼 친구인 '영희'에 대해서 '-시-'를 사용하면 역시 단순한 묘사에서 그치지 않고 감정적인 의미가 추가된다.

만일 친구를 청자로 하여 교수님에 대해 이야기하고 있다면 "교수님께서 지난번에 그렇게 말씀하셨어."라고 말해야 한다. 그러나 교수님에 대해 이야기하면서 교수님 당사자를 청자로 한다면 "교수님께서 지난번에 그렇게 말씀하셨어요."와 같이 문장의 종결어미를 바꿔야 한다. 교수님을 청자로 하여 친구에 대해 말하고 있다면 "영희가 지난번에 그렇게 말했습니다."라고 해야 한다. 이렇게 호칭과 지칭은 그 어휘가 의미하는 대상과 화자 사이에 존재하는 위계를 포함하고 있고, 동사에 결합되는 어미로 그 위계를 표시한다.

호칭이나 지칭으로 가장 많이 쓰이는 것이 '이름'이고, 그 다음으로 많이 불리는 호칭이 '직함'일 것이다. '영희'는 이름이고 '교수님'은 직함이다. 이름은 각 사람마다 고유하게 가지는 것으로 같은 이름을 가지는 사람이 여럿 있더라도 부류로 묶이지는 않는다. 하지만 직함은 그 사람의 사회적 위치를 드러내는 말로, 개인을 부르거나 가리킬 때 사용되지만, 부류로 인식된다. 이름과 직함에 더해 호칭으로서 활발한 활동을 하는 것이 '친족 명칭'인데, 이것은 부르는 사람과 불리는 사람 사이에 존재하는 관계를 담고 있다.

1. 이름에 담긴 사회

이름은 우리가 가장 많이 부르고 듣는 호칭이다. 그래서 아기가 태어났을 때 사람들은 심혈을 기울여 좋은 이름을 짓기 위해 노력한다. 여러분의 이름은 누가 지어준 것인가? 혹 항렬을 따라 지은 이름인가? 아니면 어떤 제약도 없이 부모님의 바람을 담아 지어진 것인가? 이름은 언어의 '자의성'을 단적으로 보여주는 것으로 이름이 붙여지는 당시에는 어떤 필연성도 존재하지 않는다. 하지만 한 번 붙여진 이름이 사회에 받아들여지면 사회의 구성원 간의 약속이 되고, 쉽게 바꿀 수 없다.

강희숙 외(2016)는 이름이 그 시대의 사회를 어떻게 반영해주는지에 대해 다음과 같이 말하고 있다.

> 중요한 것은 개인의 출생과 함께 이루어지는 작명 행위는 지극히 사적인 범주에 속하는 행위인 것처럼 보이지만, 정작은 그 행위가 특정 시대의 사유 체계 안에서 이루어지는 것이 일반적이라는 것이다. 따라서 개인의 이름에 나타나는 의미론적 유연성 및 형태·음운론적 구조는 일정한 시대를 지배하는 가치관은 물론 한 시대가 표방하는 문화적 특성까지를 파악할 수 있게 해 주는 창(窓)의 역할을 하게 된다.(강희숙 외, 2016; 99)

한 사람의 이름은 자신이 소속된 혈족을 나타내는 성(姓)과 태어난 후 주어지는 명(名)으로 구성된다.[01] 서구의 경우 이름의 수는 제한적이고 성이 다양한 반면 우리나라는 성씨의 수가 제한적이고 이름이 다양하다. 우리나라의 성명은 대부분 한자어로 이루어져 있고[02], 성은 대개 한 음절, 이름은 대개 두 음절로 구성된다. 한자어 이름은 일제강점기를 지나면서 일반 국민의 이름으로 보편화되었고 그 이전까지는 왕족이나 귀족만 한자어 이름을 가지고 평민은 보통 순우리말 이름을 가졌다.[03] 한자어 성명은 그 성명의 주인이 어느 가문에 속하는지 알려 주는데, 같은 성씨라 해도 '김해 김씨, 전주 이씨, 밀양 박씨' 등과 같이 각 가문의 시조(始祖)가 태어난 곳을 나타내는 본(本)을 따로 따져 혈통을 밝힌다.[04] 그리고 하나의 조상을 가진 같은 가문의 사람들은 이름(名)에 항렬(行列)을 나타내는 글자를 넣어 그가 어느 세대에 속하는지 밝힌다.[05]

강희숙 외(2016)는 서울시와 지방 대도시 3개, 군지역 3개에서 1950년대부터 2000년대 사이에 태어난 한국인 182,400명을 대상으로 이름을 조사해서 한국인 이름의 특성과 변천 양상을 정리했다. 조사 결과에 따르면 이름을 구성하는 글자에 연대별로 선호되는 전형성이 드러나며 후대로 내려올수록 같은 이름을 가진 사람의 숫자가 늘어난다. 〈표 8.1〉은 각 시대에 가장 인기 있었던 이름을 정리한 것인데, 각 이름에 들어 있는 한자를 보면 그 시대의 가치관을 엿볼 수 있다.

	1948년		1958년		1968년		1978년	
	남	여	남	여	남	여	남	여
1위	영수	순자	영수	영숙	성호	미경	정훈	지영
2위	영호	영자	영철	정숙	영수	미숙	성훈	은정
3위	영식	정순	영호	영희	영호	경희	상훈	미영
4위	영철	정숙	영식	명숙	영철	경숙	성진	현정
5위	정수	영숙	성수	경숙	정호	영숙	지훈	은주
	1988년		1998년		2008년		2014년	
	남	여	남	여	남	여	남	여
1위	지훈	지혜	동현	유진	민준	서연	민준	서윤
2위	성민	지은	지훈	민지	지훈	지민	서준	서연
3위	현우	수진	성민	수빈	현우	민서	주원	민서
4위	정훈	혜진	현우	지원	준서	서현	하준	서현
5위	동현	은지	준호	지현	우진	서윤	예준	지민

〈표 8.1〉 출생신고 기준 시대별 선호 이름(국민일보 2014년 6월 21일 기사 '2014년 가장 인기 있는 이름은?')

1948년부터 1968년까지 남자의 이름을 보면 '영(永; 길 영)'자가 들어간 이름이 많은데, 이는 영아사망이 많고 평균수명이 짧았던 당시 명이 길기를 바라는 마음에서 사용한 것으로 해석할 수 있다. 반면 여자 이름에서는 '숙(淑)'자가 눈에 띄는데, 가부장적 사회 분위기에 따라 정숙한 현모양처의 덕을 갖추기를 바라는 마음을 담고 있는 것이다. 그리고 광복 후이지만 1948년에도 일본의 여자이름에 많이 쓰였던 '자(子)'가 들어간 이름이 1, 2위를 차지했는데 일본의 여자이름에 많이 사용되는 것으로 일제강점기의 영향이 지속된 것으로 보인다.

1970년대와 1980년대 남자 이름에는 '훈(勳; 공 훈)'이 많이 들어가는데 이는 '성(成; 이룰 성)'이나 성(晟; 밝을 성)과 함께 사회에서의 성공을 비는 뜻을 담고 있는 것으로, 당시 성공과 부를 추구하는 사회의 가치관을 담고 있다. '지훈(知勳)'이라는 이름은 1978년부터 2008년까지 꽤 오랫동안 상위권에 머물렀는데, 1980년대부터 지식과 교육을 중시하는 사회 분위기가 반영된 것이라 하겠다. 여자이름은 1948년부터 1978년까지 계속 '영(英)'이 지배적인 위치를 점하고 있다가 사라지고, 1968년 '미(美)'가 등장해 여성의 아름다움에 주목하고 가치를 두는 사회의 시작을 알렸다. 그리고 1998년까지는 남녀의 이름이 확연히 구분되지만 그 이후로는 중성적인 이름이 많이 목록에 올라 있다. 이는 곧 남녀평등을 추구하는 사회 분위기에 부응한 결과로 봐도 무방할 것이다.

〈표 8.1〉에는 따로 표시하지 않았지만 1948년 '영호'라는 이름을 가진 남자는 942명이지만 '순자'라는 이름을 가진 여자는 5,836명이다. 그리고 1958년 '영수'는 1,488명, '영숙'은 7598명, 1968년 '성호' 1,716명, '미경' 8,963명으로, 각 시기에 동일한 이름을 가진 사람 수에서 여자가 남자의 4배를 넘는다. 1978년에 이르러 '지영'이라는 이름의

여자 수가 '정훈'이라는 남자 수의 2배가 되었고, 2008년 '민준'과 '서연'은 거의 동수, 2014년에는 '민준' 449명, '서윤' 310명으로 여자가 오히려 더 적어졌다. 각 이름을 가진 사람 수에 주목하는 것은 각 시기의 사람들이 자녀의 이름을 지을 때 남아와 여아의 이름을 다르게 취급했음을 엿볼 수 있기 때문이다. 남자아이의 이름을 지을 때는 보다 신중하게 남과 다른 이름을 선택하려고 했지만 여자아이의 경우엔 흔하게 사용되는 이름이라도 괜찮다고 생각한 것이다. 강희숙 외(2016)의 조사 결과에서도 남성에 비해 여성 이름의 중복 빈도가 훨씬 높게 나타났는데, 여성의 이름을 지을 때 그 시대의 전형적 이름에 대한 선호도가 더 높았기 때문인 것으로 해석하고 있다.

2. 친족 명칭에 담긴 사회

친족 명칭(Kinship Terminology)은 친척과 인척에 대한 호칭과 명칭을 포괄하는 것으로 그 사회의 구조와 구성원 간의 관계를 반영한다. 인류학자인 모건(Lewis Henry Morgan)은 1871년 펴낸 『혈족 체계와 친연성(Systems of Consanguinity and Affinity of the Human Family)』에서 친족 명칭과 사회구조의 연관성에 대해 기술했다. 여기에서 그는 친족 명칭 체계를 크게 두 개의 부류로 묶었는데, 하나는 친족 관계 하나하나에 일일이 다른 명칭을 부여하는 '기술적(descriptive)' 체계이고, 다른 하나는 몇 개의 관계를 묶어 하나의 용어로 표현하는 '부류적(classificatory)' 체계이다. 그의 해석에 따르면 원시사회는 형제자매 간에도 결혼이 이루어지는 사회로 친족 관계가 단순했고 친족 명칭도 자연스럽게 부류적이었으며, 사회구조가 복잡해지면서 친족 명칭 체계가 기술적 형태를 띠게 되었다는 것이다.

모건은 유럽과 서아시아, 미대륙, 남부 아시아와 동부 아시아, 오세아니아 지역의 친족 명칭을 조사한 후 친족 명칭에 나타나는 기본 패턴을 정리했다. 하와이 친족명칭(Hawaiian Kinship)이 가장 부류적인데, 성과 세대에 따른 구분만 가지고 있어 부모 세대의 여자(Makuakane), 남자(Makuahine), 나(ego)와 같은 세대의 여자(Kaikuahine), 남자(Kaikua'ana)를 위한 명칭만 존재한다. 반면 수단의 친족명칭(Sudanese Kinship)은 부모 세대의 친족이 각각 다른 명칭을 가지고 있고, 나와 같은 세대의 경우에는 부모 세대의 관계에 따라 각기 다른 명칭을 가지고 있어, 가장 기술적인 체계를 가지고 있다. 에스키모 친족명칭(Eskimo Kinship)은 나의 직계가족과 나머지 친척을 구분하는 체계를 가지고 있는데 나의 아버지와 어머니, 여자형제, 남자형제는 각각의 명칭을 가지는 반면 어머니와 아버지의 여자형제, 남자형제가 각각 동일한 명칭을 가진다. 그리고 그들의 자녀는 모두 동일한 하나의 명칭으로 불린다.

이로쿼이 친족명칭(Iroquois Kinship)[06]은 어머니의 여자형제는 어머니와 같은 명칭으로, 아버지의 남자형제는 아버지와 같은 명칭으로 부르고 어머니의 남자형제와 아버지의 여자형제는 별도의 명칭으로 부른다. 그리고 나와 같은 세대는 아버지의 여자형제의 자녀와 어머니의 남자형제의 자녀가 모두 동일한 명칭을 가지고, 아버지의 남자형제, 어머니의 여자형제의 자녀는 나의 친 형제자매와 동일한 명칭을 가진다. 이는 아버지의 동성 형제와 어머니의 동성 형제를 나의 친부모와 같이 생각하고 있음을 반영하는 것으로 볼 수 있다. 크로우와 오마하 친족 명칭은 이로쿼이와 비슷하지만 자녀 세대의 명칭에서 아주 특별한 모습을 보여준다. 크로우 친족명칭(Crow Kinship)은 아버지의 여자형제의 자녀가 그 부모 세대와 같은 명칭을 가지고, 오마하 친족명칭(Omaha Kinship)은 어머니의 남자형제의 자녀가 그 부모세대와 동일한 명칭을 가진다. 영어는 에스키모 친족명칭과 같은 체계를 가진다. 부모세대 명칭은 성별 구분만 가지며, 자녀세대는 직계 가족과 그 외의 사촌들을 구분하고 직계 형제자매의 경우 성별 구분만 한다.

우리말은 세대, 성별, 연령이 모두 작용하고 여기에 친족 당사자의 결혼여부까지 작용하여 수단 친족명칭보다 훨씬 더 복잡한 친족명칭을 가지고 있다. 우선 부모세대는 어머니, 아버지, 이모(어머니의 여자형제), 고모(아버지의 여자형제), 삼촌(어머니의 남자형제, 아버지의 남자형제 중 결혼하지 않은 사람), 그리고 큰아버지(아버지의 남자형제 중 아버지보다 나이가 많고 결혼한 사람), 작은아버지(아버지의 남자형제 중 아버지보다 나이가 적고 결혼한 사람)가 있다. 그리고 나와 같은 세대는 형(내가 남자이고 친족이 남자이면서 나이가 많을 때), 오빠(내가 여자이고 친족이 남자이면서 나이가 많을 때), 누나(내가 남자이고 친족이 여자이면서 나이가 많을 때), 언니(내가 여자이고 친족이 여자이면서 나이가 많을 때)가 있고, 나의 가족이 아닌 경우 앞에 '사촌'을 덧붙인다.

모건의 친족명칭 패턴도 보여주고 있듯이, 모든 언어는 기본적으로 '엄마', '아빠'에 해당하는 명칭을 가지고 있는 것으로 보인다. 하지만 중국 윈난성 리장시에 사는 모쒀족(Mosuo, 摩梭族)은 '엄마'에 해당하는 '아미'만 존재하는 매우 단순한 친족명칭 체계를 보여준다. 모쒀족은 모계 사회로 한 가정이 여자를 중심으로 움직이는데, 여자가 농사를 짓고 남자는 수렵을 담당한다. 남자와 여자가 부부가 되어 자식을 낳고 평생을 함께 살아가는 일반적 의미의 결혼제도는 없고, 마음에 맞는 이성과 자유롭게 잠자리를 가지는 저우훈(走婚)이 존재한다. 남자는 한집에 살지 않으며, 집안의 재산과 가장의 권한은 맏딸에게 대물림된다. 모쒀족의 언어에는 아버지와 남편에 해당하는 단어가 없으며, 집안의 유일한 남성 호칭은 외삼촌뿐이다. 여자 어른은 모두 아미로 부르고, 모든 자녀는 어머니의 성을 따르면서 성별에 관계없이 모두 자매라고 부른다.[07]

친족 명칭이 왜 이렇게 다양한 모습을 가지게 되었을까? 친족명칭은 그 사회의 육아 체계와 밀접한 관계가 있다. 하와이 원주민들은 아이를 낳으면 아이의 부모가 육아를 전담하는 것이 아니라 친척들이 함께 육아를 담당한다고 한다. 주변 친척들이 돌아가며 아이를 봐주므로 아이에게는 이모도 고모도 모두 엄마가 되는 것이다. 반면 수단이나 우리나라처럼 모계 친족인지, 아니면 부계 친족인지까지 엄격하게 구분하는 것은 결혼 생활과 육아 환경이 매우 한정적인 경계 안에서 이루어짐을 반영한다고 볼 수 있다.

3. 호칭에 담긴 사회

1) 직장 내 호칭

우리가 누군가를 부를 때 이름과 친족 명칭 외에 사용하는 것에는 또 어떤 것들이 있을까? 대표적인 것이 직함이다. 직장에 들어가면 상사가 있기 마련이고, 그들은 대리, 과장, 차장, 부장, 전무, 대표 등의 직급에 해당하는 명칭으로 불린다. 이때 '이대리', '이대리님', '대리님'은 각각 어느 위치의 사람이 사용할 수 있는 호칭인지 생각해 보자. '이대리'는 적어도 이대리와 동급이거나 그보다 상위 직급의 사람이 사용할 수 있고, '대리님'은 하위 직급의 사람이 사용해야 하는 호칭이다. '이대리님'은 상황이 약간 복잡한데, 하위 직급의 사람이 사용할 때는 두 사람이 어느 정도 친해진 상태여야 하고, 동일직급 간에 사용할 경우에는 나이차이가 있거나 서로 친하지 않은 상태여야 한다. 이익섭(2000)은 한국어 호칭이 14개 등급을 가지고 있다고 보고, 다음과 같은 호칭 서열표를 제시했다.

과장님―박과장님―박영호 씨―영호 씨―영호 형―박 과장―
박 씨―박 형―박 군―박영호 군―영호 군―박영호―영호―영호야

　이 서열표는 직장 내에서 사용할 수 있는 호칭의 서열을 보인 것인데 '과장님'과 '박과장님'은 하위의 사람이 상위의 사람을 부를 때 사용하는 호칭으로, 상위자가 사용하는 경우는 드물다.[08] '박과장님'은 동일직급의 사람이 사용할 수 있는데, 공식적인 상황이거나 다른 회사 사람일 경우 가능하다.[09] '박영호 씨'는 상위 직급의 사람이나 동일한 지위의 사람이 박영호를 높여 부를 때 사용하는 호칭으로 동일직급이라면 나이가 더 많은 사람이거나 입사시기가 더 빠른 사람이 사용할 수 있다. 여기에서 성을 떼고 '영호 씨'라고 부르려면 상위직급이고 박영호와 함께 일하면서 어느 정도 친근 관계가 형성된 사람이어야 한다. '영호 형'은 함께 근무한지 꽤 돼서 상당한 친근 관계가 형성된 후배가 선배에게 사용할 수 있는 호칭이다. '박과장'은 상위 직급의 사람이 하위 직급의 사람에게 사용하거나, 동일직급이라면 어느 정도 친근 관계가 있는 사이에 사용할 수 있다.
　'박 씨'는 그 자체로서는 상대를 높이는 의미를 가지고 있지만 사용이 아주 제한적이다. 오늘날에는 대개 노동직의 상급자가 하급자를 부를 때 사용하는 호칭으로 굳어져 있고, 나이가 더 어린 사람이라도 상급자

일 경우 사용하는 것으로 보인다. '박 형'은 비슷한 연령대이면서 동일한 직급일 때 사용하는 것으로, 상대를 낮춰 보지는 않지만 높여 생각하지도 않는 상황에서 사용한다. '박 씨'와 '박 형' 모두 연령과 직급이 현저하게 차이 나지 않는 상황에서 상대를 낮춰 부를 수 없을 때 사용할 수 있는 호칭이다. '박 군', '박영호 군', '영호 군'처럼 누군가의 이름에 '-군'을 붙인 호칭은 선생님, 교수님, 혹은 그에 버금가는 위치에 있는 나이 든 사람이 자신의 제자나 그 정도의 위치에 있는 젊은 사람을 부를 때 사용할 수 있다. 이름만으로 부르는 '박영호', '영호', '영호야'는 윗사람이나 동년배가 비공식적 상황에서 사용할 수 있는 호칭으로 성을 붙여 부르는 것이 상대를 약간 더 대우하는 느낌이 드는 반면 이름만으로 부를 때는 더 사적이고 친근한 느낌이 생긴다. 이러한 차이는 앞의 '-군'과 함께 부르는 호칭도 마찬가지인데, '박 군'이나 '영호 군'에 비해 '박영호 군'이 좀 더 거리를 두는 느낌이 든다.

전체적으로 보면 '과장님'부터 '영호 형'까지는 아랫사람이 윗사람에게 사용할 수 있는 호칭이라면, '박 과장'부터는 윗사람이 아랫사람에게 사용할 수 있는 호칭이다. 같은 '형'을 사용하는 것이라도 '영호 형'은 아랫사람이 윗사람에게 사용하는 호칭이지만 '박 형'은 아랫사람이 윗사람에게 쓸 수 없는 호칭이다. 이는 상대를 대우해서 부를 때 사용한 '-님'을 붙인 '영호 형님'은 사용 가능하지만 '박 형님'은 불가능한 것으로도 확인할 수 있다. 이런 관점에서 본다면 '박영호 씨'와 '영호 씨'를 '영호 형' 뒤로 옮길 필요가 있어 보이는데, 요즘 사람들이 '-씨'를 붙여 윗사람을 부르는 것을 예의 바른 것으로 받아들이지 않기 때문이다.

브라운과 포드(R. Brown and M. Ford, 1961)는 미국의 직장 내 호칭 체계를 보여준다. 이들은 미국 직장내 호칭을 상대의 이름(first name=FN), 직함(title=T), 성(last name=LN), 직함과 성(title+last name=TLN), 여러 호

칭 혼재(multiple name=MN) 다섯 가지로 구분하고, 두 사람이 처음 만나서 관계가 진전되는 동안 호칭이 〈그림 8.1〉과 같이 9단계를 거쳐 발전한다고 보았다.

```
←T→
   TLN ↓ ↑ T
      ←TLN→
         LN ↓ ↑ TLN
            ←LN→
               FN ↓ ↑ LN
                  ←FN→
                     MN ↓ ↑ FN
                        ←MN→
```

〈그림 8.1〉 미국 직장 내 호칭 체계(R. Brown and M. Ford, 1961)

여기서 T는 'Doctor, Professor'처럼 직함만으로 상대를 부르는 것으로 가장 정중한 호칭이고, 그 다음이 TLN으로 성에 직함을 붙인 'Doctor Park', 'Professor Brown'처럼 부르는 것이다. 다음은 성만 부르는 LN이고 이름만 부르는 FN은 가장 대우 정도가 낮은 것이다. MN은 직함이나 성을 불렀다가 이름으로 부르거나 때로는 약칭(William을 Bill로 부르는 것과 같은)으로 불렀다가 하는 상태를 가리키는 것으로 상대에 대한 대우 정도가 가장 낮은 것으로 볼 수 있다. 호칭의 발달이 이 9단계를 모두 거치는 것은 아니지만 일단 한 단계를 지나가면 그 이전 단계로 돌아가지는 않는다고 한다. 다만 이 발달에 예외가 되는 예가 몇 가지 있는데, 평소 FN을 쓰던 사이에 어떤 문제가 생겼을 때 상대에 대한 질책이나 노여움을 표시할 때 TLN을 쓰는 경우가 대표적인 예이다. 그리고 하위자는 TLN을 쓰고 상위자는 FN을 쓰는 사이에 하위자가 FN을 쓰면 상위자가 하위자에게 TLN을 쓰는 경우가 있는데, 이는 '당신은 내게 FN을 쓸 만한 위치가 아니다'는 경고의 의미이다. 마지막으로 아주 친한 사이가 된 후에는 서로 쓸 수 있는 모든 호칭을 섞어 쓰는 상태인 MN 상태 역시 이전 단계의 호칭이 등장하지만 이는 역행이라기보다는 호칭에 얽매일 필요 없는 친근관계를 보여주는 것이라 볼 수 있다.

스콜론과 스콜론(Scollon & Scollon, 1995)은 짧은 담화 예를 들어 상대의 이름을 부르는 체계의 차이가 문화 간 의사소통에 어떻게 영향을 미치는지 설명하고 있다. 미국인 바이어 앤드류 리차드슨(Andrew Richardson)이 홍콩 수출업자 추혼파이(Chu Hon-fai)를 도쿄발 홍콩행 비행기에서 만나서 나눈 대화인데, 미국인은 자신을 'Andy'라고 부르라고 하면서 상대의 이름을 명함에서 확인한 후 상대에게 "추 혼 파이. 혼 파이, 내일 제가 호텔에 도착하자마자 전화를 드리지요." 한다. 이에 Chu 씨는 웃으면서 전화를 기다리겠다고 한다. 사실 Richardson은 Chu 씨가 제시한 David라는 영어 이름 대신 중국어 이름을 불러주는 것이 Chu 씨를 존중하는 것이라 생각하고 잘했다고 생각했지만, Chu 씨는 기분이 나빴다. Richardson이 성인 'Chu' 대신 이름인 'Hon-fai'를 불렀기 때문이다. 중국에서는 사업 관계 상 만남에서 이름 'Hon-fai'를 쓰지 않기 때문이다.[10]

2) 일상생활 속의 호칭

우리는 누군가를 만났을 때 어떤 호칭을 사용할지 어떻게 결정할까?

어빈-트립(Ervin-Tripp, S. M., 1972)은 그 선택의 과정을 〈그림 8.2〉와 같이 도식화했다.

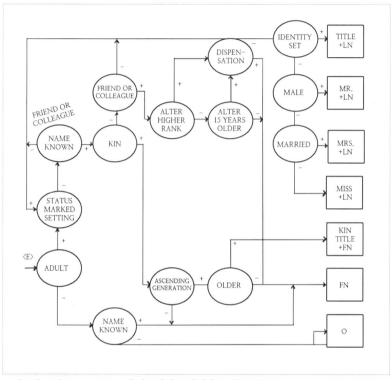

〈그림 8.2〉 Ervin-Tripp의 미국영어 호칭체계 순열도(이익섭, 2000: 185에서 재인용)

도표의 왼쪽 아래 〈E〉로 표시된 시작점에서 출발해 원형으로 표현된 각 지점에서 그 항목에 해당되는지(+) 아닌지(−)에 따라 화살표를 선택해 나아가면 마지막에 다다른 곳의 호칭을 사용하게 되는 것이다. 먼저 어른(Adult)인지 여부에서 '−'라면 18세 미만으로[11] 성인의 호칭 체계에 진입하지 못하게 된다. 'NAME KNOWN'에 가서 이름을 알고 있다면 이름으로 상대를 부르면 되고, 이름을 모르고 있다면 호칭을 사용하지 않는 '0' 상태가 된다.

어른이라면 'STATUS MARKED SETTING'에 도달하는데 이는 강의실, 법정, 국회 등 호칭 대상의 신분이 분명히 드러나는 상황인지 아닌지에 대한 것이다. 대상의 신분을 분명히 알 수 있는 상황이라면 '+'로 가 상대의 직함 목록이라 할 수 있는 'INDENTITY SET'에서 직함을 선택해 'TITLE+LN'을 선택하면 된다. 만일 상대의 신분을 알 수 없는 상황(-)이면 'NAME KNOWN'으로 가서 상대의 이름을 알고 있는지(+), 모르고 있는지(+)에 따라 선택해야 한다. 이름을 모르고 있다면 (-) 'IDENTITY SET'에 가서 직함을 선택할 수 있는지 확인하고, 선택할 수 없다면 'MALE'로, 여기에서 남자라면 '+'로 가서 'MR+LN'을 선택하고, 아니라면(-) 다시 'MARRIED'로 가서 결혼했다면(+) 'MRS+LN', 안했다면(-) 'MISS+LN'을 선택하면 된다.

상대의 이름을 알고 있다면(+) 'KIN'에서 친척인지(+) 아닌지(-)에 따라 '+'라면 'ASCENDING GENERATION'으로 '-'라면 'FRIEND OR COLLEAGUE'로 간다. 'ASCENDING GENERATION'에서는 친척 중에서 윗세대라면 '+' 아래 세대라면 '-'로 가는데, 나보다 나이가 위라면 'OLDER'에서 '+'로 가 'KIN TITLE+FN'인 'aunt annie'와 같은 호칭을, 나보다 나이가 어리면 그냥 'annie'를 쓰면 된다. 친척이 아니라면(-) 'FRIEND OR COLLEAGUE'로 가서 친구나 동료가 아니라면 'IDENTITY SET'으로 가고 친구나 동료라면(+) 'ALTER HIGHER RANK'로 간다. 여기에서 나보다 직급이나 선후배관계에서 서열상 위라면(+) 'DISPENSATION'으로 가는데 이것은 그 호칭 대상이 자신을 그냥 이름으로 부르라고 허락해주는 것을 말하는 것으로 '+'

라면 이름(FN)으로, 그렇게 하지 않았다면(-) 'IDENTITY SET'으로 간다. 호칭 대상이 나보다 서열상 아래라면(-) 'ALTER 15 YEARS OLDER'로 가서 나이가 얼마나 많은지 따져봐야 한다. 나이가 나보다 15살 이상 위라면(+) 'DISPENSATION'으로, 아니라면(-) 'FN'으로 연결된다.

어빈 트립은 원에 들어 있는 각 조건을 'selector'라고 이름 붙이고 그것이 사회적 범주(social category)를 대표한다고 했다. 이 도표에서 주목할 것은 성인의 경우 '지위가 명시된 상황(status marked setting)' 곧 '맥락'이 제일 처음에 마주하는 선택 국면이라는 것이고 그 다음이 이름을 알고 있는지 여부이다.[12] 그리고 확인하는 것이 '친척'인지와 '친구나 동료'인지이다. 이는 상대와 나의 친근 관계를 계산에 넣은 것으로 보면 될 것이다. 말하자면 성인의 경우 호칭을 결정하면서 '맥락〉이름〉친근 관계'의 순으로 조건을 고려하고, 마지막으로 상대와의 연령 차이를 고려하고 있는 것이다. 흥미로운 것은 이들 조건의 말미에 호칭의 대상이 스스로 자신을 '이름(first name)'만으로 불러도 좋다고 허락했는지 여부가 들어있다는 것이다. 이 도표에서 성인이 '이름'만으로 부를 수 있는 사람은 친족 중 더 나이가 어린 사람, 친구나 동료 중 나이가 나보다 어린 사람이고, 친구나 동료 중 나이가 나보다 많다면 그가 허락했을 때만 '이름'으로 부를 수 있다.

어빈 트립에 따르면 〈그림 8.2〉로 정리된 호칭 선택 규칙이 영국 영어에서는 조금 다르게 나타난다고 한다. 영국의 상류층 기숙학교 학생들은 남녀 간에 이름(FN)을 쓰지 않고 성(LN)을 사용하며, 일부 대학에서는 남학생들 간에도 성을 사용한다고 한다. 그리고 여자끼리는 이름을 사용하는 반면 남자는 여자에게 Miss+LN이나 Mrs.+LN을 사용한다고 한다. 이곳에서는 '성(gender)'이 주요한 선택기준으로 작용하고 있는 것이다.

3) 2인칭 대명사 '너'와 '당신'

우리말의 '당신'은 제한된 맥락에서만 '너'의 존칭으로 작용한다. 표준국어대사전의 '당신'에 대한 풀이에 따르면, '당신'이 상대편을 높여 이르는 이인칭 대명사로 쓰이는 상황은 '당신의 희생을 잊지 않겠습니다.'와 같이 문어체에서 쓰이는 것과 부부 사이에서 쓰이는 것 두 가지 뿐이다. '당신'이 더 자주 쓰이는 상황은 '맞서 싸울 때 상대편을 낮잡아 이르는 이인칭 대명사'로서 쓰이는 것이다. 따라서 부부가 아닌 이상은 상대를 향한 존칭으로 '당신'을 사용하는 일이 없다. 하지만 그럼에도 불구하고 우리나라 사람의 대부분은 '당신'을 '너'의 존칭으로 생각하고 있으며, 외국인을 대상으로 하는 한국어 교육에서도 그렇게 가르치고 있다.

독일어와 불어 등 몇몇 유럽의 언어에도, 우리말의 '너', '당신'과 같이, 대화의 상대를 이르는 말에 나와 동등하게 대우하는 평칭(平稱)형과 높여 대우하는 경칭(敬稱)형의 구별이 있다. 브라운과 길먼(Browon and Gilman, 1960)은 불어, 독일어, 이탈리아어, 스페인어의 2인칭 대명사 용법을 조사해 '위세(power)'와 '유대(solidarity)' 두 가지 요인이 평칭과 경칭 사용을 지배한다는 것을 발견했다. 말하자면 독일어에서 'du(평칭)'와 'sie(경칭)', 불어에서 'tu(평칭)', 'vous(경칭)' 중 어느 것을 사용할지는 상대가 나보다 얼마나 지위가 높은지, 그리고 나와 얼마나 친한지에 따라 결정된다는 것이다. 평칭형은 T로, 경칭형은 V로 간략하게 표기하여 보면 상위자는 하위자에게 T를, 하위자는 상위자에게 V를 사용하며 위세가 대등한 관계에서는 친밀하면 T를 친밀하지 않으면 V를 사용한다. 이러한 두 요인의 작용을 '나'를 중심으로 정리해 보면 아래 〈그림 8.3〉와 같이 표현할 수 있는데, '유대'가 '위세'보다 우위에 있어 상위자이지만 친밀도가 클 경우에는 T를, 하위자이지만 친밀도가 아주 낮다면 V를 사용한다. 오늘날 손님이 점원에게 V를 사용하는 경우나 자식이 부모에게 T를 사용하는 상황은 '유대'가 '위세'보다 먼저 적용된다고 보면 설명하기 쉽다.

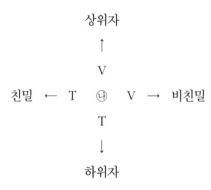

〈그림 8.3〉 유럽어 2인칭 대명사 구분 요인 작용도(이익섭, 2000 인용 재구성)

20세기 중엽부터 이렇게 위세보다 유대가 더 먼저 작용하게 되는 변화가 일어나고, 상호간에 V를 쓰는 경우가 많아져, 'V⇌T'와 같이 한쪽은 V를, 다른 한쪽은 T를 사용하는 상황은 아주 한정적인 상황에 불과하다고 한다. 재미있는 것은 '유대'를 결정짓는 배경이 나라마다 달라서 독일에서는 가족관계가 우선인 반면 프랑스에서는 동창이나 동향이 더 큰 영향력을 발휘했고, 이탈리아에서는 가족관계와 친구관계를 모두 중요하게 여겨 T를 더 적극적으로 사용한다고 한다.

우리말의 '너'와 '당신'에 '위세'와 '유대'의 작용을 적용할 수 있을까? '너'는 상위자가 하위자에게 혹은 대등한 위세를 가진 사람들 사이에 서로 사용할 수 있는데, 반드시 '유대'가 전제되어야 한다. 아무리 '김 부장'이 '박 과장'에 비해 상위자라 할지라도 '박과장'에게 '너'라고 할 수 없다. 만약 김 부장이 박 과장에 대해 몹시 화가 나 있다면 '너'를 사용하게 될 텐데, 이는 상대를 낮게 봄을 의미하는 것이다. 그런데 이 때 김 부장이 박 과장에게 '당신'을 사용하여 '박 과장 당신'이라고 한다면 어떨까? '너'보다는 낮추어 대하는 느낌은 많이 누그러지지만 그렇다고 해서 상대를 대우하는 것으로 들리지는 않는다. 만약 박 과장이 흥분한 나머지 김 부장에게 '당신'을 사용하게 되면 김 부장이 박 과장에게 '너'를 사용하는 것과 유사하게 김 부장을 낮춰 보는 의미가 전달되게 된다.

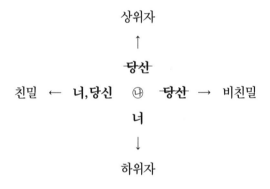

〈그림 8.4〉 우리말 2인칭 대명사 사용

〈그림 8.3〉에 우리말 '너'와 '당신'을 넣으면 〈그림 8.4〉처럼 표시할

수 있을 것이다. '당신'은 상위자와 친밀하지 않은 사람에게 사용할 수 없어 '경칭 2인칭 대명사'의 자격을 상실했다고 볼 수 있으며, 대등하면서 친밀한 관계인 부부간에서만 2인칭대명사로서의 역할을 유지하고 있다. 사실 이러한 쓰임의 '당신'은 부부간에 사용되는 영어의 'honey'나 'darling'과 같은 특별한 호칭에 속한다고 볼 수 있겠다. '너'의 경우 대등한 관계는 물론 상위자가 하위자에게 '너'를 사용할 때도 상대와 친밀한 관계여야 하는데, 이는 유럽에서 '유대'가 '위세'보다 먼저 작용하게 된 것처럼 우리말에서도 '너'를 사용하는 데 있어 '유대'가 먼저 작용하는 것으로 해석할 수 있다.

이러한 상황에서 '당신'의 역할을 하고 있는 것이 호칭이다. 교수에게 "교수님이 그렇게 말씀하셨는데요."라거나 어머니에게 "어제 엄마가 사오라고 했잖아요."와 같이 상대를 부르는 호칭에 해당하는 것을 2인칭 대명사 자리에 사용하고 있는 것이다. 최근에는 재귀대명사 '자기'를 "아까 자기가 전화했지?"와 같이 사용하기도 하는데, '자기'는 자신과 대등하거나 하위인 사람이면서, '너'라고 부를 수 없을 사람에게 사용한다. 연인이나 부부간에 사용하는 애칭으로서의 '자기'는 '당신'과 대응되는데 '당신'은 중년 이상의 부부간에 사용된다면 '자기'는 청장년층간에 사용되는 것으로 보인다.

4) 우리말에서의 친족어 호칭 확산

우리말 호칭어의 특징 중 두드러지는 것은 친족어가 일반적인 호칭어로 쓰이고 있다는 것이다. 대표적인 것이 식당에서 일하는 여성을 부를 때 사용하는 '이모'이다. '이모'라는 호칭은 그 사용역이 제한되어 있는

데 첫 번째는 그 호칭이 쓰이는 장소가 '식당'이며, 결혼을 하고 자녀를 두었을 법한 연령의 여성에게 사용할 수 있고, 주로 '청년층'이 사용한다. 두 번째는 주로 어머니의 친한 친구이거나 선후배로 자녀와도 긴밀한 관계를 유지하고 있는 여성을 그 자녀가 부를 때 사용하는 것이다. 이때 보통 '이모' 앞에 그 사람의 이름을 함께 붙여 '성현 이모'와 같이 부르기도 한다. '이모'는 어머니의 자매를 부를 때 사용하는 호칭으로 친족집단 안에서 사용하는 것이었지만 '아줌마'의 퇴조와 더불어 친족의 울타리를 넘어 사용되기 시작했다. 최근 들어서는 '언니' 역시 미용실이나 옷가게의 점원이 손님을 부르는 상황에서 쓰이고 있는데, 중년의 여성 점원이 20대 여성 손님을 대상으로 쓴다거나 미용실의 남성 종업원이 여성 손님을 대상으로 사용하기도 한다.

김희숙(2003)은 이렇게 1차 집단, 곧 친족집단의 호칭어가 비친족 집단인 2차 집단으로 확산되는 원인을 ① 우리말에서 주어가 자주 생략되고 인칭대명사가 분화되지 않았으며(언어적 측면), ② 직제 구분이 명확하지 않은 작은 규모의 기업이 많고(산업구조적 측면), ③ 이름을 직접 부르는 것을 금기시하며(사회관습적 측면), ④ 성차별적 함의를 갖지 않는 표현을 선호(성중립성 추구 측면)하기 때문이라고 보았다.

4. 경어법과 공손법에 담긴 사회

1) 경어법에 담긴 상대에 대한 태도

우리말에는 청자에 대한 대우를 나타내는 '-아/어요', '-ㅂ/습니다'와 같은 종결어미와 문장의 주어에 대한 대우를 나타내는 어미 '-시-'

가 있다. 그리고 주어에 바로 결합되어 주격조사 '-께', '-께서', 동사 '드리다', '뵙다', '주무시다', 명사 '댁', '성함', '연세', 의존명사 '님', '분', '씨' 등도 모두 그것과 결합되는 대상을 화자가 높여 대우함을 표시하는 기능을 가진다. 이들은 모두 이른바 '경어법'의 범주에 드는 것으로 대화에 참여하고 있는 화자와 그 대상의 관계를 가장 잘 드러내는 것이다. 따라서 이들을 적절하게 사용하는 것이 의사소통에 중요한 영향을 미친다.

이 경어법 사용에 있어서도 '위세'와 '유대' 요인이 작용하는데, '유대'가 더 우위를 점하고 있는 것으로 보인다. 신입사원이 첫 출근을 해서 인사를 하는 자리라면 아무리 부장이나 과장이라 해도 신입사원에게 반말을 사용하지 못한다거나 초등학생이라 하더라도 처음 만나는 자리에서는 존댓말을 사용하는 것 등을 보면 그렇다. 그리고 아이가 자신의 엄마나 할머니에게 반말을 사용하는 경우는 '유대'가 경어법 선택에 있어 절대 우위를 차지하고 있음을 보여준다. 반대로 반말을 사용해도 좋은 아이들에게 존댓말을 사용한다거나 상점의 나이어린 종업원에게 존댓말을 사용하는 것은 그들의 위세를 실제보다 높은 것으로 인정함을 표시하는 것이 된다.

그런데 최근 이러한 경어법의 '위세'요인이 적정선을 넘어 '과잉' 적용되는 예가 있다. 바로 "주문하신 피자 나오셨습니다.", "더 큰 사이즈는 없으세요.", "매운 맛 조절 가능하세요."와 같이 '-시-'를 붙이면 안되는 곳에 넣어서 청자를 높여 대우하는 것이다. '-시-'는 주어를 높여 대우하는 어미로서 "할머니가 주무신다."와 같이 주어가 나이가 많다거나 지위가 높다거나 해서 '위세'를 인정할 수 있는 '사람'이어야 한다. 다만 "할머니가 키가 크시다."의 '키'와 같이 주어의 특성에 해당하는 것은 '-시-'를 넣을 수 있다. 그러나 '피자', '사이즈', '매운 맛 조절'은 그것과 연관되어 있으면서 '-시-'로써 대우를 받아야 할 사람이 없음에도 불구하고 '-시-'가 쓰이고 있다. 이러한 표현은 주로 백화점이나 큰 상점과 같이 종업원의 서비스 품질에 대한 평가에 예민한 곳에서 주로 쓰이며 특히 홈쇼핑 방송에서 지배적으로 쓰인다. 그래서 '백화점 말투'라고 불리기도 하는데 재래시장이나 동네 슈퍼, 소규모 점포에서는 백화점이나 홈쇼핑만큼 쓰이지 않는다.

〈그림 8.5〉 경어법 과잉 적용 예

〈그림 8.5〉는 경어법 과잉 적용의 또 다른 예를 보여준다. 이 포스터는 한여름 지하철역 스크린 도어에 게시되어 있던 것으로 '시민'에 '님'을 덧붙인 '시민님'을 사용하고 있다. 추측컨대 '시민'을 높여 부름으로써 이 포스터를 보는 '시민'들에게 대우받고 있다는 기쁨을 선사하고 싶었던 것으로 보인다. 하지만 '시민'이라는 것은 이른바 통칭으로 경어법의 의존명사를 붙이지 않고 쓰는 것이 맞다. 꼭 '시민' 하나하나를 직접 청자로 삼아 이 말을 전하고 싶었다면 '시민 여러분' 정도가 적당하다.

지나친 대우의 또 한 가지 예는 서울시립미술관 화장실에 붙어 있던 안내문인데 "시민고객 여러분! 이 건물은 금연구역입니다."라는 문구가 들어 있었다. 여기에서 문제가 되는 것은 '시민고객'의 '고객'이다. 앞의 '시민님'과 마찬가지로 여기에서도 '시민 여러분'으로 충분한데, 왜 굳이 '고객'을 추가했을까? '고객'은 '상점에 물건을 사러오는 손님' 혹은

'단골손님'을 이르는 말로 호칭이 아니었다. 본래 상점이나 은행에서 손님을 부를 때 'ㅇㅇㅇ씨'라고 했고 30여 년 전쯤 'ㅇㅇㅇ님'이라는 말이 등장했다. 그리고 뒤이어 'ㅇㅇㅇ손님'이 쓰이기 시작했고 뒤이어 '고객님'이 나타났다. 표준국어대사전의 '고객' 표제어 아래 '단골손님'이라는 의미의 '고객'은 '손님'으로 순화하여 쓰라는 내용이 들어있다. 이는 한자어가 보다 고급스러운 어휘로 받아들여지고, 수많은 순우리말 어휘가 사라져가고 있는 상황에서 '고객'의 쓰임이 지나치게 확장되었음을 말하는 것이다. '고객님'과 '손님'을 한 번 불러보라. 둘 중 어느 것이 더 여러분을 대우하여 부르는 것으로 느껴지는가?

2) 공손법에 담긴 태도

우리는 나보다 나이가 많거나 지위가 높은 사람과 대화를 나누는 가운데 스스로에 대해 언급할 때 '저'라는 말을 사용한다. 그리고 누군가에게 물건을 들어달라는 부탁을 할 때 "이것 좀 들어 주세요."처럼 '좀'과 '-아/어 주세요'를 사용한다. 택시기사에게 차를 세워달라고 말해야 할 때도 "저기 은행 앞에 세워 주세요."라고 말하고, "저기 은행 앞에 세우세요."라고 말하지 않는다. '저', '좀', '-아/어 주세요'는 모두 공손 표현에 속한다. 이 외에도 "저는 그렇게 하는 것이 옳다고 생각됩니다."의 '생각됩니다', "그만 일어나는 게 좋을 것 같아요."의 '-(으)ㄹ 것 같다' 등도 자신의 주장을 내세우지 않고 공손하게 표현하는 것이다.

경어법이 청자나 주체를 높여 대우하는 것이라면 공손법은 화자가 스스로를 낮추어 상대를 높이는 효과를 노리는 것이다. 공손법은 명령이나 요청과 같이 청자에게 어떤 행위를 하도록 해야 할 때 청자의 기분을 상하지 않도록 하기 위해 주로 사용된다. 브라운과 레빈슨(Penelope Brown and Stephen Levinson, 1978))은 비판이나 요청, 명령 등의 행위가 상대의 체면을 위협하는 행위(face-threatening act=FTA)라고 보고, 체면 위협의 정도를 누그러뜨리기 위해 다음 〈그림 8.6〉과 같이 공손 전략 (politeness strategy)을 사용한다고 보았다.

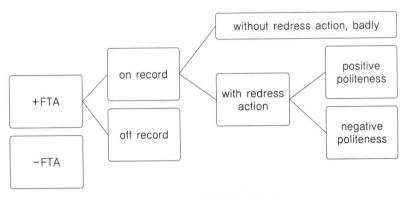

〈그림 8.6〉 체면위협행위와 공손전략

'−FTA'는 체면위협행위를 하지 않는 것으로 요구나 명령을 하지 않는 것이다. '+FTA'는 체면위협행위인 줄 알지만 그 행위를 하는 것을 가리키는데, 'on record'는 드러내놓고 명령이나 요구를 나타내는 표현을 사용하는 것이고, 'off record'는 직접 명령이나 요구를 나타내는 표현을 쓰지 않고 간접적으로 표현하는 것이다. "이제 자!"라고 말하는 것은 'on record'로서 전혀 공손하지 않은 표현이고, "이제 잠자리에 들시간이네."라고 암시적으로 말하는 것이 'off record'이다. 드러내놓고 체면위협행위를 하는(on record) 경우도 두 가지로 나뉘는데, "이제 자!" 혹은 "내일까지 숙제를 제출하세요."와 같이 체면위협에 대한 어떠한 보상행위도 없이 안 좋게(without redress action, badly) FTA를 할 수도 있고, 보상행위를 하면서(with redress action) 할 수도 있다. 보상행위로는 적극적 공손(positive politeness)과 소극적 공손(negative politeness) 두 가지가 있는데, 적극적 공손은 "라면 하나만 끓여 줘." 대신 "지난번에 네가 끓여 준 라면 맛있던데…. 어떻게 한 번 더 먹어볼 수 있을까?"와 같이 말하는 것이다. 이렇게 상대방의 능력을 인정하거나 칭찬을 해주면서 자신이 원하는 바를 간접적으로 말한다면 청자는 체면이 깎이는 것에 대한 부담을 덜 것이다. 소극적 공손은 "시간 있으면 라면 하나만 끓여 줄 수 있을까?" 처럼 청자가 해당행위를 할지 말지 스스로 결정하게 함으로써 체면 위협의 정도를 낮추는 것이다.

레이코프(Robin Lakoff, 1973)는 요구나 명령을 수행할 때 체면에 위협을 받아야 하는 청자를 위해 우리가 지켜야 할 공손규칙(rule of politeness)을 제시했다. '강요하지 말라(Don't impose)', '선택권을 주라(Allow the addressee his options)', '청자를 기분 좋게 하라(Make the listener feel good)'가 그것이다. 앞서 배운 간접화행은 이 공손규칙을 지키는 데 매우 유용한 수단이다. 공손규칙에 따르면, 간접화행문 "아유. 여기 너무 덥네."는 "문 좀 열어 줄 수 있어요?"보다 공손한 표현이고 "문 열어"는 전혀 공손하지 않은 〈+FTA, on record, without redress action〉의 표현이 되는 것이다.

5. 언어에 담긴 차별 의식?

1) 남녀차별

앞서 우리는 계층이나 민족성에 따른 언어의 차이가 차별의 근거가 될 수 있음을 보았다. 그런데 언어 자체가 사회의 차별을 담고 있는 것이 있다. 다음 예문에서 밑줄이 그어진 단어 'botanist'와 '그 사람'의 성별은 무엇이라고 생각하는가?

(1) a. When **a botanist** is in the field, he is usually working.

b. When **a botanist** who is in the field is usually working.

c. 공원에서 산책을 하고 있던 **그 사람**은 의사이다.

d. 공원에서 산책을 하고 있던 **그 사람**은 간호사이다.

맥케이와 풀커슨(D. Mckay and D. Fullkerson, 1979)은 미국 남녀 대학생 각 20명에게 (1a)의 문장을 제시하고 이 문장이 여자에 대해 말하는 문장일 가능성을 물었는데, 90% 이상이 아니라고 답했다고 한다. 그런데 (1b)가 여자에 대해 말하는 문장일 수 있느냐는 질문에는 43%만이 아니라고 답했다고 한다. 이것은 (1a)의 문장에서 앞 절의 'a botanist'를 뒤 절에서 'he'로 받았기 때문인데, 앞의 명사가 가리키는 사람이 남자인지 여자인지 분명치 않을 때는 총칭 'he'로 받는 문법 규칙이 있지만, 사람들이 'he'를 총칭으로 받아들이지 않음을 말해준다.[13] 그러면 (1c)와 (1d)의 '그 사람'의 성별은 무엇이라고 생각하는가? (1c)의 '그 사람'은 남자, (1d)의 '그 사람'은 여자라고 생각하지 않았는가? 여러분은 경험상 의사는 거의 남자였고 간호사는 거의 여자였다는 통계 결과에 근거해 판단을 내렸을 수도 있지만, '의사'는 남자, '간호사'는 여자라는 고정관념을 가지고 있었을 가능성이 크다.

다음 웹툰 '아쿠아맨'은 대학생인 소라, 성준, 나루 세 명이 주인공으로 나오는 이야기인데, 소라는 여학생이다. 3화에 소라의 얼굴 아래 '소라는 강자에게 강하고 약자에게 약한 요즘 보기 드문 청년이다'라는 지문이 있는 장면이 실렸다. 이 3화 아래에는 "청년[青年] 신체적으로나 정신적으로 한창 힘이 넘치는 시기에 있는 사람 남자 여자 상관없습니다~^-^"라는 댓글이 베스트 댓글로 올랐다. 그림 아래 있는 '소라는 강자에게 강하고 약자에게 약한 요즘 보기 드문 청년이다'에 들어있는 '청년'에 대해 언급하고 있는 다른 댓글 때문이었다. '순간 청년 나왔을 때 청년? 아 작가님이 웃길라고 그러시는구나~라고 생각했음', '청년 ㅋㅋㅋㅋㅋㅋㅋㅋ 처자가 아니고? ㅋㅋㅋ'와 같은 댓글들이 줄지어 올랐다. 그러자 이에 대해 한 독자가 '청년'에 대한 정의를 올린 것이 베스트 댓글이 된 것이다. 이 댓글에 답글이 달렸는데 '그러게요.. 왜 청년하면 남자부터 떠오를까? 인식을 바꿔야겠어요.', '아하 ㅎㅎ 남잔 줄 알고 놀람', '그런 뜻이군요~ ㅎㅎ'였다. 국립국어원 표준국어대사전에는 '청년'에 대하여 두 개의 의미를 싣고 있다. 하나는 베스트 댓글이 보여준 것과 같은 '신체적·정신적으로 한창 성장하거나 무르익은 시기에 있는 사람'이고 다른 하나는 '성년 남자'이다. '청년이여! 야망을 가져라."와 같은 문장의 '청년'은 남녀를 가리지 않고 젊은 사람들을 가리키는 총칭이다. 하지만 길거리에서 할머니가 어떤 젊은이를 '청년'이라고 불렀다면, 혹은 '어제 만났던 청년'에 대해서 이야기하고 있다면 이 '청년'은 거의 예외 없이 '남자'다. 이러한 쓰임의 '청년'에 대응되는 여성형은 '아가씨'로 이는 총칭의 쓰임은 없고 오로지 여성만을 가리키며, 최근에는 특정한 직업을 가진 젊은 여자를 가리키는 부정적인 의미의 쓰임이 많아져서 그 사용역이 상당히 좁아졌다. 성 중립성을 가지고 '청년'을 대체할 수 있는 것을 찾자면 '젊은이' 정도일 텐데, 이 '젊은이'조차 '청년'과 마찬가지로 '남성'이라는 내포를 가지고 있는 것으로 보인다.

영어에서 남성형과 여성형이 짝을 이루는 단어들 중 남성형은 긍정적인 의미를 가지는 반면 여성형은 부정적인 의미나 쓰임을 가지는 예를 많이 찾아볼 수 있다. 'bachelor'는 '독신남'을 의미하며 그 여성형인 'spinster'는 '독신녀'라는 의미 외에 '노처녀'라는 부정적인 의미를 가진다. 옥스퍼드 학습자 사전은 'spinster'를 '단순히 결혼하지 않은 여자를 의미하는 것으로 사용하면 안 된다.'는 주의사항을 덧붙이고 있다. 이것은 결혼은 늦게까지 안 하고 독신으로 있는 사람 중에서도 여성을 특히 더 부정적으로 바라보는 사회의 인식을 반영하고 있는 것으로 볼 수 있다.[14] 'governor'는 '총독', '주지사' 등을 위미하지만 그 여성형인 'governess'는 '(부잣집에 입주하여 그 가족의 아이를 돌봐 주는) 가정교사'를 의미한다. 'master'는 '무언가를 통제하거나 어떤 것에 통달해 최상의 능력을 가진 사람'이라는 의미를 가지는 반면 그 여성형 'mistress'는 남성형의 의미를 가진 여성을 의미하기도 하지만 '결혼한 남성과 불륜관계를 맺고 있는 여자'를 의미하는 말로 더 자주 쓰인다.

레이코프(Robin Lakoff)는 'Language and Women's Place'라는 논문에서 남녀차별적인 언어를 조목조목 지적하는 가운데 같은 어휘가 남성을 주어로 할 때는 긍정적인 의미를 가지지만 여성을 주어로 할 때는 부정적인 의미를 가지는 예를 들고 있다.

(4) a. He's a professional.
    b. She's a professional. (Lakoff, 1973: 64)

영어 화자들이 (4)의 문장들을 듣거나 보게 되면, (4a)의 'He'는 의사나 변호사, 혹은 그 외의 전문직을 가진 사람이라고 생각하지만 (4b)의 'She'를 그렇게 생각할 확률은 그리 크지 않고, 그녀가 창녀일 것이라고 생각하는 사람이 더 많다는 것이다.

우리말에서도 남성형과 여성형 쌍에서 여성형이 더 부정적인 의미를 가지는 예와 여성에 대한 편견을 보여주는 예를 찾을 수 있다. '놈'은 '남자를 낮잡아 이르는 말'이고 '년'은 '여자를 낮잡아 이르는 말'인데, '놈'에 비해 '년'은 부정적인 의미가 훨씬 더 강하다. 남자들 사이에 친구들끼리 이놈 저놈 부를 수 있지만 친구들끼리라 하더라도 여자들 사이에 '이년 저년' 하면 욕이 된다. 그리고 남녀를 함께 묶어 욕할 때는 '놈년'이 아닌 '연놈'이라고 한다. 보통 '신랑신부', '신사숙녀', '아들딸'처럼 여성형과 남성형을 결합해 하나의 단어를 만들 때 남성형을 앞에 두는 것과는 다르게 '연놈'은 여성형을 앞에 둔 것인데 부정적인 의미를 지닌다. 그리고 '김여사', '된장녀', '오크녀' 등 여성 혐오의 의미를 담은 어휘에 대응되는 남성형 '김사장', '된장남', '오크남'은 대개 여성형에 비해 뒤늦게 사용되기 시작하고 사용빈도도 훨씬 더 낮다.

2) 사회의식과 명칭

여권 신장을 위한 운동이 활발했던 시기를 지나고, 여성의 사회 참여가 늘어나면서 남성 중심의 직업 명칭이 성별을 암시하지 않는 것으로 바뀌었다. 영어의 경우 'man'으로 여성과 남성을 모두 칭하는 'chairman, policeman, salesman, fireman' 등은 'chairperson, police officer, sales person, fire fighter'와 같이 성을 드러내지 않은 명칭으로 바뀌었다. 앞서 예를 든 총칭 'he'는 예 (5)처럼 'they'나 'he or she'와 같이 성별이 드러나지 않는 어휘로 바뀌었다.

(5) a. No one would do that if he or she could help it.

   b. No one would do that if they could help it.

우리나라에서도 '여교수, 여의사, 여검사, 여경, 여류시인' 등 여성을 지칭하는 형태를 따로 사용하던 것이 이제는 거의 사라졌다. 이들 어휘들은 '남교수, 남의사, 남검사, 남경, 남류시인'과 같이 상대 성을 나타내는 어휘 짝이 없이 오로지 여성형만 존재한 것으로 오늘날 사라졌지만, '여학생'은 상대성을 나타내는 어휘 짝이 있는 것으로 여전히 활발하게 쓰이고 있다.

우리나라에서도 사회 구성원들이 '평등'에 가치를 두고 차별을 인식하기 시작하면서 직업 명칭에 드러나는 차별을 없애려는 노력이 있었다. 지금은 '간호사, 운전기사, 환경미화원'으로 불리는 직업은 불과 20~30년 전만 해도 '간호원(看護員), 운전수(運轉手), 청소부(淸掃夫)' 등으로 불렸다. 그러나 의사(醫師), 약사(藥師), 교사(敎師) 등은 '사(師)'자를 붙여 이르는 것에 비교해 이러한 명칭들이 직업에 대한 차별을 담았다 하여 '사'자를 붙인 명칭으로 교체하려는 노력이 이루어졌다. 그리하여 오늘날 간호사(看護師), 운전사(運轉士), 환경미화원(環境美化員)이 쓰이게 되었고, 사전에 '간호원'은 '간호사의 전 용어', '운전수'는 '운전사를 낮잡아 이르는 말'로 올라 있다. 최근에는 운전사 대신 '운전기사(運轉技士)'라는 명칭을 더 많이 사용하는데, 사전에 '운전사를 높여 이르는 말'로 풀이되어 있다. 그리고 '-부(夫)'가 결합되는 직업 명칭인 '농부(農夫), 어부(漁夫)' 역시 오늘날 거의 쓰이지 않고 있으며, 대신 '농민(農民), 어민(漁民)'이 그 자리를 대신하고 있다.

집안일, 특히 주로 부엌일을 해주는 여자를 의미하는 '식모'는 시대의 변화에 따라 직업 명칭이 변화하는 모습을 전형적으로 보여준다. '식모'는 부잣집에서 주인집 부인 대신 아이들에게 젖을 주고 양육을 담당하는 '유모(乳母)', 반찬 요리를 담당하는 '찬모(饌母)', 바느질을 담당하는 '침모(針母)'를 두던 시절에 볼 수 있었던 직업으로 다른 '-모(母)' 계열

직업들이 사라지고 난 뒤에도 계속 남아 있었다. 그런데 '식모'는 사전의 의미 풀이에 '남의 집에 고용되어 주로 부엌일을 맡아 하는 여자'에 더해 '관아에 속하여 부엌일을 맡아 하던 여자 종'이 올라 있는 것으로도 알 수 있듯이 '낮은 신분'에 대한 의식을 담고 있다. 그리고 집안일을 돌보기는 하지만 더 이상 고용주의 집에 거주하지 않는 사람들이 늘어나게 되고, 이들에게 일자리를 소개하는 업종이 생겨나 일손을 필요로 하는 집에 이들을 '파출(派出)'하게 되면서 '파출부(派出婦)'라는 직업 명칭이 '식모'를 대체하게 되었다. 그리고 '-부' 계열의 직업명이 차별적인 요소를 담고 있다는 의식 때문에 다른 명칭으로 바뀌고 '도우미'라는 명칭이 등장함에 따라 '가사도우미'라는 새로운 직업명이 탄생하게 된 것이다.

직업 명칭에 들어 있는 신분 차별 철폐 바람은 순우리말 직업 명칭을 한자어로 대치하려는 노력으로 이어지기도 했다. 최근 들어 목욕탕에서 때를 밀어주는 사람을 의미하는 '때밀이'를 대신해 '세신사'라는 명칭이 쓰이는 경우가 있는데 이 어휘는 표준국어대사전에 올라있지 않다. 표준국어대사전에는 '목욕탕에서 목욕하는 사람의 때를 밀어 주는 일을 직업으로 하는 사람'을 의미하는 어휘로 '때밀이'가 올라있고, 한국직업사전에는 '목욕관리사'가 올라있다. 한때 '때밀이'를 욕실원(浴室員), '구두닦이'를 '미화원(美靴員)'으로 바꾸고자 하는 노력이 있었으나, 한자어로 명칭을 바꾸는 것이 그 직업을 대우하는 것은 아니라는 입장에서 쓰이지는 않게 되었다.

아파트 명칭의 변화도 사회의식의 변화를 반영한다. 채완(2010)은 우리나라 아파트 명칭의 시대별 변화를 정리했다. 1970년대에는 건설회사의 이름을 직접 내건 '건영, 경남, 우성, 대우' 등과 같은 명칭이 유행했고, 신도시 건설이 한창이던 1980년대에는 '무궁화, 청솔, 샛별, 목련' 마을과 같이 순우리말 어휘들을 이용한 명칭이 유행했다. 1990년대부터는 고급 아파트의 이미지를 내세우기 위해 건설사 이름에 우리말을 영어처럼 들리도록 지은 신조어를 연결한 삼성 래미안, 현대 홈타운, 대우 푸르지오, 대림 e-편한 세상 등이 대세였다. 그리고 21세기에 들어서면서 주상복합아파트의 유행에 맞춰 '타워팰리스', '하이페리온'과 같이 웅장함을 드러내는 영어나 라틴어 등을 이용한 명칭이 도입되었다.

아파트 명칭에 나타나는 한 가지 경향은 우리 사회의 씁쓸한 일면을 보여주기도 한다. 채완(2010)에 따르면 임대아파트의 명칭이 비임대아파트 명칭의 흐름에서 벗어나 고가아파트와 뚜렷한 대조를 보인다는 것이다. 임대아파트는 21세기에 들어설 때까지 고유한 명칭이 없이 '경남 마산시 신포동 주공 임대'처럼 '지역명+회사명'의 형식을 가진 이름으로 불렸다. 2001년부터 독자적 이름이 붙여진 임대아파트가 등장하기 시작했는데, '범양 테크노빌', '늘푸른 오스카빌' 같은 외래어 명칭이 있긴 했지만, '수정마을', '학마을'과 같은 순우리말 명칭이나 '우미, 유승'과 같은 건설업체 명도 여전히 다수를 차지했다. 21세기에 들어서면서 대형 건설회사가 임대아파트 건설에 참여하면서 점차 '신동아 파밀리에', '성원 상떼빌'과 같은 임대아파트 명칭이 늘어났다. 대체적으로 이른바 '분양아파트' 명칭의 변화를 뒤쳐져 따라가고 있는 것이다. 이는 같은 명칭의 아파트 단지 내에서도 분양동과 임대동 사이에 길을 두어 구분하거나 임대아파트 주민들이 분양아파트를 지나다니지 못하도록 하는 것과 같이 '행동으로 드러나는 차별의식'이 명칭에도 반영되고 있는 것으로 볼 수 있겠다.

9장

언어와 문화

한 언어를 다른 언어로 옮겨야 할 때 우리는 언어 간의 차이를 가장 절실하게 느끼게 된다. 우리말의 '나는 당신을 사랑합니다.'를 영어로 번역하려면 한국어는 'SOV(주어+목적어+동사)의 어순을 가지는 데 반해 영어는 'SVO(주어+동사+목적어)' 어순을 가진다는 것을 알아야 한다. 반대로 영어를 우리말로 옮긴다면 주어의 자리에 오는 명사에 조사 '-는'을 결합시켜야 하고, 목적어 자리에 오는 명사에 조사 '-를'을 결합시켜야 한다는 것을 알아야 한다. 우리말 '한이 서리다'의 '한'에 들어있는 우리의 정서를 제대로 전달하려면 영어의 어떤 단어를 선택해야 할까? 영어 사전을 찾아보면 '한'에 대응되는 영어 단어는 'resentment(sorrow, regret)'로 나오는데 이 단어의 한국어 뜻은 '억울함, 분개' 등으로 나와 있다.

문법과 어휘를 넘어 한 사회에 공유되고 있는 문화를 담고 있는 말을 다른 언어로 옮기는 것은 더욱 골치 아픈 일이 된다. 영화 '조이(Joy)'(2015년)에는 주인공 Joy가 전남편 토니를 처음 만났던 파티 장면이 나오는데, 이때 토니가 "I'm gonna be a singer. I'm gonna be the next Tom Jones."라고 말하는 대목이 나온다. 이 대사에 대한 한국어 번역이

'가수가 될 거예요. 제 2의 조용필이 될 거예요.'로 되어 있었다. Tom Jones는 미국과 영국에서 활동한 유명한 가수로 10대나 20대보다는 30대 이상의 사람들에게 사랑을 받았다. 따라서 번역하는 사람은 Tom Jones의 명성과 나이, 그의 노래를 좋아하는 사람들의 연령대 등을 고려해, 2015년 현재 대한민국에서 찾으면 '조용필' 정도 되는 인물이라고 생각했을 것이다.

위에 이야기한 예들은 그래도 두 언어에서 일대일 대응을 찾을 수 있는 것이다. 그러나 우리말의 경어법 어미 '-시-'나 '-ㅂ니다/습니다', '서운하다'나 '울긋불긋', 조선시대의 '기생' 등을 다른 언어로 옮기려면 여러 개의 단어로 이루어진 긴 단어가 되거나, 특별한 설명을 덧붙여야 한다. 이것은 두 언어가 사용되는 두 공동체가 동일하거나 유사한 대상이나 상황, 곧 '문화'를 가지지 못했음을 의미하며, 그것이 언어에 드러난 것으로 보아도 좋을 것이다.

1. 언어와 사고 - 사피어 워프 가설

빛은 우리의 육안으로 보면 무색으로 보이지만 프리즘을 통해 보면 빨강, 주황, 노랑, 초록, 파랑, 남색, 보라의 무지개 색으로 이루어져 있다. 그런데 이들 색깔 역시 인간이 나누어보는 것일 뿐 물리적으로 본다면 경계를 지을 수 없는 색의 연속일 뿐이다. 사실 무지개가 이렇게 일곱 개의 색으로 이루어져 있다고 생각하는 것은, 프리즘을 통해 분산된 색을 우리의 눈이 그렇게 받아들여서라기보다는 그렇게 나누어 이름 붙여진 것에 익숙하기 때문일 것이다. 무지개의 색깔을 처음으로 나누어 본 사람은 뉴턴(Isaac Newton)으로, 처음에는 다섯 개의 색깔(빨강, 노랑,

초록, 파랑, 보라)로 나누었다가 나중에 주황과 남색을 추가했다. 뉴턴은 당시에 알려져 있던 태양계 행성 수, 일주일의 날짜 수, 음계의 수가 7인 것에 주목해 빛을 이루는 색깔 역시 7개로 나누려 했다고 알려져 있다. 사실 빛을 스펙트럼으로 나타냈을 때 인간의 눈으로 구별해 낼 수 있는 색깔은 수십 개에서 수백 개[01]에 이르는데, 오늘날 이를 일곱 개의 범주로 나누는 것은 뉴턴이 그렇게 나누어 이름 붙인 것에서 시작된 것이다.

이러한 언어와 사고의 관계에 주목해 '언어 구조가 우리의 인지와 세계관에 영향을 미친다.'고 주장하는 것이 사피어 워프 가설(Sapir-Whorf Hypothesis)이다. 사피어(Edward Sapir)는 보아스(Franz Uri Boas)[02]의 뒤를 이어 미국 인디안어를 연구했는데, 인디안어의 어휘들이 그 언어를 사용하는 부족의 생활환경과 사고방식을 반영하고 있으며, 나아가 그 부족 사람들의 사고에 영향을 미친다고 주장했다. 예를 들어 그가 연구한 파이유트(Paiute)족 언어는 지형을 나타내는 어휘가 매우 세분화되어 있는데,[03] 이는 그 부족이 터를 잡은 애리조나, 유타, 네바다의 준사막 지역 특성이 반영된 것으로 그 부족이 자연을 바라볼 때 이 어휘들의 영향을 벗어날 수 없다는 것이다.

사피어의 제자인 워프(Benjamin Lee Whorf)는 언어와 사고의 관계에 대한 가설을 완성했는데,[04] 언어가 화자의 사고와 행위에 직접적인 영향을 줄 수 있으며, 어휘뿐만 아니라 문법 요소도 그러한 영향력을 보여준다고 주장했다. 워프는 '호피(Hopi)어'[05]에 유럽어의 '시제(tense)'에 해당하는 개념이 존재하지 않고 속도의 개념도 존재하지 않는다고 보았다. 영어를 비롯한 유럽어들은 과거-현재-미래를 구분하여 표현하는 시제 형태소가 존재하지만 호피어에는 화자가 사건을 직접 목격했는가 아닌가를 표현하는 형태소만 존재하고, 속도 개념이 없이 'He rus fast.' 대신 'He very runs.'와 같이 표현한다는 것이다. 그는 호피어의 동사 활용을 '보고성 단언(Reportive Assertion)', '예기성 단언(Expective Assertion)', '관습성 단언(Nomic Assertion)'으로 나누고 이들을 각각 영어의 '과거', '미래' '현재' 시제로 번역할 수밖에 없다고 보았다. '보고성 단언'은 '특정 상황의 역사적 사실에 대해 말하는 것'으로 '과거', '예기성 단언'은 '한 상황에 대한 기대나 예상'을 표현하는 것으로 '미래', '관습성 단언'은 '일반적으로 참인 진술을 하는 것'으로 '현재'에 해당한다는 것이다. 그런데 '보고성 단언'의 경우 'He ran.'과 'He is running.' 모두에 해당하는 것으로 화자와 청자가 모두 뛰고 있는 사람을 보았다면 그것을 '현재'에 보았는지, 과거에 보았는지의 구분은 무의미해진다. 호피족에게는 'He is running.'과 'He was running.'은 다르지 않다는 것이다. 호피족은 사태를 과거에서 현재를 거쳐 미래로 향해 가는 시간의 흐름 속에서 바라보는 것이 아닌 것이다.

'언어, 사고, 그리고 실재(Language, Thought, and Reality)'라는 글에서, 언어가 실재에 대한 우리의 인식과 사고에 어떻게 영향을 미치는지 워프는 다음과 같이 기술하고 있다.

> "영어 패턴은 'I hold it'를 'I strike it', 'I tear it', 그리고 대사의 변화를 초래하는 행위를 지칭하는 다른 많은 명제들과 똑같이 다룬다. 그렇지만 일반적인 사실에서 'hold'는 행위가 아니라 상대적인 위치의 상태다. 그럼에도 불구하고 우리는 이것을 행위로 생각하며 그렇게 지각한다. 우리의 언어가 움직임과 변화를 다루는 명제 유목을 다루는 것과 동일한 방식으로 그 명제를 다루기 때문이다. 우리가 'hold'

라고 부른 것에 행위를 부여하는 이유는 실사＋동사＝행위자＋행위라는 공식이 우리 언어에서 근본적인 것이기 때문이다. 따라서 많은 경우에 우리는 자연계에서 가상의 행위 주체를 읽어낼 수밖에 없는데, 그 이유는 단지 우리의 문장패턴이 필수적이지 않은 경우조차도 동사 앞에 실사가 나오도록 요구하기 때문이다. 우리는 'it flashed' 또는 'a light flashed'라고 말할 수밖에 없으며, 우리가 행위라고 부르는 FLASH를 수행하는 행위자 IT나 A LIGHT'를 설정하게 한다. 그렇지만 번쩍임과 불빛은 동일한 것이다. 무엇인가를 행하는 주체도 없으며, 행위도 없다. 호피어는 단지 relpi라고 말한다. 호피어는 주어가 없는 동사를 가질 수 있으며, 이 사실은 호피어에 우주의 특정 측면들을 이해하기 위한 논리체계로서의 힘을 제공한다. 호피어가 아니라 서구 인도유럽 언어에 기반하고 있는 과학 언어는 우리가 하는 것처럼 상태만이 존재하는 곳에서 때때로 행위와 힘을 관찰한다. 고양이를 키우는 여성뿐만 아니라 과학자들도 모두 부지불식간에 특정한 유형의 언어가 가지고 있는 언어패턴들을 우주에 투사함으로써, 우주에서 그러한 패턴들을 목격하고 자연계에서 관찰할 수 있게 되었을 가능성을 여러분은 생각할 수 없겠는가? 언어의 변화는 우주에 대한 우리의 이해를 변형시킬 수 있는 것이다."

(Benjamin Lee Whorf, 1956; 신현정 옮김, 2010: 400-401)

2. 언어와 사고 - 사피어 워프 가설에 대한 반박

'언어가 사고를 지배한다'고 보는 강경 입장은 사피어 워프 가설에 대한 반박을 불렀다. 중국어는 어떤 사건이 이미 발생했거나 어떤 행위가 완료되었는지 표현하는 형태소를 가질 뿐 그것이 과거, 현재, 미래 어느 때에 일어났는지 표현하는 형태소가 없다. 그래서 유럽어의 문법 개념을 기준으로 보면 중국어는 '시제'가 없고 '상(aspect)'만을 가진 언어로 처리된다. 그러나 해당 개념을 나타내는 형태소가 없다 해서 호피족이나 중국인은 사태를 바라볼 때 과거, 현재, 미래를 구분하지 않는다고 결론내리는 것은 성급한 해석일 수 있다.

언어와 사고의 관계를 증명하기 위해 흔히 제시되는 예가 이누이트어의 눈과 관련된 어휘들인데, 'akitla(물 위에 떨어지는 눈), briktla(잘 뭉쳐진 눈), carpitla(얼음으로 유리처럼 변한 눈), kriplyana(이른 아침 푸른빛으로 보이는 눈), kripya(녹았다가 다시 언 눈), …' 등과 같이 눈을 아주 세분해서 나누어 표현하고 있다.[06] 이누이트족이 사는 북극지방은 '눈'이 많은 지역으로 이와 관련된 표현이 많은 것은 눈이 그들의 생활과 직결되어 있기 때문일 것이다. 그리고 이렇게 눈과 관련하여 다양한 표현을 가진 이누이트족은 눈을 바라볼 때 이렇게 세분하여 바라본다는 것이다. 그런데 이누이트어는 주어나 목적어를 나타내는 형태소를 동사의 앞이나 뒤, 중간에 넣어 결합시키는 포합어(incorporating language)이다. 이누이트어에서 눈을 가리키는 어휘를 분석해보면 동사 'qunniq-(눈이 오다)'와 명사 'aput(눈)'에 다양한 접사가 결합되어 눈과 관련된 다양한 표현이 만들어져 있다고 한다. 이누이트어의 눈 표현들은 사실 어휘라기보다는 구나 절에 가깝다고 볼 수 있는 것이다. 그래서 이누이트어의 예들은 사피어 워프 가설에 대한 반박의 근거로 쓰이기도 하는데, 어휘 구성이 사람들의 사고를 지배하는 모습을 보여주는 것이 아니라 자연환경이 표현의 구성을 지배하는 것일 뿐이라는 것이다.

자연환경과 관련된 어휘 분화를 보여주는 예는 우리말에서도 찾을 수 있다. 대한민국은 국토의 2/3 이상이 산지로, '산모롱이, 산기슭, 산등성이, 산꼭대기, …'과 같이 '산'과 관련된 어휘가 꽤 많이 발전되어 있다. 그리고 '비'와 관련된 어휘도 '이슬비, 가랑비, 장대비, 소낙비, …'와 같이 다양한데, 이는 그만큼 비가 많고 비가 내리는 모습도 다양함을 보여준다고 볼 수 있다. 그런데 이들 어휘들을 살펴보면 '산'과 '비'를 어근으로 하여 그 앞과 뒤에 다른 어휘가 결합된 합성어임을 알 수 있다. 평야 지역에서 사는 사람들은 '산'을 그저 하나의 산으로 볼 뿐 '기슭'과 '등성이', '꼭대기'를 나누어 볼 수 없고, 비가 잘 오지 않는 사막 지역의 사람들에게 '비'는 그저 비일 뿐 그 굵기나 양은 상관없을까?

만일 전세계 모든 언어에 보편성이 존재한다면 이것은 언어가 사고를 지배한다는 사피어 워프 가설에 대한 반증이 될 수도 있다. 벌린과 캐이 (Brent Berlin and Paul Kay, 1969)는 색채어가 보편적으로 〈그림 9.1〉과 같은 발달 과정을 거친다고 주장했다. 각 언어마다 기본적으로 가지는 색채어는 'black'과 'white'이고[07] 그 다음으로 'red'가 나타나고, 다음 단계에는 'green'이나 'yellow' 중 어느 한 가지 색이 나타나고, 그 다음 단계에는 'green'과 'yellow' 모두가 나타나는데, 오른쪽 색의 발달은 반드시 그 이전 단계 색의 발달을 함축한다. 말하자면 'red'가 있는 언어에는 반드시 'black'과 'white'가 존재하고 'blue'가 존재하는 언어에는 반드시 'black, white, red, green, yellow'가 존재한다는 것이다.

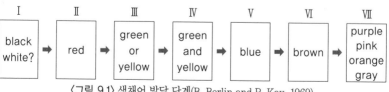

〈**그림 9.1**〉 색채어 발달 단계(B. Berlin and P. Kay, 1969)

각기 다른 문화를 가진 언어들이 이러한 보편적 순서를 따라 색채어를 발달시킨다면 색과 관련된 사고는 결국 이러한 틀에 갇혀야 할 것이다.

순우리말 색채어는 '희다, 검다, 푸르다, 붉다, 누르다' 다섯 가지인데 '푸르다'는 '파란색'과 '초록색'을 아우르는 색이고, '붉다'는 '빨간색'은 물론 '주황색', '분홍색' 등을 아우르는 색이다. 벌린과 캐이의 색채어 발달 단계로 보면 V단계인 셈인데 '초록'은 중국어에서 온 것이므로 언뜻 보면 VI단계가 결여되어 있는 것처럼 보인다. 〈그림 9.1〉에서 III, IV 단계의 'green'은 'blue'도 포함하는 어휘였고, V단계에 이르면 'blue'를 의미하는 단어가 새로 도입되어 'green'과 'blue'로 분화하게 되었을 것으로 추측할 수 있다. 순우리말 색채어에서도 이러한 발전을 엿볼 수 있는데, 중국어에서 온 '초록'이 'green'을 의미하는 단어로 자리 잡으면서 '푸르다'는 'green'의 의미를 상당히 잃어버린 것으로 보인다. 현대 우리말의 '파랗다'는 오로지 'blue'만을 의미하기 때문이다. 현재 우리는 순우리말 '푸르다'로 표현되었던 색을 '초록색', '파랑색', '연두색', '하늘색', '남색' 등과 같이 더 세분화된 명칭으로 나누어 부른다. 그렇다면 '푸르다'만으로 색을 표현하던 때의 한국어 화자는 이들 각각의 색을 구분하지 못했을까? 현재 우리는 이들 각각의 색을 모두 구분하지만 여전히 '푸른 하늘', '푸른 숲', '푸른 바다'와 같이 표현한다. 이 세 표현을 듣고 여러분의 머릿속에 떠오른 색깔은 모두 같은 색인가?

3. 언어에 닮긴 삶

1) 어휘분화

우리말에서는 익히지 않은 '쌀'과 익힌 '밥'을 구별하지만 영어는 둘 모두를 'rice'라고 한다. 우리말에서는 '벼'와 벼의 싹인 '모'를 구별하는 정도이지만 필리핀 이푸가오(Ifugao)[08] 지역어에는 쌀과 관련된 어휘가 20가지에 이른다고 한다. 박갑수(2014)는 한국어, 일어, 영어의 '밥'과 관련된 속담을 비교했는데, 우리말 속담에는 '밥'이 등장하는 것이 100개 내외이고 일본어에는 10개 정도의 'めし' 관련 속담이 있는 데 비해 영어에는 단 한 개만이 존재한다고 한다.[09]

우리말은 '소'와 '송아지', '말'과 '망아지', '개'와 '강아지'처럼 다 자란 성체 동물과 새끼를 구분할 뿐이지만 몽골어는 〈표 9.1〉과 같이 가축과 관련하여 아주 세분화된 명칭을 가진다.

	양	염소	소	말	낙타
총칭	honi	yamaa	üher	aduu	temee
씨짐승	huc	uhn	buh	ajarga	buur
거세한 수컷	ireg	er yamaa	šar	mori	at
암컷	em honi	em yamaa	ünee	guu	ingge
1살	hurga	išig	tugal	unaga	botgo
2살	–	–	byaruu	daaga	torom
울다	mailah		mööröh	yancgah	builah
똥	horgol		argal	homool	horgol

〈표 9.1〉 몽골어의 가축 관련 어휘

영어에도 유목민의 흔적이 남아 있는데, 'pig-pork', 'cow-beef', 'calf-veal' 등과 같이 살아 있는 가축과 그 가축의 고기를 나타내는 명칭이 다르다. 우리말에서는 '소고기, 돼지고기, 닭고기'처럼 가축 명칭에 '고기'를 덧붙여 그 가축의 고기를 나타낸다. 영어에는 '말'과 관련된 어휘가 많지만 우리말에는 '소'와 관련된 어휘가 많고, 'horse'를 포함한 영어 표현을 우리말로 옮길 때 '소'로 바뀌는 것이 있다. 우리말의 '쇠뜨기'는 영어로 'horse tail'이고 쉴 새 없이 열심히 일하는 것을 우리말에서는 '소처럼 일한다'고 하는 반면 영어에서는 'work like a horse'라고 한다.

우리말의 지역어 역시 각 지역의 삶의 모습을 언어에 담고 있는데, 김지숙(2013)은 울릉도지역의 '오징어' 관련 어휘가 어떻게 세분화되어 있는지 조사해 〈표 9.2〉와 같이 정리했다. 김지숙에 따르면 오징어 종류와 크기, 처리 상태 등에 따라 그 이름이 전혀 다를 뿐만 아니라 오징어를 언제 잡았는지에 따라서도 명칭이 달라진다. 연중 어로시기에 따라 '초등바리(초등, 초물)', '가을바리', '동삼바리(한물, 한직기, 도직기)'로 나누고, 하루 중 어로시기에 따라 '해치기, 낮치기, 낮바리, 어둠사리, 달치기, 별치기, 샛별치기'로 나눈다고 한다.

오징어 명칭			
상위어	의미	하위어	의미
이까, 오징어	오징어 총칭	피둥어꼴뚜기	오징어 개체
			오징어의 한 종류인 살오징어
		수루메, 수메	오징어 개체
			건조, 생물 오징어
		조기	오징어 개체
			오징어의 한 종류인 한치

〈표 9.2〉 울릉도의 오징어 명칭

오징어 명칭이 울릉도 지역의 특징을 보여주는 것처럼 김치를 담글 때 빠지지 않는 새우젓갈 역시 새우를 잡아서 젓갈을 담근 시기에 따라 다양한 이름을 가지고 있다. 새우젓 중에서 으뜸으로 치는 '육젓'은 6월에 수확해서 담근 것이고 '오젓'은 5월에 잡은 새우로 담근 것이다. '추젓'은 가을에 잡아 담근 젓갈이고 '동젓'은 11월에 잡은 새우로 담근 젓갈이다. '풋젓'은 음력 정월부터 4월 사이에 잡은 새우로 담근 것이고, 차젓은 7월에 잡아 담근 젓갈이다.

몽골어의 가축 관련 어휘 분화나 우리말의 수산물 관련 어휘 분화는 모두 삶의 환경과 문화에 기인한다. 몽골에서 가축은 주된 식량이면서 재산의 가치를 가진 것으로 그것을 번식시키고 키우는 것이 삶의 주된 과제이다. 그리고 우리나라는 삼면이 바다인 나라로 어업에 종사하는 사람이 많고 수산물이 식탁에서 중요한 자리를 차지하고 있다. 이러한 두 나라의 삶의 방식은 언어에 영향을 미치고, 그러한 영향 하에 창조된 언어는 다시 삶의 방식에 영향을 미치고 있는 것이다.

2) 방언과 기층문화

우리말은 크게 6개의 방언권으로 나뉘는데 더 넓게는 동과 서, 남과 북으로 나뉜다. 이와 같은 방언권 분화를 그 지역의 고유한 전통적 삶의 양식인 '기층문화'에 연결시켜 해석한 연구가 있다. 김경숙(2015)은 오구라 신페이(小倉進平)의 한국 방언 연구와 정신문화연구원의 우리 방언 연구 결과를 비교하는 가운데, 우리 방언의 지리적 분포와 변화의 흐름이 김택규(1985)가 제시한 기층문화 구분과 거의 일치한다고 주장한다. 김경숙은 방언의 지리적 분포 상 주요 특징과 김택규(1985)의 기층문화를 다음 〈표 9.3〉과 같이 비교하고 있다.

방언	기층문화
동서분화에 따른 방언 분포의 차이	단오권, 추석권, 추석·단오 복합권의 차이
서울·개성 등지를 중심으로 하는 중서부 지역어가 중앙어로서의 자격을 획득하면서 갖게 된 강력한 개신형의 확산	신분 및 중앙지향성의 사회의식으로 인해 촉진된 중앙집권적 경향의 복합적인 다층문화 형성
전라 방언: 중앙어로의 변화를 거부하는 지역적인 성향이 강함 경상 방언: 주변의 다양한 어형을 수용하여 전이지역으로서의 특성을 지님	서남지역: 벼 재배를 통한 곡창지대 형성으로 무대예술인 판소리가 성행하면서 다른 지역에서 발달한 가면극(들놀음)이 사라짐. 동남지역: 북방문화의 남하로 인해 북쪽지역은 단오권과 유사 낙동강 이서지역: 남서부 추석권의 동진으로 복합적인 문화권을 형성함
함경방언과 경상방언의 유사성	• 단오권: 가면극이 있음 ①민중에서 선출된 광대가 농악에 맞춰 춤추는 탈놀이 함북 – 북청사자놀음 경북 – 하회별신의 탈놀음 경남 – 오광대와 들놀음 계통의 가면극과 유사(추석·단오 복합권의 특징). ②다른 단오권(서북지역)에는 무격(巫覡)이 삼현육각에 맞춰 무대에서 춤을 춤(〈함북〉과 차이) • 추석권: 가면극이 없음

〈표 9.3〉 기층문화와 방언권(김경숙(2015)의 내용을 재구성)

김택규(1985)는 세시 풍속과 의식주 생활, 민간 신앙, 민속예능, 발굴 문화재 등에 나타나는 문화요소를 바탕으로 한국의 기층문화를 세 개로 나누어 보았다. 벼를 재배하면서 추석을 중시하는 추석권, 잡곡을 재배하면서 단오를 중시하는 단오권, 그리고 두 지역의 특성을 모두 가지는 추석·단오권이 그것인데, 추석권은 백제, 단오권은 고구려, 추석·단오권은 신라와 가야 지역에 대응된다. 그리고 현대의 한국 방언 구분 중에서 중부방언권과 서남방언, 동남방언의 구분에도 일치한다. 현재의 방언분화가 우리 민족의 역사와 강한 연관성을 보여주고 있는 것이다.[10]

4. 금기어에 담긴 의식

밤에 휘파람을 불면 안 된다거나 손발톱을 자르면 안 된다, 빨간색 펜으로 이름을 쓰면 안 된다, 잘 때 머리를 북쪽으로 향하게 하고 자면 안 된다, 누워 있는 사람을 넘어 지나가거나 머리 쪽으로 돌아가지 말라는 말을 들어본 적이 있는가? 각 사회에는 어떤 행위를 하면 재수가 없다거나 하는 이유를 들어 그 행위를 하지 못하게 하는 '금기'라는 것이 있다. 그리고 어떤 말은 입 밖에 내면 불길한 일이 일어날 것이라는 생각에 그 말을 입에 담지 못하게 하는 '금기어'도 있다.

금기어 중 대표적인 것이 '죽다'인데, 사람들은 '죽음'이라는 것이 스스럼없이 말하기 어려운 것이고 함부로 말하면 안 되는 것으로 생각한다. 그래서 누군가 죽었을 때 "A가 죽었다."라는 말을 직접 하는 것은 적절하지 못하다고 생각해 "A가 세상을 떴다.", "A가 하늘나라로 갔다.", "A가 저세상으로 갔다."와 같이 표현한다. 만일 죽은 사람이 화자보다 연령이 많거나 지위가 높다면 "A가 돌아가셨다.", "A가 별세하셨다.", "A가 작고하셨다."와 같이 말하고, 스님이라면 '열반하다'를, 신부님이라면 '소천하다'를 사용한다. 이렇게 문화적으로 그 사용을 피하는 금기어를 대신해 그 의미를 간접적으로 나타내는 표현을 '완곡 표현'이라고 한다. '죽음'과 관련된 금기는 한자어 '死(죽을 사)'와 소리가 같은 '四'의 사용을 꺼리는 것으로 확장되었는데, 숫자 '4'를 엘리베이터의 층 표시에 사용하지 않기 위해 'F'로 표기하는 것도 같은 맥락에서 이루어지는 일이다.

직접적인 표현을 피하는 또 다른 예가 '변(便)'과 관련된 것이다. '화장실(化粧室)'이라는 표현은 'powder room'에 해당하는 말로 '변소(便所)'라는 말을 완전히 대체해 버렸다. 그리고 '똥'이나 '오줌'이라는 생물학적 명칭 역시 가족이나 아주 친한 관계에 있는 사람과의 대화가 아니라면 말하기를 꺼려해 '대변', '소변'으로 표현하고, '똥이나 오줌을 누다'라는 표현 대신 '(용)변을 보다', '볼일을 보다'를 사용한다. 영어에서 화장실에 대해 말할 때, 변기를 의미하는 'toilet'을 사용하기도 하지만 'bathroom', 'restroom', 'washroom'을 사용하는 것도 금기어를 피하고 완곡한 표현을 사용하는 것이다.

아일랜드나 러시아 등에서는 아이의 이름에 그 아버지의 이름을 밝혀 붙이는 것이 관례이지만 우리나라에서는 조상의 이름을 자손에게 붙이는 것이 금기이다. 그리고 아기들과 관련하여 중년 이상의 어른들이 지키는 금기가 있는데, 아기를 보면서 아기에 대해 '무겁다', '건강하다', '살쪘다'와 같이 아이의 건강함을 드러내는 말을 하면 안 된다고 믿는 것이다. 이것은 오래 전 아기가 돌이 되거나 좀 더 성장할 때까지 '개똥이'와 같이 천한 이름으로 아기를 불렀던 것과 일맥상통하는 것이다. 유아사망이 많았던 시절에는 아기를 좋은 이름으로 부르거나 아기의 건강

상태가 좋음을 칭찬하는 말을 하면 눈에 보이지 않는 무언가가 시기하여 아기가 병이 나게 된다고 믿기도 했다.

5. 화행과 문화

여러분은 누군가 여러분을 **칭찬**해주면 그 칭찬에 대해 뭐라고 응대하는가? 예를 들어 누군가 "어머, 스카프 새로 샀어요? 너무 잘 어울려요."라고 말했다고 하자. 우리나라 사람이라면 아마 십중팔구 "그래요? 이거 세일 할 때 싸게 산 거 있죠?"와 같이 답할 것이다. 반면 미국 사람이라면 "어머, 고마워요. 색깔이 너무 예쁘죠? 내 맘에 쏙 들어서 샀어요."라고 답할 것이다. 미국인은 칭찬을 받으면 그것을 받아들이는 것이 예의라고 생각하지만, 우리나라 사람은 칭찬을 덥석 받아들이면 예의에 어긋난다고 생각한다.

거절할 때도 영어 화자와 한국어 화자 사이에 차이가 있다. 친구가 과자를 먹어보라고 권할 때 영어 화자는 "I have to watch my weight."이라고 말해 과자를 먹지 않는 것이 자신의 선택임을 분명히 밝히지만 한국어 화자들은 "I have an upset stomach."처럼 피치 못할 사정을 이유로 들어 거절한다. 그리고 수업에 빠진 친구가 노트를 빌려달라고 부탁할 때 미국인은 "I do not share notes."와 같이 자신의 태도를 분명히 밝히지만, 한국인은 "I do not take notes."와 같이 빌려주고 싶어도 빌려 줄 수 없는 상황을 이유로 내놓는다고 한다(Lyuh Inook, 1994). Lyuh는 이것을 사고방식에 기인한 것으로 해석했는데, 미국인의 개인주의와 한국인의 집단주의가 작용했다는 것이다.

사과할 때는 ① "미안하다"는 '사과 표현'에 더해, ② 자신의 잘못을 인정하고, ③ 왜 그런 잘못을 하게 되었는지에 대해 이유나 원인을 '설명'하며, ④ 잘못한 대신 어떤 '보상'을 할 것인지 제안하고 ⑤ 앞으로는 그렇게 하지 않을 것임을 약속한다.[11] 김귀순(2011)은 미국인과 일본인이 이러한 '사과 전략'에 있어 어떤 차이를 보이는지 조사한 이토 사치에(Ito Schie, 1998)의 연구를 소개하고 있다. 이토는 일본인과 미국인을 대상으로 다음과 같은 다섯 가지의 상황에서 어떤 전략을 사용하는지 조사했다.

상황 1: 대학교수가 학생 리포트를 그날 돌려주기로 약속했으나 미처 다 읽지 못 했다.

상황 2: 학생이 교수의 책을 빌려 돌려주기로 약속한 날 잊어버리고 책을 가져오지 않았다.

상황 3: 취업 면접관이 갑작스런 회의가 생겨 인터뷰를 30분 늦게 하는 바람에 면접자를 기다리게 만들었다.

상황 4: 고급 레스토랑에서 웨이터가 비프스테이크 대신 프라이드치킨을 가져와 손님을 당혹스럽게 만들었다.

상황 5: 지각 잘하기로 소문난 학생이 공동리포트 작성할 친구와의 약속에 또 지각하였다.

이들 각 상황에서 어떤 전략을 사용하는지에 대한 조사 결과는 〈표 9.4〉와 같았다. 상황 3에 대해서는 미국인이나 일본인 모두 명시적인 사과와 설명 전략을 사용하지만 보상 전략은 별로 선택하지 않는 것으로 나타났고, 상황 4에 대해서는 명시적 사과와 보상 전략을 사용하지만 이유를 설명할 필요는 없다고 생각하는 것으로 나타났다.

전략		상황				
		1	2	3	4	5
명시적 사과	미국남자	90	100	90	90	60
	미국여자	80	90	80	90	70
	일본남자	60	100	80	100	90
	일본여자	70	90	90	100	100
설명	미국남자	60	10	100	20	20
	미국여자	60	10	100	20	60
	일본남자	20	10	80	10	10
	일본여자	50	−7	90	−	20
수리/보상	미국남자	70	70	20	90	−
	미국여자	100	100	40	100	−
	일본남자	30	50	20	100	10
	일본여자	20	80	10	100	

〈표 9.4〉 미국인과 일본인의 상황별 사과 전략 사용

그런데 상황 1에 대해서는 설명과 수리/보상에서 문화 차이가 크게 나타났고 미국인의 경우 성별에 따른 차이도 나타났다. 일본인은 교수가 굳이 '수리/보상'전략을 사용할 필요 없다고 생각하고 있지만 미국인, 특히 여성은 '수리/보상' 전략을 모두 선택했다. 미국인은 상황 2에 대해서도 상황 1과 다름없이 답했지만 일본인의 경우 상황 1보다는 '수리/보상' 전략을 더 많이 선택했고, 일본인 여성의 경우 특히 더 많이 선택했다. 미국인은 '교수−학생' 간의 사과 상황에서 어느 쪽이 사과를 해야 하는 입장이 되든지 같은 정도로 '수리/보상' 전략을 사용해야 한다고 보는 반면, 일본인은 학생이 잘못했을 경우 '수리/보상' 전략 사용을 더 많이 선택했다. 상황 5에 대해서는 명시적 사과에서 문화차이가 나타났고, 설명에서 미국인 남과 여 사이에 차이가 있는 것으로 나타났다. 지각쟁이 학생이 다른 친구들과의 약속에 늦었을 때 일본인은 명시적

사과를 반드시 해야 한다고 생각하지만 미국인은 안 할 수도 있다고 생각하는 사람이 꽤 됨을 알 수 있다.

상대방에게 **도움을 청하는 것**(요청)은 일종의 체면위협행위(face threatening act)가 되므로 우리는 상대방의 기분을 상하게 하지 않는 '공손한' 전략을 사용하려고 한다. 강길호와 김경은(=강&김)(2012)은 이러한 전략 사용에 있어서 한국인과 미국인이 다르다는 것을 보여준다. 강&김은 차를 태워달라고 부탁해야 하는 상황에서 한국 사람은 '약속시간에 늦었다는 식의 푸념을 늘어놓기만 하여도 친구가 나서서 '내가 태워 줄까'하고 반문을 하면서 부탁을 들어주는 일이 다반사'이지만 미국인의 경우에는 '상대방이 눈치 채지 못할 가능성도 크다'고 지적했다. 아울러 서구사회는 '상대방을 협박하거나 위협하는 전략, 상대방을 지속적으로 괴롭히는 혐오자극 전략, 세상 사람들로부터 비난을 받을 수 있다는 부정적인 전문가 평판전략 등과 같은 부정적 대인설득 전략'을 많이 사용지만, 우리 사회에서는 부정적인 대인설득 전략을 거의 사용하지 않는다고 한다. 강&김은 이렇게 차이가 나는 것이 결국 두 언어가 소속된 문화에 차이가 나기 때문인 것으로 해석하고 있다. 한국문화가 '화자와 청자가 많은 상황적 정보를 이미 공유하고 있기 때문에 메시지의 교환이 없더라도 이미 서로에 대해 많은 부분을 이해하거나 알고 있는 상황의존적 문화(high-context culture)'인 반면 미국문화는 '화자나 청자가 서로 간 상황적 정보의 공유가 충분치 않기 때문에 서로를 이해시키기 위해 메시지의 교환이 필연적으로 수반되어야 하는 상황 독립적 문화(low-context culture)'이기 때문이라는 것이다. 말하자면 한국문화는 '말하지 않아도 아는(혹은 알아야 하는) 문화'라면 미국문화는 '말하지 않으면 모르는, 그래서 말로 해야 하는 문화'라는 것이다.

6. 사고방식과 언어

한 사람이 사용하는 언어에 따라 그 언어가 사용되는 사회의 사고방식을 드러낸다는 연구결과도 있다. 미국인과 결혼해서 미국에서 살고 있는 일본인 주부를 대상으로 같은 내용의 질문을 영어로 했을 때와 일본어로 했을 때 응답에 차이가 있는지 조사했다. 먼저 "내가 바라는 것이 내 가족과 대립될 때 어떻게 하겠습니까?"라는 질문을 영어로 하고 영어로 답할 때는 "내가 바라는 대로 할 거예요."라고 답했지만 일본어로 질문하고 일본어로 답할 때는 "정말 불행한 시기네요."라고 답했다. 다음 "참된 친구라면 어떻게 해야 합니까?"라는 질문에 대한 영어 답은 "서로에게 솔직해야죠."였고, 일본어 답은 "서로 도와야죠."였다. 연구자는 이것에 대해, 일본인이 '화합'을 가치 있는 것으로 생각하는 반면 미국인은 '정직'에 더 큰 가치를 두기 때문이라고 해석했다. 김귀순(2011)에 따르면 일본인은 다른 사람의 요구에 민감하고 공감을 중요시하며, 직설적인 표현은 미성숙함을 드러내는 것으로 여긴다고 한다.

김주희(2010)는 한국어와 일본어가 모두 경어 체계[12]가 발달한 언어이지만 그 쓰임에 있어 〈표 9.5〉와 같이 차이가 나타나며, 이는 두 나라에서 '위계'를 결정짓는 기준이 다르기 때문이라고 해석한다.

상황	언어	표현	
직장 동료에게 말할 때	한국어	과장께서	오십니다
	일본어	kachwa(과장이)	**koraemasu**(오십니다)
고객에게 말할 때	한국어	과장께서	오십니다
	일본어	kachwa(과장이)	**kimasu**

〈표 9.5〉 한국어와 일본어의 경어의 예(김주희, 2010: 57 〈그림 1〉 재해석)

김주희(2010)에 따르면 한국은 상하관계를 따져 행동할 때 '그'와 '나' 사이의 개인적인 문제로 이해하며 각자가 속한 집단 중 어느 것이 더 우위에 있는지는 경어법 선택에 영향을 미치지 않는다. 반면에 일본에서는 집단이 개인보다 강한 힘을 발휘해 경어 선택에 영향을 미친다. 회사 내부에서 동료에게 말할 때는 과장을 높여 "kachowa koraemsu."라고 하지만 고객에게 말할 때는 자신을 낮추듯 자신의 회사에 속한 과장도 낮추어 "kachowa kimasu."라고 말한다.

이러한 차이는 친족 호칭과 지칭에서도 나타난다. 한국에서는 가족 내에서 아버지를 부를 때나 아버지를 지칭할 때, 가족이 아닌 사람에게 아버지를 지칭할 때 모두 '아버지'를 사용하며, 타인에게 아버지를 높여 말하는 다양한 어휘들이 존재한다.[13] 그러나 일본의 경우 가족 내에서는 'おとうさん(오또오상)'을 호칭으로도 쓰고 지칭으로도 쓰지만 가족이 아닌 다른 사람에게 말할 때는 '치치'라는 낮춤말로 아버지를 지칭한다.

10장

언어태도와 언어선택

　북한이탈주민은 남한에 입국한지 얼마 되지 않은 사람들부터 정착한 지 4~5년이 지난 이들까지 남한 생활에서 가장 해결하기 어렵고 도움이 필요한 것으로 '발음 교정'을 꼽는다. 이른바 '북한말'이 취업과 사회생활에 걸림돌이 되므로 남한의 표준말 발음을 배우고 익히고 싶다는 것이다. '이력서를 보고 연락해 온 회사에 면접을 하러 갔더니 북한 사람인지 확인하고는 부정적인 태도를 보이고 채용을 미루더라', '지하철이나 엘리베이터에서 말을 시작하자마자 다른 사람들이 자신을 응시하더라' 같은 경험담은 북한이탈주민 사이에 아주 흔한 것이다. 북한이탈주민의 언어는 남한의 경상도말, 전라도말, 충청도말과 같은 '한국어'의 '방언' 중 하나이고 남한 사람들과 의사소통하는 데 있어 문제가 없다. 하지만 그들의 언어에 대한 남한 사람들의 반응, 곧 '언어태도'가 문제인 것이다.

1. 언어태도

우리는 흔히 '독일어는 딱딱하고 불어는 부드럽다'든지 '경상도말은 무뚝뚝하고 서울말은 상냥하다'와 같이 언어에 따라 다른 느낌을 가진 다. 그리고 그 언어에 대한 느낌을 바탕으로 그 언어를 사용하는 이를 판단하고 그에게 어떻게 반응할지 결정한다. 이렇게 언어 자극에 대해 가지는 심리 상태, 그리고 그 심리 상태를 바탕으로 한 반응을 **언어태도** (language attitude)라고 한다. 언어태도는 발화 그 자체에 대한 것일 수도 있고, 발화를 한 사람에 대한 것일 수도 있다.

1) 언어태도 조사

언어태도에 대한 조사방법으로 직접 방법과 간접 방법이 있다. 직접 방법(direct method)은 설문지 등을 이용해 어떤 언어와 그 언어의 사용 자에 대해 어떻게 느끼는지 사람들에게 직접 묻는 방법을 통해 조사하 는 것이고, 간접 방법(indirect method)은 자신이 언어태도에 대한 조사를 받고 있는지 눈치 채지 못하도록 초점이 다른 것에 주어지는 실험 등을 통해 조사하는 것이다. 간접적인 실험 조사 방법은 직접적인 설문 조사 방법에 비해 그 계획과 실행이 훨씬 더 복잡하지만 실제에 보다 가까운 결과를 얻어낼 수 있다. 설문에 답하는 것은 익명으로 진행된다 할지라 도 자신의 응답이 노출되는 것에 대한 응답자의 염려를 배제할 수 없으 므로 실제 태도를 그대로 반영했다고 확신하기 어렵다.

쿠퍼와 피시맨(Cooper & Fishman, 1974)은 간접 방법의 좋은 예를 보여 준다. 그들은 아랍어가 종교적이고 윤리적인 논의에 효율적인 반면 히 브리어가 과학적 논의에 효율적이라는 가설을 확인하기 위해 재미있는 실험을 했다. 히브리어와 아랍어를 모두 잘하는 사람이 '과학적인 근거를 들어 담배의 해독에 대해 말하는 이야기'와 '이슬람교 설법에 근거하여 음주에 반대하는 이야기'를 각각 히브리어와 아랍어로 녹음하게 했다. 그리고, 1분 정도 길이의 이 이야기들을 이슬람교도들에게 들려주는데, 한 그룹은 아랍어 녹음만, 다른 그룹은 히브리어 녹음만 들려 준 후 담배와 술에 대한 세금을 올리는 것에 대해 찬성 여부를 물었다. 그랬더니 주세 인상 찬성 비율에 있어서는 아랍어 녹음을 들은 그룹이 히브리어 녹음 청취 그룹보다 두 배 높았고, 담배에 대한 세금 인상 비율에 있어서는 히브리어 녹음 청취 그룹이 아랍어 녹음 청취 그룹보다 두 배 높게 나왔다. 아랍어는 윤리적인 면에서 더 설득력이 있고 히브리어는 과학적인 면에서 더 설득력이 있음을 보여주는 결과라고 하겠다.

램버트(Wallace E. Lambert, 1967: Lambert et al., 1960)는 이중언어 사회인 캐나다 몬트리올과 퀘벡의 언어태도를 알아보기 위해 가장 쌍 방법(matched-guise technique)을 고안했다. 캐나다 몬트리올과 퀘벡은 프랑스어와 영어가 모두 사용되고 있는 지역으로, 영어와 프랑스어를 모두 하는 이중언어 화자, 프랑스어를 주언어로 사용하는 프랑스어 화자(francophone), 영어를 주언어로 사용하는 화자 영어 화자(anglophone)가 공존하고 있다. 램버트는 화자들이 자신들의 모어(native language)에 대해 더 긍정적인 평가를 할 것으로 보고 실험을 설계했다. 램버트는 먼저 프랑스어와 영어를 모두 잘 구사하는 이중언어 화자 5명에게 같은 내용의 이야기를 영어로 한 번, 프랑스어로 한 번 녹음하게 해서 10개의 음성 파일을 만들었다. 그리고 피험자들에게 이 파일들이 모두 다른 사람의 것이라 말하고 들려준 후 각 음성의 화자가 어떤 사람일지(얼마나 지적인지, 얼마나 믿음직하겠는지, 사회적 지위는 어느 정도이겠는지 등) 평가하게 했다. 그 결과 피험자들은 같은 화자의 음성이라도 언어에 따라 다른 평가를 했는데, 영어 화자의 경우 영어 버전에 대해 더 긍정적인 평가를 한 반면 프랑스어 화자는 일부 항목에 대해서는 프랑스어 버전에 대해 더 긍정적인 평가를 했지만 일부 항목(사회경제적 항목)에서 영어 버전을 더 선호하는 평가를 했다.[01] 램버트는 이러한 결과가 당시 영어 화자의 사회경제적 위상이 더 높았던 것에 영향을 받아 나타난 것으로 해석했다.

캐나다의 상황과는 좀 다르지만 이중언어 상황에 있는 화자들의 언어태도를 간접적인 방법으로 조사한 연구가 부르히스와 자일스(Bourhis & Giles, 1976)이다. 이들은 영국의 웨일스 지방에서 사용되는 표준 영국 영어(Received Pronunciation)와 웨일스어에 대한 언어태도를 조사하기 위해 보다 복잡하지만 실제적인 언어태도를 알아낼 수 있는 방법을 사용했다. 극장에서 설문조사에 응해달라는 안내방송을 내보내는데, 이 안내 방송을 4가지(① 표준영국영어, ② 남부 웨일스어 말투가 약간 섞인 영어, ③ 남부 웨일스어의 말투가 많이 섞인 영어, ④ 표준 웨일스어)로 만들어 방송한 후 설문조사에 얼마나 응하는지 살펴보는 것이다. 조사 대상은 '영어 화자(영어만 사용하는 화자)'와 '영어+웨일스어 이중언어 화자'로 설정했는데, 극장에서 5일 동안은 영어로 된 영화만 상영하고 이때 영화를 보러 온 사람은 '영어 화자', 4일 동안은 웨일스어로 된 영화만 상영하고 이때 영화를 보러 온 사람은 '영어+웨일스어 이중언어 화자'로 가정했다. 영어 영화 관람객에게는 ①, ②, ③을 들려주고, 웨일스어 영화 관람객에게는 ①, ②, ③, ④를 들려주었는데 '영어 화자'는 표준영어에서 멀어질수록 설문조사 호응도가 낮아졌고, '영어+웨일스어 이중언어 화자'는 안내방송이 웨일스어로 되어 있을 때 호응도가 가장 높았다. 이는 같은 웨일스 지역 화자라도 영어만 사용하는 화자와 웨일스어도 같이 사용하

는 화자 간에 언어태도가 다름을 보여주는 것이다.[02]

2) 통념과 언어태도

7장 '사회 속의 언어'에서 우리는 '위세형'과 '낙인형'에 대해 언급했다. 화자가 위세형을 사용한다는 것은 그가 적어도 중상위 계층 이상에 속하거나 그 계층에 속하기를 지향하는 것을 반영하는 것이고, 낙인형을 사용한다는 것은 하위 계층에 속하거나 중상위 계층 이상에 속하지 못함을 반영하는 것으로 생각할 수 있다. 곧 화자가 사용하는 언어는 그에 대한 태도를 결정짓는 데에 중요한 단서로 작용한다. 이러한 사실을 실험을 통해 보여준 것이 윌리암스(Frederick Williams, 1973)이다.

윌리암스는 먼저 교사들이 각 인종 언어에 대해 어떤 통념을 가지는지 보기 위해 백인, 흑인, 멕시코계 어린이의 말에 대해 어떻게 느끼는지 조사했다. 그 결과는 〈그림 10.1〉과 같았는데, 백인 선생님과 흑인 선생님 모두 백인 아이들의 말에 대해서는 '자신감이 있고 열심이다(confident-eager)', '소수민족 출신 같지 않고 표준 규범에 맞다(nonethnic-standard)'는 통념을 보여준 반면 흑인 아이에 대해서는 '소수민족 출신 같고 표준 규범에 맞지 않다(ethnic-nonstandard)'는 통념을 가지고 있었다. 멕시코계 아이들이 가장 나쁜 평가를 받고 있었는데, 백인 선생님과 흑인 선생님 모두 '자신감이 없다(nonconfident)'와 '소수민족 출신 같고 표준 규범에 맞지 않다(ethnic-nonstandard)'는 통념을 보여주었다.

다음으로 윌리암스는 입모양이 보이지 않게 아이들을 옆으로 세워 찍은 비디오에 표준영어를 사용하는 어린이의 목소리를 입힌 후 보여주고, 선생님들의 언어태도를 조사했다. 그 결과 〈그림 10.1〉의 ●로 표시된 것

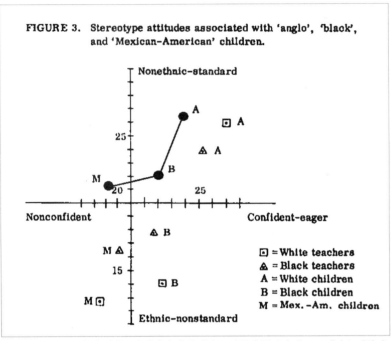

FIGURE 3. Stereotype attitudes associated with 'anglo', 'black', and 'Mexican-American' children.

〈그림 10.1〉 백인, 흑인 멕시코계 어린이 말에 대한 교사들의 통념적 태도 & 비디오 시청 후
태도(●표시) (Williams, 1973: 126; Fasoid, 1984: 175)

처럼, '자신감이 있다-열심이다' 축의 평가에서는 별 변화가 없었지만 '소수민족 출신-표준 규범' 축의 평가에서 흑인과 멕시코계 어린이 모두 '소수민족 출신이 아니다-표준규범에 맞다'는 평가를 얻었다. 통념이 여전히 작용하는 부분도 있었지만 구체적인 언어자료를 바탕으로 그러한 통념이 수정된 것이다. 그러나 영상과 함께 제시된 어린이의 목소리가 모두 같은 한 사람의 것임에도 불구하고 멕시코계 어린이에 대해서는 여전히 '자신감이 없다'는 평가를 내리고 있다는 것은 통념이 훨씬 더 크게 작용하였음을 보여주는 것이라 하겠다.[03]

3) 한국인의 국어 의식 조사

여러분은 지금 어떤 말을 사용하고 있으며, 그 말에 대해 어떻게 느끼고 평가하고 있는가? 이것을 알아보기 위해 국립국어원은 5년 간격 (2005년, 2010년, 2015년)으로 국민 언어 의식[04]을 조사하고 있다. 조사는 20세에서 70세 사이(2010년에는 69세까지)의 성인 5,000명을 대상으로 이루어졌는데, 가구 당 1인에 대한 직접 면접 조사 방법을 이용했다. 2015년 보고서에서는 해당 연도의 조사결과를 지난 조사결과와 비교하면서 의식 변화도 함께 분석하고 있다. 여기에서는 2015년 조사보고서 내용을 중심으로 살펴보되 2010년의 상황도 일부 함께 살펴보겠다.

① 국어 사용에 대한 언어태도

먼저 우리 국민이 국어를 제대로 쓰고 있는지에 대한 의식을 살펴보자. 〈그림 10.2〉는 '우리 국민들이 국어를 바르게 사용하고 있지 못하다는 의견이 있습니다. 이러한 의견에 대해 어떻게 생각하십니까?'에 대한

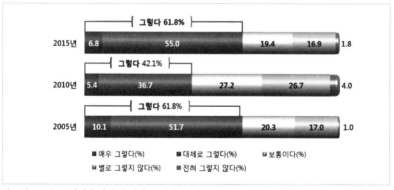

〈그림 10.2〉 국어사용실태에 대한 국민의 인식(2015년 국민의 언어 의식 조사 〈그림 3-2-1〉)

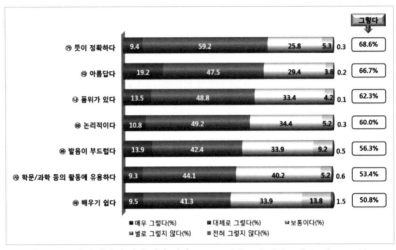

<그림 10.3> 우리말에 대한 인상 평가(2015 국민의 국어 의식 조사 <그림 3-1-3>)

응답을 보인 것이다. 2005년에는 '그렇다(바르게 사용하고 있지 못하다)'는 응답이 많았지만 2010년에 부정적인 응답이 줄었다가 2015년에 다시 증가했다. 2015년 조사에서는 '귀하께서는 전반적으로 국어를 바르게 사용하고 있다고 생각하십니까?'라는 질문을 추가했는데, 자신의 국어 사용이 바르지 않다는 응답이 17.2%에 그치고, '그렇다(바르게 사용하고 있다)'는 응답이 52.9%였다. 이러한 결과는 국민 전체를 두고 보았을 때, <그림 10.2>에서 볼 수 있다시피, '국어를 바르게 사용하지 못하고 있다'는 응답이 61.8%이고 '바르게 사용하고 있다(그렇지 않다)'는 응답이 18.7%인 것과 상충한다. 타인의 언어사용에 대한 평가보다 자신의 언어 사용에 대한 평가가 훨씬 관대하게 나타난 것이다.[05]

여러분은 우리말이 어떤 언어라고 생각하는가? 아름다운가? 논리적인가? 2010년 조사에서는 '우리말에 대한 인상 평가' 항목에 대해 '아름답다', '품위가 있다', '정확하다'가 가장 높은 점수를 얻었고, '배우기 쉽다', '학문/과학 등의 활동에 유용하다'는 가장 낮은 점수를 받았다.

'배우기 쉽다'의 경우 2005년에 31.4%가 '그렇지 않다'로 응답했고, 2010년 조사에서도 '그렇지 않다'는 응답이 18.3%로 응답 항목 중 가장 부정적인 응답이 많았다. 2010년 보고서는 이러한 결과에 대해 '우리말의 실제 사용 현장에서 국민들이 많은 어려움을 느끼고 있다는 사실을 간접적으로 보여줌'으로 해석하고 있다. 2015년 조사에서도 〈그림 10.3〉에 보이는 바와 같이 '배우기 쉽지 않다'는 응답이 15.3%로 2010년에 비해 줄기는 했지만 여전히 가장 많다.[06]

② 사물 존칭에 대한 언어태도

앞서 '백화점 말투'라고 칭했던 이른바 '사물 존칭'에 대한 인식은 2015년에 〈그림 10.4〉와 같이 나타났다.

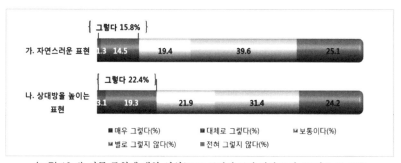

〈그림 10.4〉 사물 존칭에 대한 인식(2015 국민의 국어 의식 조사 〈그림 3-2-10〉)

2010년 조사에서는 〈그림 10.5〉에 보이는 바와 같이 응답자의 10.3%가 '경어로 느껴지지 않는다'고 한 반면, 2015년 조사결과에서는 '상대방을 높이는 표현이 아니다(그렇지 않다)'는 응답이 55.6%이고 '자연스러운 표현이 아니다(그렇지 않다)'는 응답이 64.7%에 이른다.

　2010년에는 '경어로 느껴진다'와 '자연스럽다'를 결합하여 질문하고 있는데, '경어로 느끼지만 어색하다'가 54.9%, '경어로 느껴지며 자연스럽다'가 34.8%였다.

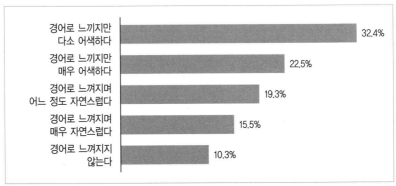

〈그림 10.5〉 사물 존칭에 대한 인식(2010년 국민 언어 의식 조사 〈그림 2-2-7〉)

　2015년에는 별도의 항목으로 질문하고 있어 두 조사결과를 일대일로 비교할 수 없지만, '자연스럽지 않다'는 의식을 가진 국민이 10% 정도 늘어났다. 국민의 의식에 큰 변화가 일어난 것으로 해석하기는 주저되지만 '주문하신 피자 나오셨습니다.'와 같은 말이 경어법에 맞지 않는다는 인식이 확산된 것으로 보아도 좋겠다.

③ 방언사용에 대한 언어태도

　방언사용과 관련한 언어의식도 2010년과 2015년 사이에 변화가 있는데, 방언에 대한 '편하고 친근하다'는 긍정적 태도가 58.9%에서

42.5%로 줄고, '별 느낌이 없다'는 의견이 23.3%에서 38.3%로 늘었다. 이러한 결과에 대해 2015년 보고서는 '2010년에 지역 방언 사용에 대한 수용도가 개선되고 그에 따라 방언사용에 대한 친근감이 높게 나타났지만 2015년에는 상대적으로 친근감이 감소하고 별 느낌 없다는 응답이 증가해 지역방언이 자연스럽게 자리 잡는 양상을 보이고 있음'으로 정리하고 있다.

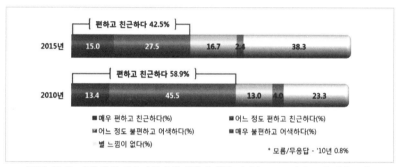

〈그림 10.6〉 지역 방언 사용자들과의 대화에 대한 견해(2015 국민의 국어 의식 조사 〈그림 3-2-18〉)

〈그림 10.6〉은 표준어를 사용한다고 응답한 사람들만을 대상으로 조사한 결과로, 표준어 구사자의 지역 방언에 대한 언어태도가 '편하고 친근하다'는 것에서 자신과 다른 언어를 사용하고 있다는 의식조차 하지 않는 상태로 변했다는 것이다. 그러나 '불편하고 어색하다'는 부정적인 응답이 2010년에 17.0%에서 2015년에 19.1%로 미미하지만 오히려 증가했다는 것은 지역 방언에 대한 부정적인 태도에는 변함이 없음을 보여주는 것이라 하겠다.

〈그림 10.7〉은 지역방언 사용자들만을 대상으로 조사가 이루어진 것으로, 자신이 소속된 방언이 아닌 다른 지역의 방언을 사용하는 사람과 대화할 때 어떤 느낌을 받느냐는 질문에 대한 응답 결과인데 〈그림

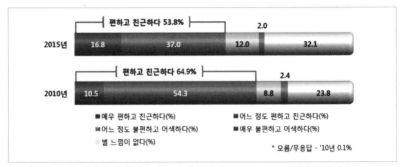

〈그림 10.7〉 타지역 방언 사용자와의 대화에 대한 견해(2015 국민의 국어 의식 조사
〈그림 3-2-19〉)

10.6〉과 유사한 변화 모습을 보여준다. 타지역 방언에 대한 긍정적인 태도는 감소하고 부정적인 태도는 소폭 증가했으며, 별 느낌이 없다는 태도가 늘어났다. '표준어 화자의 지역 방언에 대한 태도'와 '지역 방언 화자의 타지역 방언에 대한 태도'는 모두 자신의 언어와 다른 언어에 대한 언어태도로 '별 느낌 없다'는 응답은 '다름'에 대한 민감성이 떨어진 것이라 해석할 수 있다. 〈그림 10.8〉은 지역방언 사용자들을 대상으로 표준어에 대한 언어태도를 조사한 결과로 역시 같은 변화 모습을 보여준다.

〈그림 10.9〉는 지역 방언 사용자들을 대상으로 자신이 지역방언을 사

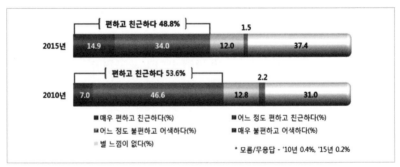

〈그림 10.8〉 표준어 사용자와의 대화에 대한 견해(2015 국민의 국어 의식 조사
〈그림 3-2-21〉)

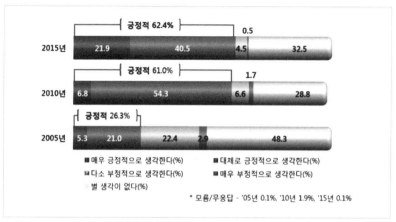

<그림 10.9> 자신의 방언사용에 대한 견해(2015 국민의 국어 의식 조사 <그림 3-2-19>)

용하는 것에 대해 어떻게 생각하는지 질문한 것인데, 2005년에는 부정적 태도와 긍정적 태도 사이에 큰 차이가 없었던 것에 비해 2010년과 2015년 조사결과에서는 긍정적 태도가 60%를 넘었고, 부정적 태도가 크게 감소했다.

방언사용에 대한 2015년의 의식 조사 결과는 방언을 바라보는 시각의 변화를 드러낸 것이라고 볼 수 있다. 이런 시각 변화는 '지역 방언의 존속'과 관련된 문항에 대한 응답 결과에서도 볼 수 있다. 국민의 국어 의식 조사의 '지역 방언의 존속'과 관련된 설문에 대한 응답으로 '점차 없애야 한다'는 항목을 선택한 사람이 2010년 19.1%였고 2015년 11.4%로 줄어든 데 반해 '존속되어야 한다'고 답한 사람은 2010년 80.7%였고, 2015년 88.6%로 늘어났다. 이러한 변화는 사회의 분위기와 무관하지 않을 것이다. 최근 들어 '방언에 대한 부정적 태도'와 '표준어 지향적 언어 정책'으로 인해 각 지역의 방언이 사라질 위기에 처해 있다는 자성의 목소리가 들리고 방언 보존을 위한 움직임이 일고 있다.

2. 언어선택

1) 방언 선택과 언어태도

① 방언에 대한 국민의 언어태도와 언어선택

필자의 아버지는 전라남도 장성 출신이시고 어머니는 전라남도 고흥 출신이시다. 필자는 전라남도 광주에서 태어나 돌이 갓 지난 시기부터 서울에서 자랐다. 중고등학교와 대학 친구들, 직장 동료들과는 대화를 나눌 때는 표준어를 사용하지만 친척들을 만나면 전라도 사투리를 구사한다.[07] 이러한 상황과 관련하여 '국민의 국어 의식 조사'는 '표준어와 지역 방언을 어떻게 사용하는 것이 가장 바람직하다고 생각하십니까?'라는 질문을 던지고 있다. 응답 결과는 〈그림 10.10〉과 같이 나왔는데, 높은 비율을 차지한 것이 '때와 장소에 따라 구분하여 사용한다'이다. 이것은 두 언어를 모두 유지하되 상황에 따라 **코드 전환**(code switching)[08] 하는 것을 의미한다.

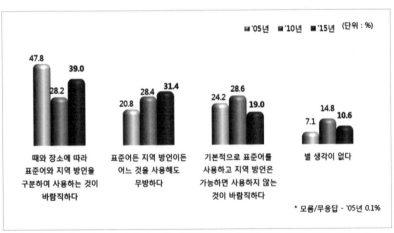

〈그림 10.10〉 표준어와 지역 방언의 바람직한 사용 방향(2015 국민의 국어 의식 조사 〈그림 3-2-22〉)

만약 지역 방언 사용자가 표준어 어휘를 사용하되 억양과 문법은 자신의 방언을 벗어나지 못하고 그대로 사용한다면 두 방언이 뒤섞이는 **코드 혼합**(code mixing)이 일어난 것이다.

상황에 따라 표준어와 방언 간 코드전환을 하는 사람들은 언제 표준어를 사용하고 언제 방언을 사용할까? 〈그림 10.11〉은 지방 거주자를 대상으로 각 상황에서 표준어와 방언 중 무엇을 선택할 것인지 질문한 결과이다.[09] 지방 거주자임에도 불구하고 업무상 만남에서는 지역어를 사용하지 않는다는 응답의 비율이 66.6%로 꽤 높은 비율을 차지한다. 그리고 동성의 친구들과 있을 때보다 이성 친구나 애인과 함께 있을 때 방언 비사용 비율이 13% 높다.

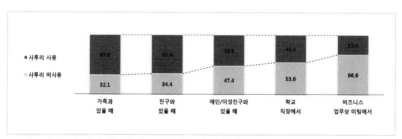

〈그림 10.11〉 지방 거주자의 상황별 사투리 사용 여부(엠브레인 트렌드모니터, 2013)

이러한 선택을 하는 것은 방언사용에 대한 인식, 곧 언어태도와 연관지어 생각할 수 있다. 〈그림 10.12〉의 다섯 가지 상황은 정도의 차이는 있지만 모두 격식을 차려야 하는 것들인데, 직장에서의 상황인 '면접'과 '프리젠테이션 발표'에서 방언을 사용하면 부정적 영향을 미친다는 응답 비율이 58.7%와 75.3%로 높은 반면 나머지 세 상황은 사적인 성격이 강한 것들로 방언사용이 별다른 영향을 미치지 않는다는 응답이 50% 이상이다. 따라서 방언사용이 부정적 영향을 미칠 직장에서는 방

언사용을 자제하는 것이고, 부정적 영향이 크지 않을 친구나 동료와의
만남에서는 방언사용을 피하지 않는 것이다.

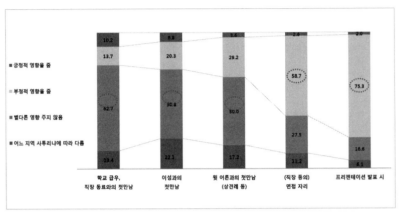

〈그림 10.12〉 사투리 사용에 대한 인식 평가(엠브레인 트렌드모니터, 2013)

위와 같은 조사 결과는 국립국어원의 조사 결과인 〈그림 10.10〉에서
'때와 장소를 구분하여 표준어와 지역 방언을 사용하는 것이 바람직하
다'와 연결될 수 있다. 이 '때와 장소'는 피시먼(Fishman, 1964 & 1972)의
영역(domain) 개념에 해당하는데, '어떤 사람과 어떤 화제에 대해 이야
기하기에 더 적합한' 영역이 존재한다는 것이다. 외삼촌에 대해 부모와
이야기를 나누기에 가장 알맞은 자리는 집이고, 과장님과 업무에 대한
이야기를 나누기에 가장 알맞은 자리는 회사 사무실이다. 그리고 성공
적인 의사소통을 위해서는 그 영역에 적합한 언어를 선택해야 하는 것
이다.

② 사회적 요인에 따른 언어태도와 언어선택

'잡다'에 어미 '-아/어'를 동사에 결합시킬 때 '잡-'의 모음 'ㅏ'와 '모음조화'를 지켜 '잡아'라고 하는 것이 표준어형이다. 그런데 서남 방언에서는 모음조화를 지키지 않는 '잡어'형이 나타난다. 김규남(1998)은 한국 구비문학대계 정읍군 편을 자료로 하여 정읍 노년층 화자의 어미 '-아/어' 선택 빈도를 정리했는데, '앉다', '받다', '찾다'는 모두 '-어'형만 나타났고, '살다', '알다', '팔다', '잡다' 역시 '-아'형에 비해 '-어'형 출현비율이 훨씬 높았다. 이를 바탕으로, 김규남(1999)은 정읍의 전형적 방언형이 '살어', '알어', '잡어', '앉어', '받어'라고 보아 '-어'형을 '보수형'으로, 표준어형인 '살아', '알아', '받아' 등을 이 지역에 새롭게 등장한 '개신형'으로 보았다. 그리고 정읍지역 청소년들이 이 보수형과 개신형에 대해 어떤 언어태도를 가지며, 그 언어태도가 변이형을 선택하는 데 어떻게 작용하는지 조사했다.

조사는 정읍시내 고등학교 재학생[10]을 대상으로 설문지를 이용하는 직접조사 방법으로 진행되었는데, 응답은 긍정적 태도, 미온적 태도, 부정적 태도로 나누고 모든 응답 결과는 남학생과 여학생 집단을 구별해 비교했다. 〈표 10.1〉은 친구들이 '정읍 말씨를 쓰는 것'과 '서울 말씨를 쓰는 것'에 대한 응답을 비교한 것으로 남학생과 여학생 모두 서울 말씨보다는 정읍 말씨에 대해 더 긍정적인 태도를 가지고 있으며, 정읍 말씨에 비해 서울 말씨를 더 부정적으로 받아들이고 있다.[11] 흥미로운 것은 여학생들의 응답인데, 서울 말씨에 대해 여학생의 48%가 부정적인 태도(거부감이 들고 간사한 느낌이 든다)를 보여 여성의 표준형 지향 성향에 반하는 결과를 보여준다.

	남(긍정)	남(미온)	남(부정)	여(긍정)	여(미온)	여(부정)
정읍 말씨	54%(31명)	31%(18명)	16%(9명)	52%(24명)	24%(11명)	24%(11명)
서울 말씨	42%(22명)	22%(12명)	35%(19명)	30%(14명)	22%(10명)	48%(22명)

〈표 10.1〉 정읍 청소년의 언어태도(김규남, 1999: 〈표 1〉과 〈표 3〉결합)

그런데 '동생이나 조카가 정읍 사투리를 쓰는 경우 어떻게 행동하겠습니까?'라는 질문에 대한 응답으로는 '촌스럽다고 생각하고 교정해 준다'를 택한 사람이 55명으로 '친근하게 생각하고 그냥 둔다'의 33명을 훨씬 앞지르고 있다. 친구들의 정읍 말씨뿐만 아니라 할아버지들의 정읍 말씨에 대해서도 50% 이상이 긍정적 태도를 보인 것에 비해 동생이나 조카의 정읍 말씨에 대해서는 50% 이상이 부정적 태도를 보이고 있는 것이다. 이러한 태도는 김규남(1999)의 각주 16에서 보인 예와도 상충한다. '시장에서 정읍 말씨를 쓰는 할머니와 서울 말씨를 쓰는 할머니가 있다면 어느 쪽에서 물건을 사시겠습니까?'라는 질문에 '서울 말씨'를 쓰는 할머니에게서 사겠다는 응답을 한 사람은 2명, '정읍 말씨'를 쓰는 할머니에게서 사겠다는 응답을 한 사람은 57명이었다.[12] 두 질문 모두 감정적인 태도에 더해 행동적 태도까지 묻는 것인데 대상의 연령이 달라 해당 어형뿐 아니라 언어 사용자에 대한 태도가 개입될 수밖에 없다.[13]

김규남은 언어선택에 대한 조사도 함께 했는데, 다음과 같이 보수형과 개신형 중에 어떤 것을 선택하는지 물었다.

① 다음은 여러분이 어떻게 발음하는가를 묻는 질문입니다. 표준어 발음에 연연하지 마시고 여러분이 발음하는 대로 답변해 주시기 바랍니다. 주의해서 말할 때 사용하는 것은 _____을 그어 주

시고 편안하게 말할 때 사용하는 것은 동그라미를 그려 주세요.

내 손을 한 번 (자바, 자버) 보지 않겠니?

그 녀석 잘도 (바다, 바더) 먹는구나.

보리밭은 겨울에 (밟바, 밟버) 주는 게 좋다.

그만 이 의자에 (앉자라, 앉저라).

그래서 나는 그에게 정읍에서 한 번 (사라, 사러) 보라고 권했다.

조사 결과를 정리한 〈표 10.2〉에서 알 수 있듯이 정읍 말씨에 대해 긍정적인 태도를 가지고 있는 남학생들과 미온적 태도를 가지는 남학생들은 모두 보수형 '-어'를 선호했고, 부정적 태도를 가진 남학생들은 개신형을 더 선호했다. 여학생들은 정읍 말씨에 대한 태도에 관계없이 모두 개신형을 선호했다.

	남(긍정)	남(미온)	남(부정)	여(긍정)	여(미온)	여(부정)
개신형	40%	31%	60%	53%	58%	58%
보수형	60%	69%	40%	47%	42%	42%

〈표 10.2〉 자기평가를 기준으로 한, 변이형 선택분포(김규남, 1999: 41 〈표 11〉)

김규남(1999)은 이러한 결과를 바탕으로 김규남(1998)에서 다음과 같이 해석했던 것을 재확인하고 있다.

"어말 어미 '-아/어'의 교체에 있어서, 개신적인 여성화자 집단에서 세련된 말투를 실현하려는 의지의 표시로 '-아'를 선택하는 경향이 두드러진다. 그리고 언어 사회 내에서의 권위를 확보하지 못한 남성

화자들이 이러한 경향을 따르는 반면, 일정한 권위를 확보하고 있는 남성화자 집단의 경우는 이런 말투를 사용하지 않는다. 이는 이미 이 지역 사회 안에서 어미 '-아'가 표준어 지향적인 말투나 세련된 말투라는 사회적 의미가 부여되었으며 중장년층 이상의 경우에는 주로 여성화자들의 말투로 인식되고 있음을 의미한다." (김규남, 1999: 42)

2) 언어선택과 언어태도

① 언어 혼합

파푸아뉴기니의 톡피신어는 언어가 접촉하게 됐을 때 얼마나 흥미로운 일이 벌어지는지 보여준다. 태평양 뉴기니 섬에 있는 파푸아뉴기니에서 가장 널리 쓰이고 있는 톡피신어(Tok Pisin)는 'talk+pidgin'에서 변형된 것으로 영어와 현지어가 결합된 언어이다.[14] 이 언어는 19세기 후반 주변 멜라네시아 지역에서 사용되던 영어 기반 피진어가 파푸아뉴기니로 들어오면서 만들어졌는데, 독일의 지배를 받을 때는 독일어의 영향을 받고 다시 영국과 오스트레일리아의 지배를 받을 때는 영어의 영향을 받았다. 그리고 2차 세계대전이 끝난 후에는 파푸아뉴기니의 공용어 역할을 하게 되면서 원주민 언어와 더욱 뒤섞이게 되고 톡피신 자체의 발전도 이루어져 오늘날의 모습을 갖추게 되었다. 〈표 10.3〉을 보면 톡피신어의 대명사가 영어의 'you', 'me', 'fellow', 'him' 등에서 온 것임을 짐작할 수 있다. 특히 눈에 띄는 것은 영어에는 없는 '양수'인데 파푸아뉴기니 원주민의 언어에 있는 '양수' 개념을 표현하기 위해 'you+me+two+fellow'의 결합으로 'yumitupela'가 만들어졌을 것이다.

1인칭 단수	1인칭 양수(포함)	1인칭 양수(제외)	1인칭 복수(포함)	1인칭 복수(제외)
Mi	Yumitupela	Mitupela	Yumipela, Yumi	Mipela
2인칭 단수	2인칭 양수	2인칭 복수	3인칭 단수	3인칭 복수
Yu	Yutupela	Yu	Em	Ol

〈표 10.3〉 톡피신어 대명사

톡피신은 지역별, 계층별 방언을 가질 만큼 발달했는데, 코드혼합에 의해 탄생한 피진이었지만 한 세대를 지나 다음 세대로 이어져 크레올의 자격을 가지게 되면서 그 자체로 독립된 코드가 되고, 하위 코드 즉 방언까지 가진 언어가 되었다.

② 통합과 분리

그린필드와 피시먼(Lawrence Greenfield and Joshua A. Fishman, 1970)은 뉴욕에 거주하는 푸에르토리코 사람들이 '영어와 스페인어 중 어느 언어를 선택해 사용하느냐'가 '어디에서 누구와 어떤 화제에 대해 이야기하느냐'에 달려 있다고 말했다. 푸에르토리코인 이민자들은 집에서 부모와 가족에 관한 이야기를 할 때는 스페인어를 더 많이 선택하고 학교에서는 영어를 더 많이 선택한다는 것이다. 이것은 영어가 공용어인 사회에서 살고 있으니 한편 당연한 일인 것처럼 보이지만 좀 더 들여다보면 복잡한 심리적 상태가 작용하고 있음을 알 수 있다. 이민자로서 어쩔 수 없이 영어 사용 공동체의 종속집단이 된 푸에르토리코인들은 지배집단인 영어사용 공동체에 **통합**(convergence)되기 위해 공적인 상황에서는 영어를 사용하고 있는 것이다.

캐나다는 영어와 프랑스어를 공용어로 하며, 특히 퀘벡과 몬트리올은 전형적인 영-불 이중언어 사회를 이루고 있다. 리버슨(Stanley Liberson,

1972)은 캐나다 센서스 자료에서 의사소통지표(index of communication)
가 1921년 0.87에서 1961년 0.83으로 떨어진 것에 주목했다. 그리고 이
것이 프랑스계의 불-영 이중언어 화자가 줄고, 불어 단일언어 화자가
늘어난 것과 연관이 있음을 지적했다. 몬트리올의 불어 화자 공동체의
아이들은 학교에 들어가기 전까지 불어만 배우다가 학교에 들어가면서
부터 영-불 이중언어 교육을 받으므로 5세 이하 아이들의 불어 사용률
이 부모 세대의 불어사용률보다 높았다. 그리고 이중언어 사용 비율이
35세~44세에서 최고조에 달하고 그 이후 떨어진다. 영어가 사회경제적
으로 우위를 점하는 언어(상위어)임에도 불구하고 불어화자들은 직장 등
사회생활을 활발하게 할 때를 제외하고는 영어를 선택하지 않음으로써
분리(divergence)의 의지를 보인 것이다.

③ 해외 동포의 언어태도와 언어선택

일제강점기 동안 일제는 우리 국민들에게 한국어를 밀어내고 지배자
의 언어 일본어를 선택하도록 강요했지만 우리 국민은 강력한 분리 의
지를 가지고 끝내 한국어를 보존해냈다. 하지만 그 기간 동안 많은 국민
들이 일본, 중국, 러시아로 이주해 재일 한국인, 조선족, 고려인 공동체
를 이루어 살고 있다. 그들은 어떤 언어태도를 가지고 어떻게 언어를 선
택하고 있을지 살펴보자.

가) 재일 한국인의 언어태도와 언어선택

강정희(2004)는 2002년 일본 오사카 시 이쿠노쿠(生野區)에 거주하고 있는 재일 한국인 1세에서 3세까지를 대상으로 '한국어 사용 실태와 언어선택 결정 요인'을 알아보는 조사를 실시했다. 이쿠노쿠 지역은 당시 13만여 명의 재일 한국인이 거주하고 있었고 그 중 8만여 명이 제주도에 뿌리를 두고 있는 사람들(1세가 제주도 출신)이었다.

먼저 한국어 사용 실태를 보기 위해서 1세만을 대상으로 일상생활에서 어떤 언어를 사용하는 것이 편한지 묻는 질문에 1세 집단의 60세~89세의 노년층은 모두 일본어를 택했고, 50대의 90%가 한국어, 40대의 75%가 일본어를 택했다. 강정희는 1세대 내에서 이렇게 차이가 나는 이유를 이주 시기의 차이에서 찾고 있는데, 노년층은 일제 강점기에, 50대는 한국전쟁 이후에 이주한 사람들이라는 것이다. 그리고 40대가 일본어가 편하다고 한 이유는 그들이 이주 후 일본 내 정규교육을 받았기 때문인 것으로 보았다.

1세에서 3세까지 모두를 대상으로 '가족 간의 대화에서 어떤 언어를 사용하는지' 묻는 질문에 대해 '일본어로만 말한다'고 응답한 사람이 70명(64.2%), '한국어를 가끔 쓴다'고 답한 사람이 31명(28.4%)인 반면 '한국어로만 말한다'거나 '일본어를 가끔 쓴다'는 답은 각각 4명씩에 불과했다. 일상생활에서 어떤 언어가 편한지 묻는 질문에 '한국어'라고 답한 40~50대 중에서도 '일본어만 쓴다'는 답이 4명 있었다. 재일 한국인 가정의 대부분이 일본어를 주언어로 사용하고 있는 것이다.

한국어 능력에 대한 질문에 '한국어를 전혀 모른다'는 응답이 2세 집단 37명 중 4명(10.8%)이었고 3세 집단 39명 중 20명(51.3%)이었다. 3세 집단의 경우 '들을 수는 있으나 말은 못한다'는 응답이 10명으로 총 39

명(79.6%)이 한국어를 구사할 수 없는 상태였다. 이러한 상태에 대해 강정희는 '재일 한국인 2~3세의 5명 중 4명이 한국어-일본어 이중 언어 화자 단계를 넘어 일본어 단일 언어 화자 단계에 들어섰음'을 보여주는 것으로 해석했다.

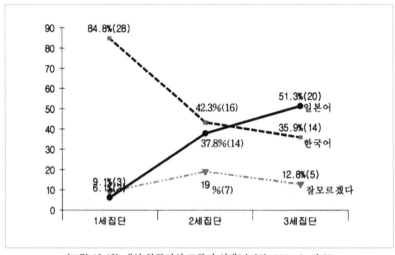

〈그림 10.13〉 재일 한국인의 모국어 선택(강정희, 2004 〈그림4〉)

〈그림 10.13〉은 각 세대가 일본어와 한국어 중 어느 것을 모국어로 의식하고 있는지 조사한 결과인데, 세대가 지날수록 한국어를 모국어로 여기는 비율이 떨어지고 있다. 그리고 '일본에 살고 있는 한국인들끼리는 한국어를 써야만 한다고 생각하느냐'는 질문에 대한 응답 역시 세대가 지날수록 '그렇지 않다'는 태도를 보이고 있다. 〈표 10.4〉를 보면 전체 109명 중 42명(38.4%)이 그렇다고 답했는데, 이 중 절반이 1세였다. 2~3세 집단은 부정적 응답이 많았는데, 2세 집단의 40~50대 22명 중 17명이 부정적 반응을 보였고, 3세 집단의 20대 역시 14명 중 9명으로

부정적 응답 비율이 높았다.[15] 강정희는 이러한 결과에 대해 2~3세 집단이 일본에서 태어나 자라고 생활해온 세대로 '한국인'이라는 정체성을 가질 수 없었기 때문일 것으로 보았다. 그리고 3세 집단의 10대는 부정적 응답도 많았지만 다른 세대에 비해 '잘 모르겠다'는 응답 비율이 매우 높은데, 이들이 정체성의 혼란 시기에 있기 때문이라고 해석하고 있다.

| | | ① 예 ② 아니오 ③ 잘 모르겠다 | | | | | | | | |
| | | 1세 집단(33명) | | | 2세 집단(37명) | | | 3세 집단(39명) | | |
	응답자	①	②	③	①	②	③	①	②	③
80대	4	3		1						
70대	12	5	5		2	1	2			
60대	11	4			5	1	1			
50대	28	7	3		4	13			1	
40대	13	4	4		1	4				
30대	3						1		2	
20대	16					2		3	9	2
10대	22							4	7	11
합계	109	23	9	1	12	21	4	7	19	13
비율(%)		70	27.2	28	32.4	56.7	10.9	20	48.7	31.3

〈표 10.4〉 모국어에 대한 정체성 – 2(강정희, 2004: 13 〈표 6〉)

강정희는 〈표 10.4〉의 결과를 트러질과 차바라스(Trudgill & Tzavaras, 1977)의 연구 결과와 비교하고 있다. 트러질과 차바라스는 그리스의 알바니아인을 대상으로 유사한 조사를 했지만 전혀 다른 결과를 얻었다. 트러질과 차바라스는 5세부터 60세 이상 노년층까지 전 연령대를 대상으로 알바니아어에 대한 언어태도를 조사했는데, 노년층으로 갈수록 알바니아어에 대해 긍정적인 태도를 보이고, 젊은 층일수록 고국의 말을 잊어가는 현상을 보였다. 그런데 '알바니아인은 반드시 알바니아어를 써야 하느냐'에 대한 응답은 의외의 현상을 보여주었다. 10~14세의 경우 33%가 'No'라고 답한 반면 60세 이상은 83%가 'No'라고 답해, 아니라는 응답이 노년층으로 갈수록 증가한 것이다. 트러질과 차바라스는 10대의 경우 '알바니아어를 못하면 알바니아인이 아니다'라는 기준을 인정해, 알바니아인이 아니라 그리스인으로 인정받고 싶은 심리가 작용했기 때문으로 해석하고 있다. 그리고 노년층의 경우 '알바니아어 구사'를 기준으로 삼으면, 알바니아어가 점점 잊혀 가는 상황에서, 자신들의 자손을 알바니아인으로 인정할 수 없고, 그렇게 되면 알바니아족으로서의 정체성을 유지해가기 어렵게 되기 때문에 이 기준에 부정적인 태도를 보였다는 것이다.

'가족'의 울타리를 벗어나 일본인에게 노출되거나 일본인과 접촉하는 상황에서 한국어를 사용하는 것에 대해서는 어떻게 생각하고 있을까? '오사카 시내나 전철 안에서 한국인끼리 대화할 때는 어느 말로 합니까?'라는 질문에 '일본말로 한다'고 응답한 사람이 87명, '일본말을 더 많이 하는 편이다' 13명, '한국말을 더 많이 하는 편이다' 9명이었고, '한국말로 한다'는 응답자는 한 명도 없었다. 심지어 이쿠노쿠 재일 한국인의 상거래 중심지역인 모모타니 '조선시장', 쯔르하시 '국제시장'에서도 '일본말만 쓴다'고 한 응답자가 48명, '일본말을 더 많이 쓰는 편이다'가 41명으로 일본말을 선택하는 사람이 한국말을 선택하는 사람보다 훨씬 많았다. 강정희는 이러한 상태를 재일 한국인 1세에서 3세까지 모두 일본사회에 통합하고자 하는 의식이 강하게 작용하고 있는 것으로 해석했다.[16]

나) 조선족의 언어선택과 언어태도

중국의 조선족은 1세대 이주 당시의 모국어를 유지하면서 독자적으로 발전시킨 '조선어'를 가지고 있다. 조선족은 이 조선어를 한국어와도 구별되고 북한의 말과도 구별되는 독립적인 언어로 생각하며, 한어가 상위어인 상황 속에서 조선어-한어 이중언어 체계를 비교적 잘 지키고 있다.[17]

강미화(2009)는 북경, 천진, 상해, 무석, 소주, 청도, 위해 거주 조선족 100명을 대상으로 언어선택 상황을 조사했다. 〈표 10.5〉는 그 결과를 보여주는데, 조선족과 말할 때는 조선어로 말한다는 사람이 92.9%를 차지하고, 직장에서 조선어를 사용하는 사람이 70%에 이른다.[18] 그리고 조사대상자가 조사 대상자가 대부분 20~30대 조선족 청년층(20대 62명, 30대 32명, 40세 이상 6명)으로 상당수가 3세일 가능성이 높은데 90%가 넘는 사람이 조선족끼리는 조선어로 대화를 나눈다는 것은 조선어 보존이 잘 되고 있음을 의미한다.

	조선어	한어	조선어+한어
직장에서 하는 말	21명(21.4%)	29명(29.6%)	48명(49%)
조선족과 하는 말	91명(92.9%)	2명(2%)	5명(5.1%)

〈표 10.5〉 조선족의 상황에 따른 언어선택(강미화, 2009 〈표 2〉)

응답자의 62%는 조선어로 된 문자자료를 보고, 영상자료는 80%가 한어로 된 것을 본다고 답했는데, 중국 내에서 접할 수 있는 조선어 영상자료가 한어로 된 것에 비해 상대적으로 적기 때문일 것이다. '자녀가 한족학교에 다녀도 집에서 조선말과 조선글을 배워줄 것인가'에 답한 47명 중 44명이 그러겠다고 답했으며, '조선어를 꼭 알아야 한다'고 답한 사람이 87명이었다. 앞으로도 조선어 보존이 잘 이루질 것이라 예측할 수 있겠다.

김연옥(2009)은 조선족 집거지역인 연길시와 산재지역인 하얼빈시에서 소학교, 초중, 고중 교원들을 대상으로 조선어와 한어에 대한 언어태도를 조사하고 두 지역을 비교했다. 2008년 두 곳의 교원 133명(연길 지역 72명, 하얼빈 지역 61명)의 조사지를 분석했는데, 연길지역에서는 교수용어로 조선어를 더 많이 사용하는 반면 하얼빈 지역에서는 조선어와 한어를 비슷한 비율로 사용하는 것으로 나타났다. 조선족 학생들의 조선어 수준에 대한 평가 결과는 〈표 10.6〉과 같이 나타났는데, 두 지역모두 '예전보다 퇴보했다'는 평가가 가장 큰 비율을 차지했지만, 하얼빈 지역의 경우 학생들의 조선어 수준이 전에 비해 떨어졌다는 평가가 90%를 넘어서고 있다.

	연길	하얼빈
예전보다 진보했다	34.73%	6.56%
예전 수준과 같다	8.33%	1.64%
예전보다 퇴보했다	56.94%	91.80%

〈표 10.6〉 현재 조선족학생들의 조선어수준에 대한 평가(김연옥, 2009: 57 〈표 7〉)

이렇게 학생들의 조선어 수준이 떨어진 원인을 묻는 질문에 연길 지역 교원들은 '부모나 조선족 사회가 조선어를 중시하지 않기 때문'과 '조선어 서적이 점점 적어지기 때문'을 각각 20% 이상으로 꼽고 있는 반면 하얼빈 지역의 교원은 '조선어 환경이 없기 때문이다'(43.38%)를 첫번째 원인으로 꼽고 있다. 김연옥에 따르면 하얼빈에서는 조선어보다는 한어를 중요시해 왔고, 학교에서 한문 교과서를 가지고 한어로 수업을 하는 등 학생들의 조선어 능력이 떨어질 수밖에 없는 상황이었다. 반면 연길에서는 일상생활에서뿐만 아니라 수업에서도 조선어를 많이 사용함으로써 오히려 한어 사용에 어려움을 겪기도 한다고 한다.

조선어 사용과 관련된 향후 전망 역시 이러한 상황을 잘 드러내 보이고 있는데, 〈표 10.7〉에서 보는 바와 같이 연길의 경우 조선어가 쇠퇴할 것이라는 예측이 43.5%이지만 긍정적 예측(현상태를 유지할 것이다+발전할 것이다)이 더 큰 비율로 나타났다. 그러나 하얼빈의 경우 쇠퇴 예측이 65.57%나 된다. 그리고 조선어가 언제까지 사용될 것인지 예측하는 데 있어서도 연길 지역은 '계속 유지될 것이다'의 비율이 40%를 넘기는 데 비해 하얼빈 지역에서는 36.07%로 다소 낮고, 다음 세대나 3세대까지만 지속될 것이라고 보는 비율이 연길보다 높다. 언어선택이 언어 능력의 퇴보를 가져왔고, 그것은 다시 언어의 소멸을 예측하는 상황에 이르게 만든 것이다.

질문	응답	연길	하얼빈
금후 조선어의 전반적 발전추세에 대한 예측	발전할 것이다	16.67%	11.48%
	현상태를 보존할 것이다	40.28%	22.95%
	쇠퇴할 것이다	43.05%	65.57%
금후 조선어 수명에 대한 예측	지금 세대까지	0%	4.92%
	다음 세대까지	4.17%	13.11%
	3세까지	8.33%	16.69%
	계속 유지될 것이다	43.06%	36.07%
	모른다	44.44%	29.51%

〈표 10.7〉 금후 조선어의 전반적 발전추세에 대한 예측(김연옥, 1999: 59 〈표 10&11〉)

한국이 중국과 수교를 맺은 이후 동북 3성 (랴오닝성(遼寧省), 지린성(吉林省), 헤이룽장성(黑龍江省))의 조선족들은 대도시로 이동하기 시작했고, 칭다오(靑島) 지역에 대규모 조선족 사회가 새롭게 형성되었다. 오성애(2010)는 이 칭다오 지역 조선족의 언어능력과 언어태도를 조사 분석했는데, 가장 눈에 띄는 것은 '조선말'에 대한 언어태도와 '한국말'에 대한 언어태도를 비교한 것이다. 먼저 선호도에서 조선말에 대한 선호도가 한국말에 대한 선호도보다 높게 나왔고,[19] 12세 이하를 제외한 전 연령대에서 조선말에 대한 선호도가 가장 높았다. 그리고 2위가 중국말이었고, 가장 낮은 선호도를 보인 것이 한국말이었다. 그리고 '앞으로 청도의 조선족 사회에서 많이 쓰일 것 같은 말(예측 언어)'로 한국어를 꼽은 사람이 가장 많은 반면(35.38%), '앞으로 청도의 조선족 사회에서 많이 쓰여야 한다고 생각하는 말(기대언어)'은 조선말이라는 응답이 가장 많았다(43.82%). 오성애는 이것이 '현재 칭다오에서는 한국어가 조선어에 비해 더 많이 쓰인다'는 것을 반영하는 것으로 해석하고 있다.

그런데 예측언어 순위를 칭다오 거주 기간별로 살펴보면, 거주 기간 1년 이내인 사람과 1~5년인 사람은 한국말을 예측언어 1위로 꼽았고

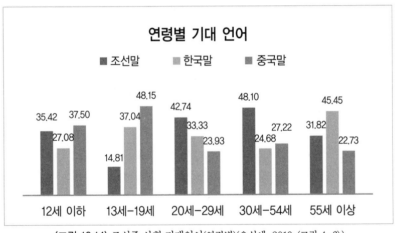

〈그림 10.14〉 조선족 사회 기대언어(연령별)(오성애, 2010 〈그림 4-6〉)

6~10년인 사람은 중국말 1위 조선말 2위, 한국말 3위순으로 예측했다. 오성애는 거주 기간 5년 이내인 사람들이 예측언어로 한국말을 가장 많이 꼽은 것은, 그들이 칭다오의 현재 언어 사회에 대해 더 민감하기 때문인 것으로 보았다.

그리고 기대언어 1위를 연령대별로 비교해보면 〈그림 10.14〉와 같다. 13~19세는 중국말을 가장 많이 선택했고 그 다음이 한국말, 조선말 순이었고, 20~29세, 30~54세는 조선말이 1위, 55세 이상은 한국말이 1위였다. 오성애는 이렇게 세대별로 다른 응답이 나온 원인이 교포 1세나 2세들이 조선말과 한국말의 차이를 젊은 세대에 비해 많이 느끼지 못하고 둘 다 모국어로 인식하는 데서 비롯된다고 보았다. 예측언어와 기대언어는 현재 상황 분석을 바탕으로 미래의 상황을 점쳐보는 것인데 여기에도 우리가 가지는 언어태도가 어김없이 개입하고 있는 것이다.

참고문헌

▸ 강길호·김경은(2012), 한국인의 커뮤니케이션에 나타난 대인설득 전략, 『스피치와 커뮤니케이션』 18, 한국소통학회, 78-120.

▸ 강미화(2009), 관내 조선족의 언어사용상황에 대한 약간한 고찰, 중국조선어문 2009(2), 길림성민족사무위원회, 25-30.

▸ 강범모(2005), 『언어: 풀어 쓴 언어학 개론』, 한국문화사(2010년 개정 3판).

▸ 강현석·강희숙·박경래·박용한·백경숙·서경희·양명희·이정복·조태린·허재영(2014), 『사회언어학: 언어와 사회, 그리고 문화』, 글로벌콘텐츠.

▸ 강희숙·양명희·박동근(2016), 『한국인 이름의 사회언어학』, 역락.

▸ 강정희(2004), 재일 한국인의 한국어에 대한 언어태도 조사 ─오사카 지역사회를 중심으로─, 『어문학』 86, 한국어문학회, 1-29.

▸ 고기탁 옮김(2012), 『공감의 진화』, 에이도스(Paul R. Ehrlich and Robert Ornstein(2010), Humanity on a Tightrope, Rowman and Littlefield Publishers).

▸ 곽병휴 옮김(2016), 『언어 상대성 원리는 있는가? ─사피어-워프 가설 연구─』, 아카넷 (Helmut Gipper(1984), Gibt es ein sprachliches Relativitatsprinzip Untersuchungen sur Sapir-Whorf-Hypothese, Frakfurt am Main, Germany).

▸ 권경근 외(2009), 『언어와 사회, 그리고 문화』, 도서출판 박이정.

▸ 김경숙(2015), 『한국 방언의 지리적 분포와 변화』, 도서출판 역락.

▸ 김규남(1999), 전북 정읍시 청소년층의 언어태도와 변항 '-a'의 상관성 연구, 『국어문학』 34, 국어문학회, 23-47.

▸ 김귀순(2011), 『젠더와 언어』, 한국문화사.

▸ 김미형·김형주·임소연·최기호(2013), 『한국어와 한국사회 −한국어를 통해 들여다본 한국인의 자화상−』, 한국문화사.

▸ 김성렬·이주행·민현식·김희숙·이석규·박환영(2003), 『언어와 사회』, 도서출판 역락.

▸ 김성재(2011), 『방언 속에 내 고향이 있었네』, 도서출판 박이정.

▸ 김연옥(2009), 조선족중소학교 교원들의 언어태도에 대한 약간의 고찰, 『중국조선어문』 2009(2), 길림성민족사무위원회, 55−60.

▸ 김주희(2010), "감정용어에 나타난 인간관계의 정서적 차이들: 한국과 일본의 비교", 왕한석 엮음(2010), 『한국어, 한국문화』, 한국사회, ㈜교문사 중.

▸ 김지숙(2013), 울릉도 어촌지역의 오징어의 명칭과 의미 분화 연구, 『사회언어학』 21−3, 한국사회언어학회, 83−111.

▸ 김진우(2011), 『언어와 뇌 −생물언어학의 전망−』, 한국문화사.

▸ 김택규(1985), 『韓國農耕歲時의 研究: 農耕儀禮의 文化人類的 考察』, 民族文化研究叢書 11, 嶺南大學校民族文化研究所.

▸ 박갑수(2014), 『한국인과 한국어의 발상과 표현』, 도서출판 역락.

▸ 박경래(2002), 중국 연변 조선족들의 언어태도, 『사회언어학』 10−2, 한국사회언어학회, 59−86.

▸ 박용한·김동환 옮김(2009), 『언어와 사회−사회언어학으로의 초대−』, 소통(Suzanne Romaine(2008), *Language in Society−An Introduction to Sociolinguistics*(3rd ed.), Oxford University Press.)

▸ 배현석 옮김(2015), 『대인관계와 소통 −일상의 상호작용−』, 한경사(Julia T. Wood(2012), *Interpersonal Communication −Everyday Encounters−*(7th Edition), Wadsworth Publishing.)

▸ 신지영(2011), 『한국어의 말소리』(2014년 개정판), 도서출판 박이정

▸ 신지영(2000), 『말소리의 이해』(2014년 개정판), 한국문화사.

▶ 신현정 옮김(2010), 『언어 사고 그리고 실재』, 나남(Benjamin Lee Whorf(edited by John B. Carroll)(1956), *Language, Thought, and Reality ‒Selected Writings of Benjamin Lee Whorf*, The Massachusetts Institute of Technology.)

▶ 오성애(2010), 청도 거주 조선족의 언어 능력과 언어태도, 『한국학연구 23』, 인하대학교 한국학연구소, 181‒212.

▶ 오성애(2012), 『중국 청도 조선족 언어의 사회언어학적 연구』, 도서출판 역락.

▶ 양영희(2015), 『사회언어학 관점에서의 국어 호칭어 사적 전개 양상 연구』, 도서출판 역락.

▶ 양해림 · 정진우 · 박종덕 · 이용훈 · 이승례 · 정윤승(2012), 『공감이지란 무엇인가?』, 충남대학교출판문화원, 대전.

▶ 왕문용(2008), 『국어와 의사소통 ‒소통의 본질과 원리』, 한국문화사.

▶ 왕한석 엮음(2008), 『한국어와 한국사회』, ㈜교문사.

▶ 왕한석 엮음(2010), 『한국어, 한국문화』, 한국사회, ㈜교문사.

▶ 왕한석 · 백경숙 · 이진성 · 김혜숙 옮김(2009), 『언어와 사회: 의사소통의 민족지학 입문』, 한국문화사(Muriel Savlle-Troike(2003), *The Ethnography of Communication: An Introduction*(3rd ed.), Blackwell Publishing)

▶ 이경우 · 김경희(2007), 『커뮤니케이션과 대인관계』, 도서출판 역락.

▶ 이경우 · 김성월(2017), 『한국어 경어법의 사회언어학적 연구』, 도서출판 역락.

▶ 이노미(2009), 『손짓, 그 상식을 뒤엎는 이야기』, 바이북스.

▶ 이미옥 옮김(2006), 『공감의 심리학‒말하지 않아도 네 마음을 어떻게 내가 느낄 수 있을까‒』, 에코리브로(Joachim Bauer(2005), *Warum Ich fühle, Was du fülst*, Hoffmann und Campe Verlag, Hamburg.).

▶ 이성동 · 윤송아 옮김(2016), 『공감하는 뇌‒거울뉴런과 철학‒』, UUP(울산대학교출판부)(Giacomo Rizzolatti and Corrado Sinigaglia(2006), *So quel che fai*, Raffaelo Cortina Editore).

▶ 이성범(2015), 소통의 화용론 ‒커뮤니케이션에 대한 화용적 접근‒, 한국문화사.

▶ 이승복·이희란 옮김(2013), 『언어 발달』, 시그마프레스(Owens, R. E(2012), Language Development: An Introduction, Pearson).

▶ 이영혜·김연주(2014), 비언어적 상호동기화가 커뮤니케이션에 미치는 영향 -음성 언어와 몸짓 언어를 중심으로-, 『스피치와 커뮤니케이션』 25, 한국소통학회, 197-229.

▶ 이용해(2006), 『문화 심리와 언어 의식 -한·중 문화비교론-』, 도서출판 역락.

▶ 이익섭(2000), 『사회언어학』, ㈜민음사.

▶ 이익섭·전광현·이광호·이병근·최명옥(2008), 『한국언어지도』, 태학사.

▶ 이정복(2014), 『한국 사회의 차별 언어』, 소통.

▶ 이정애·안재란·이중진·나영은(2013), 『다문화 의사소통론 -비교 문화 화용론과 인간 상호작용의 의미론-』, 역락(Wierzbicka, Anna(2003), Cross-Cultural Pragmatics, Walter de Gruyter GmbH and Co., Berlin.)

▶ 이주행·민현식·서덕현·구현정·전은주·조재윤·박재현 옮김(2008), 『인간관계와 의사소통』, 한국문화사(G. Burton and R. Dimbleby(1988), Between Ourselves: An Introduction to Interpersonal Communication, A Hodder Arnold Publication).

▶ 이필영·김정선·심민희(2009), 유아의 보조사 사용에 관한 종적 연구, 청람어문교육 40, 청람어문교육학회, 97-123(보조사 사용에 관한 종적 연구(31개월~43개월), 장경희 외(2015), 『취학 전 아동의 문법 능력 발달』, 도서출판 역락 중)

이현숙·고도흥 역(2012), 『언어의 뇌과학 -뇌는 어떻게 말을 만들어내는가-』, 한국문화사(Kuniyoshi Sakai(2002), Gengo no nokagaku -no wa donoyouni kotoba o umidasuka, Chuokoron-Shinsha, Inc., Tokyo.)

▶ 이혜용(2015), 『한국어 정표화행 연구 -정표화행의 유형 분류와 수행 형식-』, 도서출판 역락.

▶ 장경희 외(2015), 『취학 전 아동의 문법 능력 발달』, 도서출판 역락.

▶ 정우향(2013), 『소통의 어려움 -다시 쓴 언어학 강의-』, 한국문화사.

▶ 조명한·이정모·김정오·신현정·이광오·도경수·이 양·이현진·김영진·김소영·고성룡·정혜선(2003), 『언어심리학』, 학지사.

▶ 조숙환(2015), 『언어는 어떻게 소통되는가-마음이론과 화용 능력』, 소나무.

▶ 채완(2010), 『광고와 상표명의 언어 연구』, 학술전문출판 知敎.

▶ 최기호·김미형·임소영(2004), 『언어와 사회 -언어와 사회의 유쾌한 춤사위를 위하여-』, 한국문화사.

▶ 최양호·민인철·김영기 옮김(2012), 『비언어 커뮤니케이션』, 커뮤니케이션북스(Knapp M. L., Hall J. A., and Horgan, T. G.(2006), *Nonverbal Communication in Human Interaction* (6th ed.), Cengage Learning).

▶ 한국사회언어학회 엮음(2002), 『문화와 의사소통의 사회언어학』, 한국문화사.

▶ 홍우평·최명원 역(2005), 『말하는 뇌-언어커뮤니케이션의 비밀-』, 도서출판 역락(Gerry T. M. Altmann(1999), *The Ascent of Babel-An Exploration of Language, Mind and Understanding*, Oxford University Press).

▶ Adeen Flinkera, Anna Korzeniewskab, Avgusta Y. Shestyuka, Piotr J. Franaszczukb,c, Nina F. Dronkersd,e, Robert T. Knighta,f, and Nathan E. Croneb(2003), "Redefining the role of Broca's area in speech", Edited by Mortimer Mishkin, National Institute for Mental Health, Bethesda, MD, and approved January 26, 2015 (received for review August 4, 2014) http://www.pnas.org/content/112/9/2871.full

▶ Albert M. L. and Olber L. K.(1978), *The Bilingual Brain: Neuropsychological and Neurolinguistic Aspects of Bilingualism*, New York: Academic Press.

▶ Albright, L., Kenny, D. A., and Malloy, T. E.(1988). "Consensus in personality judgments at zero acquaintance", *Journal of Personality and Social Psychology*, 55(3), 387-395.

▶ Ambady, N., Bernieri, F. J., and Richeson J. A.(2000), "Toward a histology of social behavior: Judgmental accuracy from thin slices of the behavioral stream", *Advances in Experimental Social Psychology* 32, 201-271.

▶ Ambady, N. and Rosenthal, R.(1993), "Half a minute: Predicting teacher evaluations from thin slices of nonverbal behavior and physical attractiveness", *Journal of Personality and Social Psychology*, 64(3), 431–441.

▶ Baldwin, D. and Meyer, M.(2007), "How Inherently Social Is Language?", In Hoff, E. and Shatz, M(eds.), *Blackwell Handbook of Language and Development*, Malden, MA: Blackwell Publishing, 87–106.

▶ Benowitz, L. I., Bear D. M., Mesulam, M., Rosenthal, R., Zaidel, E., and Sperry, R. W.(1984), "Contributions of the Right Cerebral Hemisphere in Perceiving Paralinguistic Cues of Emotion", In Vaine L. and Hintikka, J(eds.), *Cognitive Constraints on Communication*, Dordrecht: D. Reidel Publishing Co., 75–95.

▶ Berlin, B. and Kay, P.(1969), *Basic Color Terms – Their Universality and Evolution*, Berkeley and Los Angeles: University of California Press.

▶ Bihrle A. M., Brownell H. H., Powelson J. A., and Gardner H.(1986), Comprehension of humorous and nonhumorous materials by left and right brain-damaged patients, *Brain and Cognition* 5(4), 399–411.

▶ Bihrle, A. M.(1990), *Visuospatial processing in Williams and Down syndrome*, Unpublished doctoral dissertation, University of California an San Diego and San Diego State University, CA.

▶ Bourhis, R. Y. and Giles, H.(1977), "The Language of Intergroup Distinctiveness", In H. Giles(Ed.), *Language, Ethnicity and Intergroup Relations*, London, UK: Academic Press, 307–348.

▶ Brooks, R. and Meltzoff, A. N.(2005), "The Development of Gaze Following and Its Relation to Language", *Developmental Science* 8(6), 535–543.

▶ Brown, R. and Gilman, A.(1960), "The pronoun of power and solidarity", In T. Sebeok(ed.), *Style in Language, Cambridge*, Ma: MIT Press.

▶ Brown, P. and Levinson, S.(1987), *Politeness-Some Universals in Language Usage*, Cambridge: Cambridge University Press.

▶ Cameron, D.(1996), "The language-gender interface: Challenging co-operation", In Bergvall(ed.), *Rethinking Language and Gender Research:* Theory and Practice, London: Longman, 31-53.

▶Cameron, D.(1997), "Theoretical debates in feminist linguistic: questions of sex and gender", In Wodak, R.(ed), *Discourse and Gender*, Thousand Oaks, CA: Sage, 21-36.

▶ Cameron, D., McCalinden, F., and O'Leary, K.(1988), "Lakoff in context: The social and linguistic functions of tag question", In J. Coates and D. Cameron(eds.), *Women in their Speech Communities*, London: Longman, 74-93.

▶ Carney D. R., Cuddy A. J. C., and Yap, A. J.(2010), Power posing: brief nonverbal displays affect neuroendocrine levels and risk tolerance, *Psychological Science* 21(10), 1363-1368.

▶ Cooper R. L. and Fishman J. A.(2009), "The Study of Language Attitudes", *International Journal of the Sociology of Language* 3, 5-20.

▶ Crystal D.(1987), *The Cambridge Encyclopedia of Language*, New York: Cambridge University Press.

▶ DeCasper, A. J. and Spene, M. J.(1986), "Prenatal maternal speech influences newborns' perception of speech sounds", *Infant Behaviour and Development* 9, 133-150.

▶ DeCasper, A. J., Lecanuet, J.-P., Busnel, M. C., Granier-Deferre, C., and Maugeais, R.(1994), "Fetal reactions to recurrent maternal speech", *Infant Behaviour and Development* 17, 159-164.

▶ Dimberg, U., Thunberg, M., and Elmehed K.(2000), "Unconscious Facial

Reactions to Emotional Facial Expressions", *Psychological Science* 11(1), Association for Psychological Science, 86-89.

▸ Downes, W.(1984), *Language and Society*, London: Edward Arnold.

▸ Edelsky, C.(1981), "Who's got the floor", *Language in Society* 10(3), 383-421.

▸ Ekman, P. and Wallace F.(1971), "Constants Across Cultures in the Face and Emotion", *Journal of Personality and Social Psychology* 17: 124-129.

▸ Ekman, P.(1972), "Universals and Cultural Differences in Facial Expressions of Emotion", In James K. Cole(ed.), *Nebraska Symposium on Motivation 1971*, vol. 4, Lincoln: University of Nebraska Press, 207-283.

▸ Fischer, J. L.(1958), "Social Influences in the Choice of Linguistic Variant", *Word* 14(1), International Linguistic Association, 47-56.

▸ Fishman, P.(1980), "Conversational Insecurity", In Giles H., Robinson, W. P. and Smith, P.(eds.), *Language: Social Psychological Perspective*, Oxford: Pergamon Press.

▸ Fishman, P.(1983), "Interaction: The Work Women do", In Thorne, B., Kramarae, C. and Henley(eds.), *Language, Gender and Society*, Rowley, MA: Newbury House.

▸ Garrett B.(2003), *Brain and Behavior-An Introduction to Biological Psychology*, Wardsworth: Thompson Learning.

▸ Genesee, F., Hammers, J., Lambert, W. E., Mononen, L., Seitz, M., and Starck, R.(1978), "Language Processing in Bilinguals", *Brain and Language* 5, 1-12.

▸ Greenfield L. and Fishman J. A.(1970), "Situational Measures of Normative Language Views in Relation to Person, Place and Topic among Puerto Rican Bilinguals", *Anthropos* Bd. 65, H. 3./4, 602-618

▸ Hall, E. T.(1959), *The silent language*, Garden City, NY: Doubleday.

▶ Hoff, E.(2013), *Language Development*, Belmont: Wadsworth Publishing Co..

▶ Holmes, J.(1984), "Hedging your bets and sitting on the fence: some evidence for hedges as support structures", *Te Reo* 27, 47-62.

▶ Holmes, J.(1992), *An Introduction to Sociolinguistics*, London: Longman.

▶ Iaconboni M., Molnar-Szakacs, I., Gallese, V., Buccino, G., Mazziotta, J. C., and Rizzolatti, G.(2005), "Grasping the Intentions of Others with One's Own Mirror Neuron System", PLoS Biol 3(3) (http://journals.plos.org/plosbiology/article?id=10.1371/journal.pbio.0030079)

▶ Jenkins, J. M. and Astington, J. W.(1996), "Cognitive Factors and Family Structure Associated with Theory of Mind Development in Young Children", *Developmental Psychology* 32(1), 70-78.

▶ Kleck, E. R. and Nuessle, W.(1968), "Congruence between the Indicative and Communicative Functions of Eye Contact in Interpersonal Relations", *British Journal of Clinical Psychology* 7-4, The British Psychological Society, 241-246.

▶ Knowles, E. S.(1973), "Boundaries around group interaction: The effect of group size and member status on boundary permeability", *Journal of Personality and Social Psychology* 26, 327-332.

▶ Lakoff, R.(1973), "The Logic of Politeness: of minding your p's and q's", In C. Corum, T. Smith-Stark and A. Weiser(eds.), *Chicago Linguistic Society 9*, 292-305.

▶ Lakoff, R.(1975), "Language and Woman's Place", *Language in Society* 2-1, 45-80.

▶ Labov, W.(1966), *The Social Stratification of English in New York City*, Washington, D.C.: Center for Applied Linguistics.

▶ Labov, W.(1972), *Sociolinguistic Patterns*, Philadelphia: University of Pennsylvania Press.

▸ Labov, W.(1990), "The intersection of sex and social class in the course of linguistic change", *Language Variation and Change* 2, 205-254.

▸Lambert, W.(1967), "A Social Psychology of Bilingualism", *Journal of Social Issue* 23(2), 91-100.

▸Lambert, W., Hodgson, R., Gardener R. and Fillenbaum, S.(1960), "Evaluative Reaction to Spoken Language", *Journal of Abnormal and Social Psychology* 60, 44-51.

▸Levesque, M. J., and Kenny, D. A.(1993), "Accuracy of behavioral predictions at zero acquaintance: A social relations analysis", *Journal of Personality and Social Psychology*, 65(6), 1178-1187.

▸Libersons, S.(1972), "Bilingualism in Montreal: A Demographic Analysis", In Fishman, J. A.(ed.), *Advances in the Sociology lf Language* II, The Hague: Mouton.

▸Lyuh, I.(1994), "A Comparison of Korean and American Refusal strategies", *English Teaching* 49, 221-252.

▸Mackay D. G. and Fulkerson D.C.(1979), "On the Comprehension and Production of Pronouns", *Journal of Verbal Learning and Verbal Behavior* 18, 661-673.

▸Mehler, J., Domergues, J., Frauenfelder, U., and Segui, J.(1981), "The syllable's role in speech segmentation", *Journal of Verbal Learning and Verbal Behaviour* 20, 298-305.

▸Marcus, D. K. and Lehman, S. J.(2002), "Are There Sex Differences in Interpersonal Perception at Zero Acquaintance? A Social Relations Analysis", *Journal of Research in Personality* 36(3), 190-207.

▸Mehler, J., Dupoux, E., and Segui, J.(1990), "Constraining models of lexical access: the onset of word recognition", In G. T. M. Altmann(ed.),

Cognitive models of speech processing, Cambridge, MA: MIT Press, 236-262.

▸Mehler, J., Jusczyk, P. W., Lambertz, G., Halsted, N., Bertoncini, J., and Amiel-Tison, C.(1998), "A precursor of language acquisition in young infants", *Cognition* 29, 143-178.

▸Mehrabian, A. and Ferris, S. R.(1967). "Inference of Attitudes from Nonverbal Communication in Two Channels", *Journal of Consulting Psychology* 31(3), 248-252.

▸Mehrabian, A. and Wiener, M.(1967). "Decoding of Inconsistent Communications", *Journal of Personality and Social Psychology* 6(1), 109-114.

▸Morgan, L. H.(1871), *Systems of Consanguinity and Affinity of the Human Family*, Smithsonian Institute.

▸Neumann, R. and Strack, F. (2000). "Mood contagion: The automatic transfer of mood between persons", *Journal of Personality and Social Psychology*, 79(2), 211-223.

▸Olshtain, E. and Cohen, A. D.(1983), "Apology: A speech act set", In N. Wolfson and E. Judd(Eds.), *Sociolinguistics and language acquisition*, Rowley, MA: Newbury House, 18-35.

▸Sachie, I.(1998), "Apology across culture and gender", SURCLE 1, 26-35.

▸Scollon, R. and Scollon S. W.(1995), *Intercultural communication: A discourse approach*, Oxford: Basil Blackwell.

▸Shuy, R. W., Wolfram, W. A., and Riely, W. K.(1968), *Field Techniques in an Urban Language Study*, Washington, DC: Center for Applied Linguistics.

▸Snow, C. E., Alexander, B., Imbens-Bailey A., and Herman, J.(1996), "Learning How to Say What One Means: A Longitudinal Study of Children's Speech Act Use", *Social Development* 5(1), 56-84.

▶Sommer, R.(1962), "The distance for comfortable conversation: A further study", *Sociometry* 25, 111–116.

▶Sommer, R.((1969), *Personal Space: The Behavioral Basis of Design*, Englewood Cliffs, NJ: Prentice-Hall.

▶Strack, F., Martin, L. L., and Stepper, S. (1988), "Inhibiting and facilitating conditions of the human smile: A nonobtrusive test of the facial feedback hypothesis", *Journal of Personality and Social Psychology*, 54(5), 768–777.

▶Stepper, S. and Strack, F.(1993), "Proprioceptive determinants of emotional and nonemotional feelings", *Journal of Personality and Social Psychology* 64, 211–220.

▶Trudgill, P.(1972), "Sex, covert prestige and linguistic change in the urban British English of Norwich", *Language in Society* 11, 179–195.

▶Trudgill, P.(1974), *The Social Differentiation of English in Norwich*, Cambridge University Press.

▶Trudgill, P.(1983), *On Dialect: Social and Geographical Perspectives*, Oxford: Blackwell.

▶Trudgill, P. and Tzavaras, G.(1977), "Why Albanian-Greeks are not Albanians: Language Shift in Attica and Biotia", In H. Giles(ed.), *Language Ethnicity and Intergroup Relations*, London: Academic Press, 171–184.

▶West, C. and Zimmerman, D.(1977), "Woman's place in everyday talk: Reflection on parent-child interaction", *Social Problems* 24(5), 521–529.

▶West, C. and Zimmerman, D.(1983), "Small insults: A study of interruptions in cross-sex conversation between unacquainted persons", In B. Thorne, Kramarae, C., and Henley, N.(eds.), *Language, Gender and Society*, Rowley, MA: Newbury, 103–118.

▶Williams, F.(1973), "Some Research Notes on Dialect Attitudes and Stereotypes",
In Shuy, R. and Fasold, R.(eds.), *Language Attitudes: Current Trends
and Prospects*, Georgetown University Press.

▶Woods, N.(1988), "Talking shop: Sex and status as determinants of floor
apportionment in a work setting", In Coates, J. and Cameron D.(eds.),
Women in Their Speech Communities, London: Longman, 141-157.

▶Zimmerman, D. and West, C.(1975), "Sex roles, interruptions and silences in
conversation", In B. Thorne and N. Henley(eds.), *Luaguage and Sex*,
Rowley, MA: Newbury, 105-129.

0장 인간이 인간답게 하는 존재, 언어

01 인간과 유전적으로 가장 가까운 유인원. 침팬지와 비슷하게 생겼지만 크기가 작아 피그미 침팬지로 불리기도 했다. 침팬지가 난폭하고 동족을 살해할 만큼 잔인한 데 비해 보노보는 비교적 온순하고 평화를 중시한다고 한다.

02 TED강연 http://www.ted.com/talks/susan_savage_rumbaugh_on_apes_that_write.html

03 '음소'와 '형태소'에 대해서는 뒤에서 더 자세히 다룰 것이다. 우리의 말소리 중 의미를 구별하는 데 관여하는 말소리를 '음소'라고 하고, 형태소는 음소가 결합되어 그 자체가 의미를 가지는 가장 작은 단위를 이르는 말이다. 말하자면 '비가 온다'라는 문장은 형태소 차원에서 '비', '가', '오-', '-ㄴ-', '-다'로 분절될 수 있으며, '비'와 '오-'는 어휘 의미를 가지고 '가', '-ㄴ-', '-다'는 문법적 기능 의미를 가진다. 이들 형태소들은 더 이상 의미를 가진 단위로 나뉠 수 없다.

04 박민규, 2003, 『삼미 슈퍼스타즈의 마지막 팬클럽』 중; 강범모 2010(3판) 30쪽에서 재인용.

05 '찰-'은 접사로 '찰-지다', '찰-조'가 '차지다', '차조'가 되는 것처럼 다른 형태소와 결합할 때 받침 'ㄹ'이 탈락된다.

1장 언어의 이해 1 - 음성과 음운

01 물론 이 기관들에 '뇌'가 더해져야 하는데 이에 대해서는 5장에서 자세히 설명하겠다.

02 음식을 먹으면서 말을 하면 사레가 들리는 것은 후두개가 열렸다 닫혔다 바삐 움직이는 가운데 적시에 닫히지 못하고 음식이 후두로 들어가게 되고, 그것을 밀어내기 위해 생겨나는 보호 작용 때문이다.

03 성대의 근육막은 그 두께에 따라 말소리에 차이가 나는데, 근육막이 두꺼우면 낮고 굵은 소리가 나고 근육막이 얇으면 높고 가는 소리가 난다. 이 근육막은 남자가 여자보다 두껍고, 어른이 아이보다 두껍다.

04 Praat. doing phonetics by computer. 소리의 진동을 눈으로 볼 수 있게 분석해 보여주는 음향 프로그램. http://www.fon.hum.uva.nl/praat/

05 소리나 파동을 시각화하여 보여주는 도구. 〈그림 1.8〉에서 자세히 볼 수 있다.

06 포만트는 스펙트로그램에서 특정한 진동수 주변에 에너지가 집중되어 나타나는 것인데 대개 1000Hz 간격으로 나타난다. 포만트는 여러 개가 나타나는데 스펙트로그램의 가장 아래 나타나는 포만트가 F1, 그 위가 F2와 같이 번호를 매긴다. 모음의 특성은 F1, F2, F3, F4에서 찾아볼 수 있는데 전설모음은 F1과 F2 사이의 간격이 크고, 후설모음은 F1과 F2 사이의 간격이 좁다. 같은 전설모음일 경우 F3의 특징을 함께 보아야 알 수 있다고 한다.
http://person2.sol.lu.se/SidneyWood/praate/whatform.html

07 https://www.youtube.com/watch?v=NQA4Wyhb8BU

08 http://www.internationalphoneticalphabet.org/

09 앞서 언급한 아프리카의 코이산족(Khoisan)의 언어에서 쓰이는 클릭 소리(Click Sounds)로 '!'와 'ǂ'로 표기되는 들숨소리도 제시되어 있다.

10 영어의 포만트 차트에 나타난 [ɑ]와 [ɒ]가 [ʌ]보다 높은 위치에 나타난 것이 흥미롭다.

11 https://www.ethnologue.com/. 이 중 920개의 언어가 사라져가고 있고 1,547개의 언어가 위험에 처해 있다. 에쓰놀로그 사이트는 2016년 1월 29일 현재 71억 인구에 7,102개 언어가 존재하고 916개의 언어가 사라져가고 있으며 1,531개의 언어가 위험에 처해 있는 것으로 보고했다. 1년 반 사이에 3개의 언어가 사라진 것이다.

12 우리말의 'ㄹ'은 음절의 끝에 올 때 설측근접음 [l]로 난다. 하지만 이 [l]는 /ㄹ/ 의 변이음이므로 〈표 1.3〉에는 한국어의 음소로 표시하지 않았다.

13 /ㄷ/, /ㄸ/, /ㅌ/ 세 소리가 언제나 이만큼의 기식을 일정하게 가지는 것은 아니 다. 사람에 따라, 발화할 때마다 기식의 길이는 조금씩 차이가 나는데 /ㄸ/의 VOT가 가장 짧고 그 다음이 /ㄷ/이며, /ㅌ/의 VOT가 가장 긴 것은 변함없다.

14 '거의 동시에'라고 하는 것은 수백분의 일초이긴 하지만 각각의 음소의 발음에 시 차가 존재하기 때문이다.

15 요즘 젊은이들은 대부분 '닭이'를 [달기]로 발음하지 않고 [다기]로 발음한다.

16 외래어표기법(국립국어원 http://www.korean.go.kr/)

  <u>제1항</u> 무성파열음 [p], [t], [k]

  1. 짧은 모음 다음의 어말 무성 파열음([p], [t], [k])은 받침으로 적는다. (gap [gæp] 갭, cat [kæt] 캣, book [buk] 북)

  2. 짧은 모음과 유음·비음([l], [r], [m], [n]) 이외의 자음 사이에 오는 무성 파열음 ([p], [t], [k])은 받침으로 적는다. (apt [æpt] 앱트, setback [setbæk] 셋백, act [ækt] 액트)

  3. 위 경우 이외의 어말과 자음 앞의 [p], [t], [k]는 '으'를 붙여 적는다. (stamp [stæ mp] 스탬프, desk [desk] 데스크, apple [æpl] 애플, mattress [mætris] 매트리스)

  <u>제8항</u> 중모음(2) ([ai], [au], [ei], [ɔi], [ou], [auə])

  중모음은 각 단모음의 음가를 살려서 적되, [ou]는 '오'로, [auə]는 '아워'로 적는 다. (time [taim] 타임, house [haus] 하우스, skate [skeit] 스케이트, oil [ɔil] 오일, boat [bout] 보트, tower [tauə] 타워)

2장 언어의 이해 2 - 형태와 통사

01 이쯤에서 여러분 중에 문장을 구성하는 요소로 일컬어지는 '단어'와 '형태소'가 어떻게 다른지 궁금해진 사람이 있을 것이다. 앞의 예문에서 보면 '아버지', '방', '들어가-'는 '단어'이지만 '-가', '에', '-시-', '-ㄴ-', '다'는 단어가 아니다.

'단어'는 그 자체로 홀로 의미를 가지고 설 수 있지만 '-가', '에', '-시-', '-ㄴ-', '다'는 다른 형태소와 결합해야만 제대로 된 의미를 가지고 문장 안에 설 수 있다.

02 예문은 국립국어원 표준국어대사전에서 제시한 예문들 중 한두 개만 남겼다.

03 반대말(⑲), 높임말(⑥), 낮춤말(⑱)처럼 해당 어휘와 의미상 관계를 가지는 어휘도 함께 제시하는 것은 물론, 남에게 자신의 아버지에 대해 말할 때 사용하는 '가부(家父)', 자신의 아버지를 높여 이를 때 쓰는 '가친(家親)', 자신의 돌아가신 아버지를 이를 때 사용하는 '선친(先親)', 다른 사람의 아버지를 높여 이르는 말인 '춘부장(春府丈)', 남의 돌아가신 아버지를 이르는 '선대인(先大人)'까지 참고어휘로 제시하고 있다.

04 '이/가'와 '은/는'의 의미는 오랜 동안 학자들 간에 논쟁거리가 되고 있다. 여기에서 그러한 논쟁을 길게 소개할 필요는 없을 것으로 생각되어 필자의 생각을 적었다.

05 동화책이라면 '빵에 들어간다'는 연결이 가능할 수도 있겠으나 여기서는 현실에 대해 기술하는 문장에 대해 이야기하고 있다.

06 다른 강좌를 듣는 학생들에게 '잉여롭다'라는 단어에 대해 이야기했더니 전혀 생소하게 느끼지 않는다는 반응이었고, 언제부터 듣고 사용했는지 물어보았더니 2010년경부터 사용했다고 답했다.

07 '-스럽다'는 '자유스럽다, 신비스럽다, 걱정스럽다, 영광스럽다'처럼 비교적 다양한 명사에 결합되는 반면 '롭다'의 경우 '자유롭다, 신비롭다'는 가능하지만 '걱정롭다, 영광롭다'는 불가능하다(강범모 2005; 2010년 3판)

08 '나들다'는 표준국어대사전에 '드나들다'와 같은 말로 처리되어 있다. 사실 오늘날 '나들다'는 표준국어대사전에 제시되어 있는 다음 예문처럼 문학적인 표현으로만 남아 있는 것으로 보인다.

이 강기슭 적당한 곳에 나룻배를 두어 인민들이 서로 간에 마음대로 **나들게** 하되, 증명서가 없이는 무기를 가지고 국경을 넘지 못한다.≪최명희, 혼불≫

09 한동안 '핸드폰'이라는 말이 대표적으로 사용되었었다. 이것은 우리가 만들어낸 영어 합성어로, 원어를 따지면 'hand phone'이지만 영어에서는 찾아볼 수 없는

말이다.

10 우리말은 조사가 있기 때문에 SOV 어순이 절대 어기면 안 되는 것은 아니지만 영어의 경우 주어나 목적어 같은 문장 내 성분과 문법 관계가 어순에 의해서만 표현되기 때문에 어순을 바꾸면 전혀 다른 의미가 된다. 우리말에서 '영희가 철수를 사랑한다'의 어순을 뒤섞어 '철수를 영희가 사랑한다', '철수를 사랑한다 영희가'처럼 말해도 행위의 주체가 바뀌지 않으며, 의미상, 문법상 잘못된 문장이 되지는 않는다. 그러나 영어 'Jane loves Tom'과 'Tom loves Jane'은 행위의 주체가 전혀 다른 사람이 된다.

3장 언어의 이해 3 - 의미와 화용

01 사실 우리는 모순된 표현을 연결해 사용하는 경우가 많다. '오래된 미래, 작은 거인' 같은 말을 보면 '미래'는 결코 오래될 수 없고, '거인'은 결코 작을 수 없음에도 불구하고 강조를 위해서, 혹은 문학적 표현을 위해 사용하고 있다.

02 이 문장들은 모두 일인칭 주어와 동사의 현재형을 가지는 것에 주목해야 한다. 만일 그렇지 않은 다음과 같은 문장들은 화행문이 아니다.

  6) ㄷ'. 왕이 지금 당장 그 놈을 사형에 처할 것을 명했다.
    ㅁ'. 아빠가 이번 주말에 놀이공원에 가기로 약속했다.

4장 언어의 이해 4 - 신체 언어

01 말투나 몸짓, 표정 등과 같은 비언어적 단서를 잘 해독하는 아이가 그렇지 못한 아이보다 인기가 더 많고 사회적 능력이 뛰어나며 정신적으로 더 안정되어 있는가 하면 더 뛰어난 학업성취도를 보인다고 한다. 그리고 성인들을 대상으로 한 연구에서도 동료의 얼굴 표정을 잘 읽어내는 것이 동료들 간의 인기에 영향을 미친다고 한다.(최양호 외 옮김, 2012; 98-99)

02 Albright, Kenny, & Malloy, 1988; Levesque & Kenny, 1993; Marcus & Lehman, 2002; Ambady, Bernieri, & Richeson, 2000; Ambady & Rosenthal, 1993. 최양호 외 옮김(2012)에서 재인용.

03 최양호 외 옮김(2012)에서 재인용. 비언어적 단서 해독 능력 발달은 어린 시절의 사회화 경험, 가족 간 커뮤니케이션 환경과 관련이 있는데(Halberstadt, 1983; 1986), 감정표현을 잘하는 가족의 아이들은 별다른 노력을 하지 않아도 상대의 감정 파악이 가능해 비언어적 단서 해독 능력이 떨어지는 반면, 감정표현을 잘 하지 않는 가족의 경우에는 부족한 비언어적 단서를 해독하기 위해 노력해야 하 기 때문에 역설적으로 그 능력이 더 발달하게 된 것으로 해석할 수 있다.(최양호 외 옮김, 2012)

04 Strack, Martin & Stepper(1988); Strack & Neumann(2000). 최양호 외 옮김(2012)에 서 재인용.

05 Argyle, M. & Ingham, R.(1972); Neilson, G.(1962). 최양호 외 옮김(2012)에서 재인 용.

06 제3자의 관찰에 의한 '커뮤니케이션 효율성' 평가라는 것이 아쉽다. 대화 참여 자 2인 중 1인이 '상호 동기화' 요소를 연기하게 하고 상대가 의사소통의 효율성 을 평가하도록 했다면 더 의미 있는 실험이 되었을 것이다.

07 이노미(2009)

08 악수는 오른손으로 하는 것이 보통이지만 이슬람교도나 힌두교도와 악수할 때 는 특히 절대 왼손을 내밀면 안 된다.

09 Carney, D., Cuddy, A. J. C., & Yap, A.,(2010). 최양호 외 옮김(2012)에서 재인용

10 김형희 한국바디랭귀지 연구소장

5장 언어와 뇌

01 김진우(2011)에 따르면 다윈은 같은 책 『인간의 계보』에서 언어의 기원과 관련하 여 '운율적인 노래의 형태로 감정을 표현하기 시작한 것이 최초의 언어'라고 했

다고 한다. 김진우는 이러한 해석이 이른바 언어기원에 대한 '가창설'의 근원이 된 것으로, 같은 책에서 인간의 사고력 발달과 언어 발달을 연관시킨 것과 모순되며 과학적이지 못한 것이라고 지적하고 있다.

02 사카이 구니요시는 유인원에게 특수문자나 수신호를 가르치고, 그들이 제한적이나마 인간과 의사소통을 해내는 것이 결코 그들이 '언어'를 사용함을 의미하는 것이 아니라고 주장한다.

03 왼손잡이와 오른손잡이의 차이를 중심으로 뇌의 어느 반쪽이 언어 기능을 담당하는지 본 연구도 있다. Crystal(David Crystal, 1987) 『The Cambridge Encyclopedia of Language』는 오른손잡이의 95%가 좌뇌에 언어기능이 있고, 왼손잡이는 60~70%만 좌뇌에 언어기능이 있는 것으로 알려져 있음을 밝히고 있다고 한다. 가렛(Bob Garrett, 2003)은 오른손잡이의 90%, 왼손잡이의 2/3 정도가 언어기능이 좌반구에 위치하며, 나머지는 우반구, 혹은 양반구에 섞여 있는데 5세 이전에는 언어기능이 우반구로 이동할 수도 있음을 밝혔다고 한다(김진우, 2011).

04 그리고 우반구는 음색에 예민하게 반응하지만 음조에는 좌반구가 더 예민하게 반응한다는 이전의 주장에 일치하는 결과도 얻었다고 한다.

05 거울신경세포를 발견한 자코모 리졸라띠와 연구팀은 세 개의 다른 종(사람, 원숭이, 개)이 입으로 하는 행위 두 가지(음식을 먹는 행위와 말을 하는 행위)를 하는 영상을 피험자들에게 보여주고 뇌의 활성화 부위를 살펴보는 실험은 했는데, 좌반구는 종에 따른 차이를 보이지 않았지만 우반구는 사람의 행동을 볼 때 가장 활성화되었다고 한다(리졸라띠와 시니갈이아 G. Rizzolatti & C. Sinigaglia, 2006; 이성동 윤송아 옮김, 2016)

06 영상 1 '상황'의 조건에서 전운동피질이 활성화되었는데 리졸라띠와 시니갈이아(2006)는 행동의 대상이 되는 컵이 존재하기 때문이었을 것으로 해석하고 있다.

07 요아힘 바우어(Joachim Bauer, 2005; 이미옥 옮김, 2006)

6장 언어습득

01 '학습'은 그 언어의 음운, 형태, 통사, 화용적인 면에 대한 지식을 얻는 것이고, '습득'은 그러한 지식을 활용해 실제 언어를 사용할 수 있게 되는 것이다. 어떤 언어에 대해 오랜 기간 '학습'하더라도 실제로 그 언어를 사용할 수 없다면 해당 언어를 '습득'했다고 볼 수 없다.

02 이 실험결과는 한 다큐멘터리를 떠올리게 한다. 청각장애인 부부가 장애를 가지지 않은 자녀의 언어습득을 위해 계속해서 TV를 틀어 주었으나 학교에 입학한 아이들의 언어능력은 다른 아이에 비해 현저히 낮았다는 내용이었다.

03 웰스(Gordon Wells, 1985)

04 스노우 외(Catherine E. Snow, Barbara Alexander, Alison Imbens-Bailey & Jane Herman, 1996; 조숙환, 2015)에서 재인용

05 '결정적 시기'는 펜필드와 로버츠(Wilder Penfield and Lamar Roberts)가 최초로 내놓은 개념이지만 르네버그에 의해 세상에 널리 알려졌다.

06 진화의 측면에서 인간이 언어를 사용하기 시작했을 것으로 추정하는 시기인 호모 에렉투스의 뇌 크기가 900cm3인 것과 아기가 처음으로 말을 하기 시작할 무렵의 뇌 무게가 900g인 것을 연결시켜 보고 싶은 지점이다.

07 상당기간 그녀를 대상으로 하는 실험팀과 함께 생활하던 지니는 18살이 된 후 친모와 살게 되었지만 그 후 제대로 된 보살핌과 지속적인 교육을 받지 못하게 되었고 그동안 습득한 언어와 행동 기술들(behavioral skills)을 급속하게 잊어버렸다. 1978년 그녀의 어머니는 모든 학자들의 접근을 금지시켰고 이후 그녀에 대한 소식은 전해지지 않았다. 2008년 ABC 방송이 그녀의 근황을 소개했는데, 여섯 번째 양부모의 집에서 살고 있으며 말을 하지 않는다는 내용이었다.

08 개인 차이는 지능, 성격, 학습유형, 종족과 가정에서 쓰는 언어, 사회경제적 지위, 가족구조, 출생순위 등 다양한 요인에 의해 발생한다.(Robert Owens, 2012; 이승복과 이희란 역, 2013)

09 브룩스와 멜조프(Brooks & Meltzoff, 2005). 볼드윈과 메이어(Baldwin & Meyer, 2007), 호프(Hoff, 2013). 조숙환(2015)에서 재인용

10 조숙환(2015)에서 재인용

11 조숙환(2015)에서 재인용. 자폐증 환자는 이러한 능력의 발달을 보여주지 않는다고 한다.

7장 사회 속의 언어

01 코크니는 본래 도시에 거주하는 사람들을 가리키는 말이었다가 런던사람을 뜻하게 되었는데, 특히 '런던의 Bow Bell 지역, 곧 성 메리 르 보우(St Mary-le-Bow) 성당의 벨소리가 들리는 지역'에서 태어난 사람들을 가리키는 말로 쓰이고 있다. 이 말에는 경멸하는 뜻이 들어있는데 이 지역이 19세기까지 런던의 외곽지역으로 빈민가였기 때문이다. 이 지역은 런던의 동쪽 끝에 위치하며, 오늘날에도 주로 노동자들이 거주한다고 한다. 폴 커스윌(Paul Kerswill)은 최근 연구에서 500년 가까이 유지되었던 코크니 엑센트가 30년 안에 사라질 것이라고 했는데, 이 지역에 아프리카계 이민을 비롯하여 외부로부터의 인구 유입이 늘어나면서 다양한 언어가 도입되었기 때문이라고 한다.

02 하류계급(0): 초등학교 이하의 학력+근로자/ 근로자 계급(1~5): 고등학교 중퇴 학력+노동자(자가용 구입이 가능한 수준의 수입)/ 중하류 계급(6~8): 고등학교 졸업, 사무직이나 반 전문직(자녀를 대학에 보낼 수 있는 수준의 재력)/ 중상류 계급(9): 대학 졸업+사무직

03 이러한 계산 방법은 샤이 외(Shuy, Wolfram and Riley, 1967)가 미국 디트로이트 시 주민들을 대상으로 한 사회언어학적 조사에 홀링스 헤드(Hollingshead, 1958)의 분류 방식을 가져와 사용한 것과 동일하다. 샤이 외(1967)는 (학력 점수×5), (직업 점수×9), (거주지 점수×6)을 했는데, 학력과 직업은 이주행(1999)과 별 차이 없으나 거주지를 기준으로 삼은 것이 특이하다. 게다가 거주지 등급의 기준을 가옥 당 방의 개수와 수도 시설 비율로 잡고, 이들 두 요인을 결합하여 방 개수가 10.5 이상이고 수도 시설률이 98% 이상이면 I 등급으로 하고 방 개수가 4.4개 이하에 수도 시설률이 50% 이하면 VI등급으로 했다.

04 조사 대상의 연령은 30세에서 62세까지로 다양하며 출생지와 성장지 역시 서울부터 제주도까지 다양하다. 서울이 아닌 지역의 출신일 경우 그들의 출신지 지역어의 영향이 고스란히 남아 있을 가능성이 크기 때문에 이를 계층에 따른 차이만으로 볼 수 있을지 검토가 필요하다.

05 우리나라의 방언 연구에서도 이러한 경향을 밝혀낸 것이 있었다. 강현석과 이장희(2002)는 충남과 경북 지역 대학생들을 대상으로 'w'탈락('과자'를 '까자'로 발음하는 것)에 대한 조사를 했는데, 실제 발음에서는 남녀의 'w' 탈락 비율에 차이가 없었지만, 자기평가에서 탈락 보고를 한 비율에서는 남성이 여성보다 높았다고 한다.

06 현재 북한의 행정구역으로 본다면 서북방언에 '자강도'가 추가되어야 하고, 동북 방언에 '량강도'가 추가되어야 한다.

07 '엉아'는 충청남도 지역에 집중적으로 나타남

08 강원도

09 중부방언의 남쪽, 충청남북도에서 주로 나타남

10 'ㅡ'와 'ㅏ'는 중설로 처리해야 하지만 여기에서는 '후설'이 '전설이 아닌 나머지'를 포함한 것으로 보아 이렇게 표를 만들었다.

11 북한이탈주민 중 이들 합류를 일으킨 지역에서 온 사람들을 대상으로 합류된 모음을 구분하는지 묻자 자신들이 두 모음을 구분해서 발음하고 있으며, 구분해서 들을 수 있다고 답했다. 하지만 필자의 귀에 전혀 구분되지 않는 것으로 들리는 '별'과 '볼', '굴'과 '글'을 잘라서 들려주었을 때, 그들 역시 구분하지 못했다.

12 강원도와 황해도, 평안남북도, 함경남도의 일부지역도 성조나 음장을 의미구별에 이용하지 않는다.

13 사실 '누구입니까?'는 '누군교?'나 '눈교'가 되어야 할 것이다.

8장 언어 속의 사회

01 강희숙 외(2016)에 따르면 미얀마나 인도네시아 등의 동남아시아 국가나 아프리카 신생국 중에는 지배층만 성을 갖고 일반 사람들은 이름만 가지는 나라도 있다고 한다.(25쪽 각주 5)

02 강희숙 외(2016)은 서울특별시, 광주시, 대구시, 대전시, 경남 의령군, 전남 해남군, 충남 당진군에 거주하는 사람 18만 2천 4백 명을 대상으로 이름을 조사한 결과를 싣고 있다. 한자 이름을 가진 사람이 98%를 넘고 두 음절의 이름을 가진 사람 역시 98%를 넘었다.

03 서정수(1993)에 따르면 고려 초까지는 모두 순우리말 이름을 가졌고 고려 초기 이후 조선 말기까지 순우리말 이름과 한자어 이름이 공존했다. 그러나 1910년 민적부를 작성하면서 일제강점기 동안 한자어 이름이 우리의 전형적인 이름으로 자리 잡았다.

04 서양 성씨 일부는 조상의 직업을 알려주는 것들이 있다. 우리나라의 김씨 성에 버금갈 만큼 다수를 차지하는 Smith는 먼 옛날 조상이 대장장이였음을, Baker는 빵 굽는 사람, Weber는 옷감 짜는 사람이었음을 의미한다고 한다.

05 서구의 이름에도 조상을 드러내는 것이 있다. 러시아에서는 아버지의 이름에 '-evich', '-evna' 등의 접미사를 붙여서 이름과 성 사이에 넣는데 '미하일 세르게예비치 고르바초프(러시아어: Михаил Сергеевич Горбачёв)'의 아버지의 이름이 '세르게이'인 것을 알 수 있다. 아일랜드에서는 아버지나 할아버지의 이름에 'O'-', 'Mc' 등의 접두사를 붙여 만든 성을 만들었는데 오늘날 영어 이름의 O' Braian이나 McDowall이 그 예이다.

06 이로쿼이족은 뉴욕주 지역에 살던 아메리칸 인디언 부족이다.

07 EBS 다큐프라임 341회 '결혼의 진화 1부'(2016년 2월 22일 방영)

08 불본 부하직원을 특별히 대우해서 부르는 상사라면 사용할 수도 있을 것이다.

09 '과장님'과 '박과장님' 사이에 '박영호 과장님'이 들어가야 할 것으로 보인다. 성과 이름을 모두 함께 넣는 것은 대개 성이나 이름만 넣는 것보다 공식적인 느낌을 가진다. 같은 회사의 직원들 사이에서는 '박 과장님'이 자연스러울 것이나

다른 회사의 직원 사이에서 사용한다면 여러 번 거래가 있어 친분이 쌓인 관계가
되어야만 '박 과장님'으로 부를 수 있는 것으로 보인다.

10 G. Burton & R. Dimbleby(1995) 『An Introduction to Interpersonal Communication』,
Edward Arnold LTD., 이주행 외 역(2005), 『인간관계와 의사소통』, 한국문화사.

11 어빈 트럽이 18세를 성인의 경계로 삼은 것은 고등학교 졸업 연령을 감안한 것이
었는데 이는 사회진출 연령이라고 보아도 되겠다. 실제로 16세일지라도 직장에
다니고 있다면 성인으로 취급했다.

12 성인이 아닐 경우에는 이름을 알고 있는지가 가장 처음이면서 마지막인 것으로
표시되어 있는데 그들이 소속된 사회라는 것이 가정과 학교로서 맥락에 따른 선
택이 필요하지 않기 때문일 것이다.

13 총칭 'he'의 '남녀 불평등성'에 대한 논란이 시작된 것은 1971년 Harvard Crimson
에 실린 한 투고에서 시작되었다. 신학자들이 성차별적인 언어를 배제하자는 주
장을 펴자 하버드대학의 언어학자들은 'he'나 'man', 'mankind'가 무표적인 성
(unmarked gender)을 나타내는 것은 문법적인 문제일 뿐 성차별과는 관련이 없다
고 주장했다고 한다(김귀순, 2011: 16-17)

14 김귀순(2011)은 bachelor와 spinster에 대해 언급하면서 'bachelor girl'이라는 새로
운 단어가 필요할 수도 있다고 했는데 실제로 'bachelor girl'이라는 표현이 '독신
녀'의 의미로 사전에 등재되어 있다. 그런데 이 역시 남성과 여성에 대한 차별 의
식을 반영한 것이라는 비난을 피할 수 없는 것이 'bachelor boy'는 사전에 등재되
어 있지 않기 때문이다.

9장 언어와 문화

01 버치(Paula E. Burch) 박사는 그가 운영하는 블로그의 "All About Hand Dyeing
Q&A" 란에 Joann이라는 사람이 남긴 'How many different colors are there?'라는
질문에 사람마다 차이가 있지만 스펙트럼에서 인간이 구별할 수 있는 색깔이 대
략 36개에서 360개라고 답하고 있다.

http://www.pburch.net/dyeing/dyeblog/C128544578/E1447734446/

02 보아스는 인류학자로 인디안 문화를 연구했는데, 언어가 문화의 중요한 구성요소
라 생각하고 인디안어를 채록하여 『인디언 제어 편람(Handbook of American Indian
languages)』을 펴냈다. 그는 19세기 유럽의 언어학이 문헌을 바탕으로 한 언어연구
의 결과로 언어도 인간처럼 진화했고, 문자가 없는 인디안어는 원시적인 언어일
것으로 보는 것에 반기를 들었다. 그는 문자가 없을지라도 각 언어는 고유의 특성
을 가지고 있으며, '문명' 언어와 '원시' 언어를 나누어 보는 것은 옳지 않다고 했
다. 이러한 생각은 워프의 '언어상대성(Linguistic Relativity)'으로 이어졌다.

03 분수령(divide), 바위 턱(ledge), 모래 평지(sand flat), 반원형 계곡(semicircular valley) 등

04 가설'이라는 명칭은 후대의 학자들이 붙인 것이고 사피어와 워프는 문화와 언어
의 관계에 대한 주장을 펼쳤을 뿐이다.

05 북동 애리조나주 황야지역에 거주한 호피족의 언어로 유토-아즈텍 어족에 속하며
문자가 없다.

06 언어다양성 보존 활용 센터(Center for Language Diversity)의 시베리아와 알래스카의
언어 편. http://www.cld-korea.org/diversity/diversity2_2_9.php

07 영어의 경우 black과 white이고 기본적으로 'dark(혹은 cool)와 light(혹은 warm)'의
구분을 가진다고 한다.

08 필리핀 루손 섬에 위치한 곳으로 계단식 논(Rice Terrace)으로 유명한데, 이 논은 2
천 년 전에 벼를 심기 위해 사람 손으로 만들어진 것으로 1995년 UNESCO세계유
산으로 지정되었다. 하지만 최근 이푸가오 고고학 프로젝트(Ifugao Archaeological
Project)가 2012년부터 2014년까지 이푸가오 계단식 논에 대해 연구한 결과를 2015
년 발표했는데, 이 논의 역사가 300~400년 정도밖에 되지 않는다는 것이었다. 방
사상 탄소를 이용한 연대 측정법과 고민족 식물학적 연구 방법을 이용해 조사한
결과 쌀 경작은 1650년 이후, 그러니까 스페인에 점령된 이후에 시작되었고 그 이
전에는 타로(taro)가 경작되었다고 한다.
http://www.rappler.com/science-nature/society-culture/91521-ifugao-rice-terraces-
age

09 "Rice for good luck, and bauchles for bonny bairns." 번역하면 "행운을 위한 쌀, 귀여운 아이를 위한 오래된 신." 인데 결혼식에서 행운과 자손번창을 빌며 신랑 신부에게 쌀과 오래된 신을 던지던 풍습에서 유래된 속담이라고 한다. 우리나라 에서라면 "조상님의 보살핌을 위한 밤, 자손번창을 위한 대추." 정도가 될 것이 다.

10 영국의 웰시어, 갤릭어, 코니시어가 각각 다른 민족이 다른 시기에 유입되면서 형성된 지역어인 것과 비교될 수 있다. 영어는 게르만어인 데 반해 이들 세 언어 는 켈트어로, 오늘날과 같은 분포를 보이는 것은 유럽의 민족이동과 세력 확장 과 연관이 있다.

11 Olshtain & Cohen(1983:22)의 사과 화행 전략

12 김주희가 사용한 용어 그대로 사용했다.

13 예전에는 살아계신 나의 아버지를 지칭할 때는 '부친, 가친, 엄친', 돌아가신 나 의 아버지를 지칭할 때는 '선친', 살아계신 친구의 아버지를 지칭할 때는 '춘부 장', '선대인, 선고장'으로 부르기도 했다. 하지만 오늘날에는 '선친' 정도가 쓰일 뿐 나머지 지칭들은 거의 쓰이지 않고 있다.

10장 언어태도와 언어선택

01 모든 부분에서 그런 것은 아니고 '종교적이다', '친절하다' 등에서는 프랑스어 버전이 더 높은 평가를 얻었다.

02 이 조사는 실험장소가 아닌 극장에서, 피험자가 실험에 참여하고 있음을 느끼지 못할 뿐만 아니라 제시되는 음성 역시 자연스러운 안내 방송으로 주어짐으로써 최대한 실제적인 상황에서 언어태도를 알아볼 수 있도록 설계되었다. 다만 상영 되는 영화에 따라 피험자의 언어가 제한될 것이라는 가정이 옳았는지 확인할 수 없어 피험자 집단에 대한 통제가 되지 않아 아쉬운 부분이 있다.

03 선생님이 백인인지 흑인인지에 따라서도 언어태도에 차이가 나타났다. 〈그림 10.1〉에서 볼 수 있듯이 흑인 교사는 흑인어린이에 대한 '소수민족 출신 같고

표준 규범에 맞지 않다'는 평가에서 백인보다 더 나은 점수를 주었다. 그리고 하류층 백인 어린이에 대한 평가에서는 백인 교사가 흑인 교사보다 더 나은 점수를 주었다. 부정적인 평가를 해야 할 때 자신과 같은 인종일 때는 보다 관대한 경향을 보이고 있는 것이다.

04 이익섭(2000)은 laguage attitude를 '언어 의식'으로 번역하는 것이 일본으로부터 수입된 것이라 보고 '언어태도'라는 용어를 사용해야 한다고 했다. 그러나 우리 말에서 '몸의 동작이나 몸을 가누는 모양새'가 '태도'의 주된 의미가 되어 있고, '인식'이라는 관점에서 '의식'을 더 적절하다고 보는 학자들도 많아 '언어 의식'이라는 용어 역시 많이 사용되고 있다.

05 설문의 내용이 하나는 부정적인 것으로 되어 있고 다른 하나는 긍정적인 것으로 되어 있었기 때문에 이러한 결과가 나오지 않았는지 의심해 볼 필요가 있다. 자신의 언어사용에 대해서도 질문을 '국어를 바르게 사용하지 못하고 있다고 생각하십니까?'로 하거나, 국민의 언어사용에 대해서 '국어를 바르게 사용하고 있다고 생각하십니까?'로 했다면 직접적인 비교를 해볼 수 있었을 것이다.

06 '아름답다', '품위가 있다', '정확하다'가 '그렇다'는 응답의 3위 안에 들었는데, 다만 〈그림 10.3〉에 보이는 바와 같이 '뜻이 정확하다'는 응답이 가장 많았다. 하지만 '그렇지 않다'는 응답을 보면 '아름답다'나 '품위가 있다'보다 '뜻이 정확하다'에 대한 부정적 응답이 더 많았다.

07 그런데 대개 표준어 어휘와 문법 억양과 전라도의 그것을 뒤섞어 사용하기 때문에 전라도 토박이들은 금방 필자의 말이 전라도 사람의 말이 아님을 알아챌 것이다.

08 코드 전환은 한 언어의 방언 간에 일어나는 것일 수도 있고, 별개의 언어 간에 일어나는 것일 수도 있다. 영어와 한국어를 모두 할 수 있는 사람이 영어 화자를 만났을 때는 영어로 이야기하고, 한국어 화자를 만났을 때는 한국어로 말하는 경우가 언어 간의 코드 전환이다.

09 이 조사는 엠브레인 트렌드모니터라는 온라인 리서치 기업이 2013년에 전국 1천명의 성인(만 19세 이상)을 대상으로 실시한 것으로, 〈그림 10.11〉 항목은 그 중

서울, 경기, 인천을 제외한 지방 거주자 392명을 대상으로 조사한 결과이다.

10 응답자 172명 중 정읍이 고향인 사람 104명의 응답지를 분석했다.

11 말씨에 따라 설문지에서 각 태도의 응답으로 제시된 묘사에 차이가 있다. 정읍 말씨에 대한 긍정적 태도는 '친근하다', 미온적 태도는 '그저 그렇다', 부정적 태도는 '촌스럽다'이고, 서울 말씨에 대한 긍정적 태도는 '세련되고 상냥한 느낌이 든다', 미온적 태도는 '아무렇지도 않다', 부정적 태도는 '거부감이 들고 간사한 느낌이 든다'로 되어 있다. 서울 말씨에 대한 '미온적 태도'로 제시된 '아무렇지도 않다'는 필자에게 '긍정적 태도'로 느껴진다.

12 어느 쪽이든 더 싸게 주는 사람에게서 사겠다는 응답이 44명이었다.

13 '시장 출마자가 정읍 사투리를 쓰는 것에 대해 어떻게 생각하십니까?'라는 설문에 대한 응답은 '정치와 말씨는 무관하다' 77명, '친근감을 주는 시장으로 보고 지지한다' 22명, '촌스럽고 무식할 것이므로 지지하지 않겠다' 7명, 무응답 1명으로 나타났다. 이러한 결과에 대해 김규남은 사투리 사용이 정서적 측면에서 공감을 줄 수는 있으나 이성적 판단과 관련해서는 효력이 없음을 나타내는 것으로 해석했다.

14 '피진(pidgin)'은 서로 다른 두 언어의 화자가 의사소통을 위해 노력하는 가운데 자연스럽게 두 언어가 혼합되어 만들어진 언어를 가리키는 말이며, 피진이 모국어로 사용되게 되면 '크레올(Creole)'이라고 한다. 'Pidgin'이라는 말은 영어 'business'의 중국인 발음에서 유래했는데, 영국과 중국이 교역을 시작하면서 중국인이 영국인과의 의사소통을 위해 영어와 중국어를 섞어 사용하면서 만들어진 말이다.

15 2세 집단의 20대 2명 역시 부정적 반응을 보였다.

16 동일 민족사회에 대한 결속감, 동질감에 의한 통합의식도 상황에 따라 작용하고 있다고 보았다.

17 최근 들어서 조선어의 체계를 연구해 정리하는 노력도 기울이고 있다고 한다.

18 응답자의 상당수가 조선어 사용이 가능한 직장에 다니기 때문인 것으로 보이는데, 응답자 중 56%가 한국 독자기업, 17%가 중한합자 기업에 다니고 중국기업에

근무하는 사람은 12%에 불과하다.

19   박경래(2002)는 연변 조선족들을 대상으로 언어태도를 조사했는데, 조선말보다
     한국말에 대해 더 긍정적인 평가를 했다.